А. ФЕДОСЕЕВ

О НОВОЙ РОССИИ

Anatoliy Fedoseyev

ON NEW RUSSIA

THE ALTERNATIVE

OVERSEAS PUBLICATIONS INTERCHANGE LTD
LONDON 1980

Анатолий Федосеев

О НОВОЙ РОССИИ

АЛЬТЕРНАТИВА

OVERSEAS PUBLICATIONS INTERCHANGE LTD
LONDON 1980

ANATOLIY FEDOSEYEV

O NOVOY ROSSII

(in Russian)

―――――

First Russian edition published in 1980
by Overseas Publications Interchange Ltd.
40 Elsham Road, London, W14 8HB

―――――

―――――

ISBN: 0 903868 26 1

―――――

Printed in the U.K. by Multilingual Printing Services (UPL)
200 Liverpool Road, London, N1 1LF.

ОТ АВТОРА

Рукопись предлагаемой вниманию читателя книги была закончена в конце 1978 года и в 1979 году находилась в руках издателя, когда я совершил поездку по Швейцарии, а также добыл текст ее Конституции. К своему приятному удивлению я обнаружил, что жизнь в Швейцарии и ее Конституция очень близки к мыслям, изложенным в моем проекте Конституции Новой России, который представлен в конце этой книги. В связи с этим, отдельная статья о Швейцарии и фактах ее жизни помещена ниже, в качестве дополнительного введения с тем, чтобы этой иллюстрацией показать, что мой проект отнюдь не есть утопия.

КТО ЖЕ НЫНЧЕ ПРЕЗИДЕНТ ШВЕЙЦАРИИ?

Во время моих поездок по Европе я уже пересекал Швейцарию два или три раза. Я мог заметить, что страна очень богатая и ухоженная, не говоря уже о том, что чрезвычайно живописная. В этот раз (сентябрь 1979 года) я решил познакомиться со Швейцарией подробнее. Вылетел из Лондона на самолете Британской Автокомпании (государственной) с опозданием на 45 минут по «оперативным причинам». «Оперативные причины» означают те же причины, что и для опозданий поездов и автобусов по всей Англии (и миру): потеря производственной дисциплины трудящимися, чувствующими себя хозяевами положения и наказывающими, в конце концов, самих себя по поговорке: сама себя раба бьет, что нечисто жнет.

В аэропорту Женевы сразу обратил внимание на необыкновенную чистоту, порядок, отсутствие сутолоки и толп. Тут же в аэропорту в туристском бюро немедленно забронировал недорогой номер в гостинице в центре Женевы. У выхода из здания аэропорта погрузился в малолюдный автобус и через короткое время прибыл в центр Женевы к железнодорожному вокзалу.

По моему длительному опыту я предполагал, что моя гостиница в 1-2 звездочки, т.е. низшего класса, будет не слишком чистой, сумрачной, давно не ремонтировавшейся, с множеством неработающих устройств вроде кранов, выключателей, ламп, спускных цепочек или ручек для промывания унитазов и т.д. Однако, все было чисто, удобно и в полном порядке.

Во всех городах, что я посетил, были на вокзалах или вблизи туристские бюро и даже бесплатные (для связи только с гостиницами) телефоны со световой картой расположения гостиниц и с таблицей их адресов, номеров телефонов, названий, числа звездочек и цен. Я пользовался и тем и другим способом. Оказалось, что в среднем, за 8 ф. ст. в ночь можно было получить вполне приличный номер в гостинице, который обошелся бы, скажем, в Лондоне не менее, чем в 12-15 ф. ст. Для страны, славящейся своей дороговизной для иностранцев, это было совсем не плохо.

Я побывал в Женеве, Берне, Базеле, Цюрихе, Люцерне, Лугано, Локарно, Лозанне, Монтро и во многих маленьких городках и местечках, благо был у меня проездной билет, дающий возможность неограниченных поездок железной дорогой, автобусами и пароходами.

Везде — совершенно необыкновенная чистота и порядок. Я бы сказал, ухоженность. Я даже постарался выяснить, чем это объясняется, тем более, что мусорных урн было очень мало. Очистительную машину я видел только однажды и раза два видел человека с метлой. Оказалось, что люди не сорят и не бросают мусор, где попало.

Здания, как правило, чистенькие. Запущенных зданий почти нет. Нет и брошенных, полуразрушенных зданий.

Люди на улицах, в большинстве случаев, прилично одеты. Я не встретил ни одного нищего (я не говорю о бродягах туристах). Не видел той бедности и трущоб, которые так привычны и в Европе и в Америке.

В вагонах железной дороги тоже чистота и порядок. Надписей, как везде в Европе, что нельзя из окна вагона бросать бутылки и мусор, нет: не бросают. Наблюдал с умилением, как некоторые пассажиры в полупустых вагонах снимали ботинки, подстилали газету и только тогда ставили ноги на сидение. Правда, я встретил одного молодца (только одного), который с видом супермена, которому все дозволено, положил ноги в ботинках на сиденье: явно, человек не швейцарской выучки.

Озера полны рыбой. В Лозанне, Цюрихе, Женеве, Локарно я сам наблюдал в чистой воде стаи довольно крупной рыбы. Реки чистые и воздух тоже.

Поезда, автобусы и даже пароходы ходят точно, до минуты, по расписанию. Даже городские автобусы и троллейбусы.

Очереди и толкотня чрезвычайно редки. Живут просторно и удобно.

Не было и надписей, как в Лондоне, предостерегающих от воров и карманников. Улицы безопасны и днем и ночью. Характерен такой случай. В центре Женевы я зашел в магазин, торгующий сувенирами и набитый массой довольно дорогих вещей. Никого в магазине не оказалось. Позвонил. Никто не появлялся. Только через 10 минут, не спеша, появился продавец. Тут же на прилавке и касса стояла. Как видно, грабежи и воровство не процветают так, как в других странах. Выяснилось, что и банки в Швейцарии почти не грабят. Велосипеды и мотоциклы оставляют на улице без цепочек и замков. Автомашины не закрывают и оставляют с опущенными стеклами. Видно тоже не часто похищаются.

Наблюдал я детей в скверах и на детских площадках. Спокойно делятся друг с другом не только мелкими игрушками, но и велосипедами. Вот тебе и капитализм!

По существу, из окна вагона или идя пешком, я наблюдал, практически, всю Швейцарию, и видел, какой огромный и квалифицированный труд вложен жителями в каждый клочок земли. Дороги, даже проселочные, заасфальтированы. Горы и холмы покрыты террасами возделанной земли. Видел я аналогичные террасы в горах Перу с самолета. Однако, то были только следы исчезнувшей цивилизации инков.

На постройках в Швейцарии — образцовый порядок. Я полагаю, вы понимаете разницу между тем, что положено, и тем, что брошено? Так в Швейцарии нет ничего просто брошенного: все, как надо, положено.

Любопытно, что магазины с материалами и инструментами для самодельной работы («Делай Сам») очень редки: не так, как в Англии или Америке. Видно, что профессиональные работники в Швейцарии имеются в достатке и доступны по цене всему населению. Поэтому самодельщиной занимаются не массы из-за дороговизны, а только немногие — из любви к искусству.

Любопытно тоже, что нет побитых, поломанных или просто запущенных машин. Это означает, что профессиональное обслуживание автомашин находится на высоком уровне и доступно большинству. Таким образом, трудящиеся Швейцарии предпочитают работать, а не разорять предприятия неоправданными запросами на зарплату и другие блага и становиться безработными. О забастовках в Швейцарии не слышно и не слышно ничего о мощи профсоюзов, хотя Конгресс Тредюнионов имеется. Кстати, швейцарцы имеют с учетом сверхурочных самый длинный рабочий день и публично высказывают (в референдуме) нежелание его сокращать. Безработица в Швейцарии ничтожна: 0,2%.

Любопытно, что и рекламы очень мало и она не так назойлива, как в других странах. На дорогах же ее и вообще нет. Это, пожалуй, объяснимо. В Швейцарии, кроме «Нестле», нет огромных корпораций, которые могут тратить миллионы на рекламу. Кроме того, спокойная неторопливость и устойчивость швейцарской жизни и не требует большой рекламы. Фирмы и товары не так часто меняются и потребитель знает их и без большой рекламы.

Кстати, и порнография не так вездесуща и назойлива и не так бросается в глаза, как в других странах.

РЕЗЮМЕ И НЕКОТОРЫЕ ПОЛЕЗНЫЕ СВЕДЕНИЯ

1. Швейцария имеет наивысший в мире национальный валовой продукт на душу населения, т.е. она — самая богатая страна в мире. Богаче, чем Швеция и США. В два раза богаче Англии. Во много раз богаче любой страны социализма.

2. Инфляция за последние 3 года (1977, 78, 79) меньше 2%, т.е. меньше, чем где бы то ни было в мире, включая страны социализма. Значительно меньше, чем в Швеции, для многих очень привлекательной страны.

Обратите внимание, что Швейцария ввозит всю потребляемую в стране нефть и нефтепродукты, а также 40% потребляемого продовольствия. Швейцария ввозит и очень много другого сырья, которым страна, вообще, очень бедна. Это еще раз показывает, что инфляция создается внутри стран.

3. Зарплата с 1972 по 1977 годы увеличилась, в среднем, на $5,8\%$, т.е. существенно больше, чем инфляция. Таким образом, жизненный уровень в Швейцарии продолжает повышаться.

4. Безработица, как я уже отметил, ничтожная — $0,2\%$.

5. Экспортно-импортный платежный баланс положительный, хотя торговый баланс несколько отрицательный в результате бедности природных рессурсов.

6. Забастовок и прочих серьезных столкновений между работниками и нанимателями не слышно.

7. Профсоюзы — не монополисты и не держат страну за горло, как везде.

8. Правительственных кризисов, столь характерных для всех остальных стран Запада, не происходит. Жители даже не знают, кто именно является президентом Швейцарии, и плохо участвуют в выборах.

9. Вандализма нет. Преступность низкая. Террористов нет.

10. Любопытно, что журнал «US News & World Report» в номере от 22. 10. 1979 в обзоре мировой подпольной экономики опустил Швейцарию, вообще. Во всей Европе и США люди, под давлением чрезмерных налогов и регламентаций, массами уходят от этих налогов и регламентаций, занимаясь нерегистрируемой (подпольной) работой за наличные. Число таких людей в США достигает 20 миллионов, а ущерб казне оценивается от 200 до 500 миллиардов долларов. В Швейцарии этого нет.

11. Швейцария не является членом Организации Объединенных Наций. Действительно, велика ли польза финансировать всяких африканских князьков и диктаторов, да множество террористов мира? ООН давно превратилась в организацию, распространяющую рабство социализма и разрушающую достижения человечества.

Швейцария участвует лишь в некоторых конкретных мероприятиях, которые она считает полезными, через ЮНЕСКО.

12. Швейцария также не является членом Европейского Экономического Сообщества. Действительно, Швейцария не нуждается в протекционизме: ее экономика имеет наивысшую в мире эффективность и производительность, а самостоятельность в этом случае важна.

Вообще, Швейцария, вполне разумно, преследовала в своей политике не «высокие идеи», а благо швейцарского населения.

В ЧЕМ ПРИЧИНА ШВЕЙЦАРСКОЙ АНОМАЛИИ?

Население Швейцарии многонациональное настолько, что имеется 4 официальных, государственных языка: немецкий, французский, итальянский и романский. Распространенность того или иного языка в данной местности определяется соседствующей страной. Связь населения Швейцарии с населением соседних стран совершенно очевидна даже по традициям и обычаям.

На пути из Локарно в Лозанну через город Бриг я пересек кусок Италии, врезавшийся в территорию Швейцарии. Совершенно ясно, что население по обе стороны границы было одинаковое (итальянцы), свободно общавшееся через границу. Однако, бросается в глаза разница. Автомашины обшарпаны, побиты и поломаны. Здания запущены. Мусора хоть отбавляй. На постройках развал. Даже почтовые ящики и **те** ржавые. Резко увеличенное число солдат и людей в форме. Много участков дорог на ремонте: низкое качество покрытий и большая длительность ремонта из-за низкой трудовой дисциплины.

Я бывал в Италии и до этого. Однако, эти особенности не бросались в глаза: они довольно общи для всей остальной Европы. В этот раз сказались более резкий переход во времени и, конечно, мое желание сравнить.

Таким образом, легко заключить, что причина особенности Швейцарии не в том, что швейцарцы — люди особой породы.

Тогда, может быть, дело в том, что страна маленькая и ею легче управлять? Однако, Бельгия, Швеция, Дания, Финляндия, Греция, Испания, Ирландия, Люксембург, Норвегия примерно, такие же по населению или даже меньше.

Просторнее жить? Тоже нет. Средняя плотность населения в 6 раз больше, чем в США, в 1,5 раза больше, чем во Франции, чуть меньше, чем в Италии и в 7 раз больше, чем в Швеции.

Швейцария не воевала? Так и Швеция и Португалия

тоже. Если США, Канада и Австралия участвовали в войне, то не на своей территории и почти не пострадали.

Кстати, Швейцария тратит на оборону 20% своего бюджета (США — 24%) и 2% валового национального продукта (США — 5,6%). Швейцария имеет самую совершенную систему гражданской обороны.

Иностранные дешевые рабочие руки? А откуда же берется наивысшая производительность труда? Ведь иностранные рабочие, как правило, не квалифицированные и высокой дисциплиной не страдают. Кроме того, иностранных рабочих полно и во Франции, и в ФРГ, и в Бельгии, и в Голландии и в Англии, и т. д.

Знаменитые швейцарские банки? Приток иностранного золота? Нет. В Швейцарии чрезвычайно низкие проценты на вложения: 5% максимум. В Англии и в США — 14,5% (1979 год).

Следует, конечно, отметить, что кредит, таким образом, очень дешев, что весьма способствует предпринимательству, в особенности, мелкому и среднему. Вопреки теориям экономистов, это не ведет к инфляции, так как инфляция есть следствие недостаточной производительности труда для данного уровня роста зарплаты населения и трат государства.

Резервы золота в Швейцарии, примерно, такие же, как в Италии и Франции, меньше, чем в ФРГ и во много раз меньше, чем в США. Лондонская Сити и, тем более, американский Уолл Стрит «ворочают» гораздо большими финансами, чем швейцарские банки. Ну, и основа мировой валюты не швейцарский франк, а американский доллар или английский фунт стерлингов.

География страны экономически очень неблагоприятная: нет морских портов, значительная территория занята горами, а природных ресурсов почти нет.

Живописность страны привлекает много туристов; они снабжают страну деньгами и работой? Тоже нет. Туристов в Швейцарии много меньше (и абсолютно и относительно), чем в Англии, Италии, Испании и т. д. Швейцарский франк котируется чрезвычайно высоко, а это означает, что среднему туристу Швейцария не по карману.

Может быть, правители чрезвычайно умные или даже гениальные люди? Какие уж тут гении, когда, ручаюсь, во внешнем мире никто их не знает. Да и сами швейцарцы не все их знают и, видимо, не ощущают нужды знать.

Так в чем же дело? Почему Швейцария является единственным в мире образцом экономической, социальной и политической стабильности, наивысшего в мире процветания, организованности и порядка? Почему население Швейцарии ведет себя так отлично от населения в остальных странах?

КОНСТИТУЦИЯ ШВЕЙЦАРСКОЙ КОНФЕДЕРАЦИИ

Разгадка аномалии, безусловно, заключена в Конституции Швейцарии, т.е. в ее государственном устройстве. Любопытно, что ни в Швейцарии, ни в Лондоне я не мог добыть английский текст швейцарской Конституции. Немецкая, французская, американская, советская — пожалуйста! Спасибо швейцарскому посольству в Лондоне: оно снабдило меня требуемым.

Швейцарская Конституция гарантирует все обычные права своим гражданам и равенство граждан перед законом. Это, конечно, не сюрприз. Тем не менее, скажем, в Конституции США права граждан были введены в текст в качестве одного из дополнений позднее. Конституция Швейцарии запрещает создание нелегальных (не зарегистрированных) и опасных для государства ассоциаций (статья 56) и требует от Кантонов принятия и осуществления законов, подавляющих такие ассоциации. Разумно, не правда ли?

Государственная структура Швейцарии содержит три «этажа». В «фундаменте» находится Община (муниципалитет). Община наделена полным самоуправлением. Она лишь не может издавать законов. Законы являются прерогативой Кантонов и Конфедерации. Община управляется выборными властями.

13

В Швейцарии 3050 Общин. Самая малая по территории — 0,28 кв. км., т.е. всего 530 на 530 метров. Самая малая по населению — всего 20 человек! Наибольшая по территории Община — 282,3 кв. км., т.е. 16,8 на 16,8 километров. Любопытно, что ни Кантон, ни Конфедерация не могут дать человеку гражданство, если он не принят в члены Общины. Среднее количество населения в Общине 2000 человек.

Второй «этаж» представляют собой автономные государства — Кантоны (всего 26) со своими выборными властями, своими законами и своей собственной конституцией каждый. Кантоны издают законы, действующие на их территории, и координируют деятельность Общин. Наибольший по населению Кантон Цюрих — 1,1 миллиона жителей, а наименьший — всего 13 200 человек жителей. Представляете? Автономное государство в 13 200 жителей! Наибольший по территории Кантон Берн — около 6 000 кв. км., т.е. 77,5 на 77,5 километров. Наименьший по территории Кантон — город Базель — 37 кв. км., т.е. 6,08 на 6,08 километров.

Третий «этаж», высший, — Конфедерация, ведающая общими для всех Кантонов вопросами: обороны, иностранных дел (Кантоны, впрочем, могут заключать некоторые соглашения с иностранными государствами сами), национальных транспортных артерий и т.п. Конституция Конфедерации устанавливает основные законы, общие для всех Кантонов, и гарантирует суверенность Кантонов (статьи 3 и 5 Конституции).

По форме эта «трехэтажная» структура, примерно, такова же, как и в ФРГ, Франции, США. Принципиальная особенность заключается в том, что права и власть Конфедерации по отношению к Кантонам, и Кантонов по отношению к Общинам, весьма строго ограничены и в весьма большей степени, чем в других государствах. Больше того, — финансы, т.е. расходы, т.е. поступления от прямых и косвенных налогов и сборов, именно Конституцией строго распределены по «этажам» государственной власти. В 1978 году, например, Кантоны и Общины распорядились 12 миллиардами долларов (13,6% валового национального продукта), власти Конфедерации распорядились 8,85 миллиардами долларов (10% валового национального продукта). Таким образом 58% всех средств было в распоряжении Кантонов и Общин.

Статья 41 Конституции устанавливает следующее:

1. Подоходный налог начинается для одиночки при доходе в 9 000 франков в год (2 500 ф.ст.), а семейного человека — при доходе в 11 000 франков (3 060 ф.ст.). Налог для этого разряда не должен превышать 9,5% дохода человека.

2. Налог на прибыль корпораций не должен превышать 8% этой чистой прибыли.

3. Налог на имущество и резервы корпораций не должен превышать 0,075%.

Подоходный налог в разных Кантонах разный и колеблется, при доходе в 30 000 франков (8 300 ф.ст.) и более в год, от 7,2% до 11,1%. Максимальная ставка при доходе в 1 000 000 франков (278 000 ф.ст.), для разных Кантонов колеблется от 21,7% до 34,8%. (В Англии максимальная ставка при доходе в 25 000 ф.ст., была 83% и сейчас — 60%). Полная сумма любых (включая и косвенные) налогов и сборов во всей Конфедерации, т.е. всех доходов всех трех «этажей» государства, не превышает 23,6% валового национального продукта. Таким образом, трудящиеся Швейцарии имеют все основания трудиться с пользой для себя. Для сравнения, та же доля для Швеции составляет около 70%, для Англии 62% и для США около 40%.

Конституции ФРГ, Франции, США и законодательство Англии львиную долю власти и финансов отдают высшему «этажу» государства. Статья же 31 Конституции ФРГ прямо заявляет, что федеральный закон имеет бесспорный приоритет над законами Земель (эквивалент Кантонов).

Эти же Конституции ничем не ограничивают ни величину, ни сумму всех налогов и сборов. Поэтому, в принципе, есть конституционная возможность довести в этих государствах сумму налогов до социалистических 100% простым актом федерального парламента. В Швейцарии это исключено.

Любопытно, однако, что Конституция ФРГ (статья 110 от 1969 года) требует от правительства сбалансированного бюджета, т.е. чтобы расходы не превышали доходов, ничем не ограничивая сами доходы.

Таким образом, и права, и имущество, и доходы граждан Швейцарии строго защищены от посягательств государства, обычно ненасытного. Дело в том, что любое государство, включая социалистические диктатуры, всегда испытывает недостаток и средств и власти, совершенно независимо от того, насколько они уже велики, и стремится к их увеличению. Легко заметить, что и граждане, в большинстве случаев, также испытывают и недостаток средств и недостаток власти над событиями и другими людьми, и тоже стремятся к их увеличению. Очень важно, чтобы Конституция ставила этим стремлениям разумные пределы. Швейцарская Конституция дает положительный пример в этом отношении.

В Швейцарии национализированы только 5 главных железных дорог и контролируется почтово-телеграфная и телефонная связь. Хотя Конституция Швейцарии не исключает национализации с компенсацией (статья 23), однако, при жесткой ограниченности Конституцией финансов, существенная национализация исключена и, следовательно, исключена государственная экономическая монополия. Кроме того, статья 31 гарантирует свободу торговли и предпринимательства, а статья 31 «бис» требует такой регламентации, чтобы предотвратить образование картелей и аналогичных группировок, т.е. монополий. 10 самых больших корпораций в Швейцарии, включая самую большую — «Нестле», имеют средний оборот в год в 3,6 миллиарда долларов, а 10 самых больших в США — 8 миллиардов долларов.

Конституция ФРГ (статья 15) устанавливает право государства на национализацию без ограничения. Нет в ней ничего и об ограничении картелей и монополий.

Конституция Франции, наоборот, *требует* национализации ресурсов или предприятий, которые становятся монопольными. Таким образом, монополия становится государственной.

В Англии нет Конституции вообще. Следовательно, и в ФРГ, и во Франции, и в Англии у населения есть шанс однажды проснуться в стране социализма с обобществленным простым актом парламента народным хозяйством. Так или иначе, ни одна из Конституций, кроме швейцарской, не дает гарантий против резкого увеличения государственной власти или власти чрезмерных концентраций ее в каких-либо монополиях, например, в профсоюзной.

Изменение Конституции Швейцарии возможно только с помощью всенародного голосования и согласия на это всех Кантонов. Изменения французской Конституции тоже требуют утверждения их всенародным голосованием. Конституция же ФРГ может быть изменена Федеральным Парламентом.

Таким образом, Конституция Швейцарии является в своей совокупности уникальным документом. Ее нельзя изменить без согласия большинства населения. Она очень эффективно ограничивает экономическую, политическую и социальную мощь центральной власти, не ограничивая полномочия Конфедерации в вопросах войны и мира и в международных отношениях. Она обеспечивает суверенность граждан и их свободу от чрезмерных монополий (государственной, промышленной, банковской, партийной, профсоюзной и т. п.). Она обеспечивает гражданам право устраивать свою жизнь, как они того хотят, и пользоваться, в среднем, не менее, чем 85% своего дохода по своему усмотрению. Не удивительно, что швейцарцев мало интересуют и президент, и федеральная власть: они не мешают им жить в свое удовольствие. Такие условия, естественно, чрезвычайно способствуют развитию мелкого и среднего предпринимательства, следовательно, полной занятости населения, отсутствию инфляции и максимальному процветанию.

Даже если в самоуправляющуюся Общину и входит больше 2000 человек, она, однако, не превышает территории 17 на 17 километров. Управление такой Общиной достаточно просто, чтобы быть эффективным и соответствовать интересам населения. Население, в свою очередь, легко видит результаты своих действий на территории Общины. Поэтому чистота и порядок и все остальное легко объясняются. Люди ясно видят, что если они будут сорить, нарушать порядок, терпеть безобразные стенные надписи, терпеть вандалов, преступников и террористов в своей среде, им же, в первую очередь, и будет хуже.

Между выборными органами самоуправления Общины и ее жителями нет никаких промежуточных ступеней. В результате, в Швейцарии торжествует разумный эгоизм населения, заставляющий людей действовать на пользу Общины и знать, что это будет на пользу и им самим.

Поскольку демократия есть власть народа, то в Швейцарии она и существует, единственная во всем мире. Парламент, многопартийность, разделение властей не есть власть народа. Это есть власть представителей народа. В Швейцарии же это — власть именно народа, так как люди властны устраивать свою жизнь и пользоваться плодами своего труда в соответствии со своими разумно-эгоистическими желаниями. В других странах власть находится в руках далеких и мало знакомых «представителей», которые, конечно, в первую очередь, представляют самих себя. Прямая, очевидная связь между действиями отдельного гражданина и его же собственным благом в масштабе страны теряется. Эта связь через «этажи» власти слишком длинна и запутана. Поэтому в людях воспитывается не разумный, а безумный эгоизм, т.е. стремление урвать все, что можно, для себя, не заботясь об остальных. Так и получается, что коллективизм (через «этажи» власти) рождает кромешный эгоизм, а индивидуализм в маленькой Общине, как в прочной, хорошей семье, рождает разумные чувство локтя, уважение к соседям, к коллегам, к «своей» власти и рождает такую необходимую человеческому обществу солидарность.

Легко уяснить, что в швейцарских обстоятельствах сепаратизм, свирепствующий в большинстве стран мира, не имеет никакой почвы. Если же и возникают такого сорта трения, то с согласия населения можно из одного Кантона сделать два. Так, в 1978 году Кантон Берн (наибольший по размерам в Конфедерации) выделил новый Кантон Юра. Ничего страшного ни для Конфедерации, ни для Кантонов из-за этого не произошло. Весьма любопытно, что в Швейцарии 47,8% населения — протестанты, а 49,6% — принадлежат к римско-католической церкви. В Ирландии это ведет к страшнейшим неприятностям, включая жестокий терроризм, а в Швейцарии, с ее 3050 Общинами, это не приводит к нарушению стабильности. Точно также в многонациональной Швейцарии не существует национального вопроса.

Если эти принципы государственного устройства и Конституции Швейцарии развить для условий российских, учтя и другой опыт мира (и советской власти), то мы получим превосходную Конституцию Новой России и гарантии истинной, а не фальшивой демократии. А истинная демократия является высшей гарантией и экономического и духовного процветания страны, а также ее миролюбия в сочетании с внутренней силой и здоровьем.

ВВЕДЕНИЕ

Предлагаемая вниманию читателя книга «О Новой России. Альтернатива», является попыткой автора ответить себе самому на вопрос: «социализм плох, монополизм Запада много лучше, но тоже плох. Что же хорошо? Чего же ты хочешь?»

Этот вопрос начал возникать передо мной, когда, еще будучи в СССР, в ходе своей, чисто инженерной и научной работы, я ощутил прямую конфронтацию этой работы с системой социализма. Пришлось исследовать причины и свойства этой конфронтации. Результатом исследования было раскрытие для себя, лично, сущности социализма и затем полное его отрицание.

Параллельно я пытался, насколько мог, разобраться в том, что делалось в остальном мире, за рубежом. Наряду с этим занятием «для души» моя инженерная и научная деятельность успешно продолжалась и награждалась государством социализма. К тому времени, когда я уже получил высшие награды и высшее отличие Героя Социалистического Труда, Ленинскую Премию, а также диплом Заслуженного Деятеля Науки и Техники, я в своем сознании окончательно и бесповоротно порвал с социализмом. Неизбежное обнаружение этого факта привело бы меня, в худшем случае, к расстрелу, а в лучшем — в концентрационный лагерь на весь остаток моей жизни. Пришлось бежать. Эту историю я рассказал в книге «Западня».

На Западе моей первой и главной задачей стало разоблачение социализма и борьба с ним.

Пристально изучая жизнь капиталистического Запада, я пришел к выводу, что это, в сущности, уже не капитализм, а то, что я назвал бы монополизмом. К своему ужасу я обнаружил, что монополизм неумолимо развивается в сторону того же социализма, из которого я бежал. Понятно, что тот вопрос, зарождение которого произошло уже почти двадцать лет тому назад, возник передо мной снова во всей его силе.

Для ответа на него было необходимо постараться, насколько в силах, объективно изучить, как социализм, так и монополизм для того, чтобы извлечь из их уроков практический рецепт избежания того и другого для Новой России, которая неизбежно возникнет из гниющей структуры социалистической диктатуры.

Это я и сделал в данной книге.

Я пытался также представить себе, что, на мой взгляд, следовало бы рекомендовать по этому вопросу для Новой России. Совокупность этих размышлений я завершил проектом Конституции Новой России, избегающей, как социализма, так и монополизма. Я считал, что формулировка в виде проекта Конституции представит наиболее точное описание предлагаемой альтернативы. Имея в виду огромные практические и умозрительные трудности перехода от социализма к Новой России, я предложил также и проект этого перехода.

Ответив таким образом себе, я предположил, что результаты моей многолетней работы будут полезны и для тех (в СССР и вне СССР), которых интересует и беспокоит судьба России. В заключение этого введения я хочу привести краткие определения понятий социализма, монополизма и альтернативы, как я себе их представляю.

Идея социализма и социалистического общества может быть выражена в следующем определении:

1. Утверждается, что мощь человеческого разума не имеет границ. Из этого прямо вытекает не только отрицание нужды человека в вере и религии, но и необходимость «выкорчевать» их из человеческого бытия, как помеху восприятию знания и помеху в реализации идеи всесилия человеческого разума.

2. Вышеуказанное утверждение, сравнительно очень недавно возникшее из успехов в познании природы и космоса, было немедленно распространено и на человеческое общество в целом. Возникла, таким образом, идея социализма, как человеческого общества, построенного на научных основах и осуществляющего высшую человеческую справедливость и идеи равенства и братства.

3. В обществе социализма, следовательно, все действия и мысли людей должны соответствовать благу всего социалистического общества и, таким образом, подчиняться универсальному набору правил, выработанному на основе знания и науки. Каждый человек должен занимать вполне определенную ячейку в общественной структуре и выполнять строго определенные обязанности. Естественно, что природный здравый смысл людей является в этом случае врагом социализма и, я бы сказал, смертельным врагом.

4. Первым и важнейшим шагом в построении совершенного социалистического общества, естественно, является ликвидация капитализма, т.е. частной собственности на средства производства. Эта постепенная (или революционная) ликвидация частной собственности является хорошей «лакмусовой бумажкой» для проверки того, является ли мировоззрение тех или иных людей или партий социалистическим. Если человек хочет ликвидировать частную собственность, значит он — социалист.

Восприняв логику, содержащуюся в вышеприведенном определении, и исключив логику человеческой морали и здравого смысла, легко вывести из него все практические свойства социализма, предсказать поведение социализма и его правоверных исполнителей во всех случаях жизни.

Под монополизмом я понимаю следующее:

1. Характерна концентрация власти над людьми, главным образом, в трех огромных монополиях: госу-

дарства, профсоюзов, многонациональных банковских и промышленных корпораций.

2. Пресса и средства связи между людьми поделены (неодинаково) между указанными гигантами.

3. Экономическая и политическая независимость и деятельность людей чрезвычайно ограничены необходимостью следовать правилам, устанавливаемым государством, профсоюзами и корпорациями.

4. Три огромных монополии, имея антагонистические противоречия, борются между собой за власть. В настоящее время можно достаточно ясно видеть, что сильнейшей монополией являются профсоюзы. Кроме завоеванных этой монополией особых привилегий, главное значение имеет факт, что две другие монополии сами состоят из представителей профсоюзной монополии — членов профсоюзов.

Таким образом, в ходе борьбы за власть, профсоюзная монополия подчиняет себе государственную власть (через «свою» партию или непосредственно), превращая правительство в свою марионетку. Затем, или параллельно заставляет национализировать корпорации и постепенно остальное частное хозяйство, осуществляя важнейший шаг к построению научно управляемого общества социализма.

5. Окончательный захват власти над обществом профсоюзами и превращение государства в аппарат единовластия (тоталитаризма) вождей профсоюзов знаменует собой торжество социализма.

6. Нужно иметь в виду, что любое единовластие любой из трех монополий одинаково ведет к научноуправляемому обществу социализма. То, что именно профсоюзная монополия будет вероятным победителем, не имеет существенного значения. В случае победы любой из трех монополий общество будет управляться на научной основе.

Любого вида научноуправляемое общество (социализм) не может быть ничем иным, как наивысшей концентрацией власти его управителей над всеми остальными людьми. Причина заключается в необходимости (при научном управлении) подчинить всех одному, научному набору правил.

Непредсказуемость людей и их стремление пользоваться своими собственными, индивидуальными правилами здравого смысла при социализме недопустимы. Из этого вытекают, как духовная бедность и экономическая неэффективность монополизма и его высшей формы — социализма, так и его необходимость подкреплять свою слабость насилием. Миллионы мозгов и действий подавляются и заменяются ограниченным числом мозгов и действий управителей.

Альтернативу я определяю следующим образом:

1. Государство является правовым, охраняет свободу деятельности людей и их экономическую и политическую независимость.

2. Любые виды собственности имеют равное право на существование. Ни один из видов собственности не имеет права на монополию или какие-то привилегии.

3. Любые монополии или чрезмерные концентрации власти над людьми эффективно исключаются с помощью специальных законов.

4. Возможность концентрации экономической и политической власти в руках отдельного человека также предотвращается законами, устанавливающими разумные пределы размеров имущества и доходов отдельного человека.

5. Государство представляет собой федерацию национальных государств. Каждое национальное государство состоит из самоуправляющихся районов-общин.

Функции этих трех ступеней государства строго разделены и ограничены только теми, которые не могут выполняться самими гражданами или их объединениями.

6. Налоги, доходы и расходы государства ограничены законом так, что не могут подавлять инициативы и самодеятельности граждан и подрывать их экономическую и политическую независимость.

7. Граждане свои права дополняют строгой обязанностью кооперации и воздержания от помех другим гражданам и государству в осуществлении их прав и обязанностей.

8. Общество основано на самодеятельности миллионов мозгов и рук, действующих в рамках правил общежития и общечеловеческих норм морали.

9. В более общем плане общество основано на:

1. Признании ограниченности человеческого разума и всего его нынешнего и будущего знания.

2. Признании факта вечного существования в человеческом бытии двух частей:

    а) рациональной, предсказуемой и основанной на знании и науке;

    б) иррациональной, нелогичной, непредсказуемой даже для самого человека.

3. Признании факта преобладания последней, а не первой.

4. Признании нужды каждого отдельного человека в некоторых правилах выбора варианта поведения в этой иррациональной части, не основанных на науке и знании.

5. Признании необходимости веры и религии, как исторически сложившейся системы этических норм, дающей вышеуказанные правила выбора поведения.

В работе над книгой я использовал информацию, настолько рассеянную в прессе, и книгах, а также почерпнутую из моих бесед со многими людьми, что было бы бессмысленно делать ссылки. Во всяком случае, я прошу всех моих очень многочисленных соавторов принять мою искреннюю благодарность.

СОЦИАЛИЗМ И ТОТАЛИТАРИЗМ

Различные виды тоталитаризма, как известно, не представляют новости в человеческой истории. Империя Инков в Южной Америке была тотальным государством. Я бы отнес к явлениям тоталитаризма и татарские орды, покорявшие и грабившие многие народы на огромных территориях. Государство Александра Македонского тоже было, на мой взгляд, тоталитарным. Я называю тоталитаризмом общественную систему, которая характеризуется иерархическим, армейским подчинением сверху до низу единой воле одного лица или кучки. Систему, снизу до верху регламентированную и выполняющую единую задачу, поставленную вождем. Такие системы очень эффективны в мобилизации сил населения на выполнение той или иной задачи и, прежде всего, задачи завоевания и ограбления других государств.

Однако тоталитаризм, который называется социализмом, имеет весьма существенное отличие от прежних форм тоталитарных государств. Создатели прежних тоталитарных государств отнюдь не собирались осчастливить человечество, а ограничивались гораздо более прозаическими целями: обогащения, удовлетворения жажды власти, завоевания других государств.

Огромные успехи науки и техники в течение 2-3 последних веков вдруг открыли глаза многим философам и мыслителям на великую силу человеческого разума. Установив, что человеческий разум представляет собой универсальную и мощную силу, было не трудно продлить это открытие в будущее и объявить, что мощь человеческого разума безгранична и способна организовать все, что называется окружающим человека миром. В конечном итоге эта идея не замедлила превратиться в культ нового божества-разума. Сотни и тысячи философов, поэтов, писателей немедленно подключились к все захватывающему движению, воспевая, описывая, объясняя и расширяя представления о новом божестве. Нечего и удивляться, что все мировые религии ощутили новый культ, как смертельного врага. Новый культ, в свою очередь, ощутил в религиях своего, и тоже смертельного, врага. Ведь все религии учат, что человек со своим разумом ничтожен перед лицом Бога — создателя всего окружающего и нас самих, и каждый из нас — ничтожная пылинка, часть безграничного в пространстве и времени Целого. Понятно, что новый культ и религии совершенно несовместимы в качестве равноправных соседей, а сила нового культа, охватив интеллигенцию и массы, стала настолько велика, что религии стали терпеть поражение за поражением.

Однако это было только началом. Поверив во всемогущество разума, общественные деятели, философы, поэты, писатели тут же обратились к бедам несовершенного человеческого общества. Им открылось, что преступления, голод, холод, нищета не есть результат недостаточности производимых благ и природы самого человека, а есть результат неестественной жадности и эгоизма некоторой малой части человечества. Человеческий разум мог разрешить огромное количество технических задач и объяснить ход многих событий в окружающем мире, включая движение космических тел. Так как же можно оставить без исправления несовершенства человеческого общества? Какая блестящая идея! Философы немедленно почуяли «золотую жилу» и начали изобретать способы осчастливить человечество с помощью построения совершенного общества. Естественно, не только в своей собственной провинции, но вообще, на всей земной поверхности. Эта идея совершенного человеческого общества, построенного на принципах справедливости, равенства и братства с помощью всемогущего человеческого разума, и является идеей социализма. В обществе социализма не должно быть ни нищеты, ни инфляции, ни безработицы, ни несправедливости и т. д. и т. п. Нечего удивляться, что такая приятная идея захватила не только «лучшие умы человечества», но и огромные массы людей на всей земле.

Нечего удивляться, что практическое осуществление этой идеи в странах социализма, в корне разочаровавшее многие сотни миллионов людей, почти не ослабило веры в социализм у остального населения земли. Просто напросто эти остальные объявили, что осуществленный социализм есть не социализм, а коммунизм, т.е. грубое искажение идеи и попрание всех социалистических принципов.

Однако эти разочарования в социализме никак нельзя сбросить со счетов социалистической идеи. Тем более, что в длинном ряде социалистических стран, уже появившихся на свет, нет ни одной, радикально отличающейся в своих отвратительных результатах. Все, уже существующие, и все, заново объявляемые социализмы без всяких исключений являются диктатурами и тоталитарными государствами. Безусловно, пока не поздно, следует произвести ревизию идеи социализма и лежащей в ее основе идеи всемогущества человеческого разума.

Прежде всего, множество исследований за последние 50 лет упрямо показывают, что человеческий разум крайне ограничен. Каковы свойства «обобществленного» разума, скажем, разума Совета Директоров или разума Политбюро, никому в точности не известно. Имеется множество примеров проявления этого обобществленного разума, которые никак не говорят в его пользу. Таким образом, исследования скорее подтверждают религиозную концепцию человека и его разума, чем концепцию социализма.

1. Социализм и Сатана

Подавляющее большинство интеллигенции и населения Запада глубоко уверено, что все зверства осуществляемого социализма происходят или потому, что социализм еще не закончен и требует жертв для доделки или являются следствием злой, чуть ли не сатанинской воли. Эта злая, сатанинская воля исходит от людей, «примазавшихся» к социализму и использующих его в своих сатанинских целях. Однако, так ли это? Ленин и Сталин, главные строители первого в мире социализма (т.е. не прежних тривиальных тоталитаризмов) жили чрезвычайно скромно до и после захвата власти. Ленин никогда не использовал получаемые средства для своего личного обогащения и для своей личной роскоши. Сталин и того меньше может быть обвинен в корысти, в роскоши и в извлечении личных удовольствий (я не говорю, конечно, об удовольствиях власти). Во всей своей жизни они были в значительной степени пуританами. Даже роскошь жизни злополучного Хрущева или Брежнева, конечно уже не являющихся пуританами, если и выходит, то не слишком уж далеко за рамки роскоши жизни таких миллионеров, как, скажем Аристотель Онасис. В чем вожди социализма неизмеримо превосходят последнего, так это в их почти безграничной власти. Конечно, лишь очень немногие люди имеют свойства и условия, необходимые для выхода в диктаторы и в социалистические вожди. Безусловно, эти необходимые свойства характера и условий жизни имелись у Ленина и Сталина. Однако на Западе имеются, я думаю, многие тысячи людей с вполне аналогичными данными потенциальных лениных и сталиных. Мое и ваше эмоциональное отвращение к личности Ленина и Сталина и других является помехой в изучении нами социализма и в избежании западни социализма миллионами людей, еще ее не испытавших.

2. Идея социализма и ленины и сталины

Задайте себе вопрос, а почему же именно идея социализма неизменно выдвигает лениных и сталиных и мао, а теперь Кастро, Нкомо, Менгисту на главное место? Суть именно в том, что социализм есть совершенное, т.е. высокоорганизованное человеческое общество. Как можно построить высокоорганизованное общество миллионов, если даже два человека не могут часто между собой договориться. Ведь, в этих миллионах каждый имеет свое мировоззрение, свои привычки, свой образ жизни. Когда удается с помощью убеждения переменить образ жизни, скажем, десяти, сотни или тысячи людей, это случается чрезвычайно редко. Еще никому не удавалось с помощью убеждения переменить образ жизни, скажем, миллиона людей. Иисус Христос был величайшим проповедником, но Он признан Сыном Бога. Кроме того, христианство ведь не диктует образ жизни, а лишь моральные, этические нормы. Больше того, христианство вполне мирится с существованием и других религий. Не то с социализмом. Каждому понятно, что высокоорганизованное общество требует от всего населения, без исключения, полного конформизма и не может существовать, если в стране действует даже всего два различных мироучения и набора правил поведения. В этом заключается радикальная разница между верой в Бога и вероучением социализма. Между тем, многие думают, что, приняв идею социализма, можно будет, однако, действовать в соответствии со своим здравым смыслом и конкретными обстоятельствами (т.е. неорганизованно). Это —глубокое заблуждение: никакого совершенного, высокоорганизованного общества не получится. Именно поэтому осуществление социализма неизбежно и немедленно вызывает острейшую конфронтацию между единой линией социализма и миллионами людей, обладающих здравым смыслом. Эта конфронтация усугубляется тем, что единая линия не только не может в принципе учесть невообразимое число различных ситуаций и способов поведения конкретных людей, но и тем, что выработка единой линии требует огромных затрат сил и времени у самих управителей. Последнее обстоятельство вызывает существенное запаздывание директив единой линии даже по отношению к немногим учтенным в ней данным, которые за это время продолжали изменяться. Следует понять, что эта конфронтация не является следствием злого умысла управителей или их некомпетентности. Эта конфронтация заложена в самой идее социализма. Тем не менее, сопротивление миллионов людей проведению единой линии (оторванной от сложностей жизни) растет. Спрашивается, как же быть? Похерить идею без завершения? Человек нормальной морали и не фанатик, конечно, так бы и поступил, отказавшись от насилия и, следовательно, от социализма. Ленин и Сталин в этом смысле были вполне аморальны, т.е. точнее, имели мораль, соответствующую социализму. Кроме того, они обладали сильной волей, огромной хитростью и фанатической верой в идею социализма. Конечно, им было с самого начала ясно, что без колоссальной концентрации власти социализма не построить. Поэтому они, прежде всего и превыше всего, стремились к наивысшей концентрации власти именно в их (наиболее важных для осуществления социализма) руках. Надо отдать им должное: они превосходно поняли суть идеи социализма. Из этого их понимания вытекает и «демократический централизм» и роль партии, как высшей инстанции в управлении страной. Отсюда и ликвидация не только других партий и соперников, но и коллег, имевших свои собственные представления о путях к социализму. Отсюда и ликвидация десятков миллионов непокорных или просто пассивных людей. Отсюда: «кто не с нами, тот против нас». Попытайтесь (конечно, не с позиций человеческой морали, а с позиций социалистической идеи) представить, как иначе было бы возможно обеспечить превосходство единой воли и организации социализма перед гигантской силой сотен миллионов неорганизованных, непредсказуемых людей. Если вы не предубеждены, вам станет ясно, что без жестокого подавления свободы, без террора, без КГБ и Архипелага Гулаг это построение и существование социализма совершенно невозможно.

Таким образом, не снимая огромной вины с Ленина и Сталина и других за десятки миллионов жертв и все колоссальные несчастья, постигшие, в частности, российский народ, главную вину следует отнести на «великих пропагандистов» идеи социализма, на тысячи их талантливых «подпевал» и на миллионы их более скромных последователей.

Опасность распространения бедствий социализма на весь мир очень велика. Нельзя все внимание концентрировать на «героях-преступниках» вроде Ленина, Сталина, Маркса и Брежнева. Главный преступник против человечества все еще не разоблачен. Этот главный преступник есть идея совершенного, высокоорганизованного общества — идея всесильности человеческого разума — идея социализма.

БОРЬБА СОЦИАЛИЗМА С ИНФЛЯЦИЕЙ, БЕЗРАБОТИЦЕЙ И Т.П.

Неправильно и несправедливо отрицать у вождей социализма желание служить стране, ее благу. Конечно, служить, не разрушая социализма, т.е. собственной власти. Я говорю о нынешних вождях, которые уже не только фанатизмом не обладают, но даже и веры в социализм уже не имеют. Вожди социализма в этом смысле ничем не отличаются от нынешних государственных лидеров Запада. И те и другие не хотят расстаться с властью. И те и другие хотят добра населению (в меру их понимания этого добра и в меру их способностей). Принципиальное отличие заключается в различии общественных систем, в степени власти и в практической несменяемости вождей социализма. Представляете, что было бы с социализмом и его единой высокой организацией, если каждые несколько лет вождь типа Карла Маркса заменялся бы вождем типа Адама Смита? Достаточно уже того вреда, какой приносит смерть одного вождя и замена его другим, одинаковым, чтобы не желать учащения операции. Ведь даже при однопартийности вопрос именно социалистической, правильной преемственности остается острым.

Итак, вожди социализма тоже хотят населению общества социализма блага. Они не хотят инфляции и безработицы. Имея в руках неограниченную власть, вожди социализма оперируют финансами и другими ресурсами, чтобы поддерживать баланс роста доходов населения и роста производительности труда для исключения инфляции. Также, чтобы поддерживать баланс роста производства (новых рабочих мест) и появления новых рабочих рук для исключения безработицы. Другое дело, что это даже при их власти не приводит, как позднее будет показано, к полному успеху. Это уже, надо признать, не их вина, а вина социалистической идеи. Так или иначе, они осуществляют то, что называется государственным управлением или государственным планированием. Это социалистическое планирование и управление, конечно, радикально отличается от управления и планирования, практикуемых ныне на Западе. Управление и планирование на Западе похожи на современную технику предсказаний погоды или управления ею: «либо дождик, либо снег, либо будет либо нет». Лидеры Запада могут только агитировать. Власти, в сущности, даже чисто экономической, у них нет, чтобы обеспечивать необходимые экономические балансы. Непредсказуемость же людей ежедневно вызывает экономические сюрпризы. В идеале общество социализма должно быть абсолютно предсказуемо и следовать воле обобществленного социалистического разума. Конечно, не разума Петра Петровича или Ивана Ивановича, а обобществленного разума, воплощенного в разуме вождей социализма. Вожди социализма имеют всю полноту власти и полномочий диктовать и доходы населения, и цены, и вложения для получения необходимых экономических балансов.

Можно легко проследить на Западе острое желание достигнуть необходимой для поддержания экономических балансов концентрации власти у государства. Лидеры Запада не могут поверить, что это не приведет к цели. Это желание проявляется в появлении все большего и большего количества законов и регламентаций, накладываемых на людей и экономику стран. Это проявляется в непрерывном расширении власти государства и в национализации. Такие английские «консерваторы», как бывший премьер-министр консерватор Эдвард Хит и его коллега Питер Уокер во всю работают в этом направлении, в параллель с социалистами. Конечно, мистеры Хит и Уокер никак не отождествляют себя с социалистами. Однако, их стремление расширить и усилить государственную власть есть путь к высокоорганизованному обществу, т.е. к социализму. Конечно, они в будущее далеко не заглядывают, рассчитывая на свои государственные способности, чтобы сделать все «по-человечески». Однако, сколько таких «умников» было в предреволюционной России?

СМЕШАННАЯ ЭКОНОМИКА

Идея «смешанной экономики» является на Западе вариантом социализма «с человеческим лицом». Разговоры о «золотой середине» смешанной экономики на Западе являются чистейшей наивностью. Во-первых, даже 60-70% уже национализированного хозяйства в Англии совершенно не прекращают стремления к дальнейшей национализации. Во-вторых, «золотая середина» неизбежно требует улучшения управления, т.е. планирования, т.е. дальнейшего расширения государственной власти, т.е. дальнейшей национализации и дальнейшего движения к социализму. Уж если люди поверили, что их беды может решить только государственная власть (мощь обобществленного человеческого разума лидеров), а не они сами, индивидуально каждый, то на «золотой середине» не остановиться.

ДЕЦЕНТРАЛИЗАЦИЯ УПРАВЛЕНИЯ

Это еще одна модная идея, исправляющая социализм. Однако, представьте себе высокоорганизованное, скажем, английское общество, в котором в Лондоне действует Карл Маркс, а в Манчестере — Адам Смит. Высокоорганизованное общество окажется неорганизованным хаосом. Понятно, что Адам Смит, с его капитализмом в Манчестере, должен быть разгромлен и заменен уполномоченным Карла Маркса. Судите сами, какие же могут быть получены экономические балансы в одном районе, когда все районы всей страны взаимно зависимы и связаны? Есть только два выбора: или высокая организация или децентрализация. Одно с другим абсолютно несовместимо.

СВОБОДНЫЙ РЫНОК

Следующая модная идея исправления социализма — свободный рынок. Пусть, мол, национализированные предприятия взаимодействуют между собой через свободный рынок. Так, мол, можно использовать преимущества и свободного рынка и преимущества высокоорганизованного хозяйства социализма. Спросим, однако, а как же быть с экономическими балансами? Ведь никто тогда не будет знать, сколько, и когда, и кто купит тот или иной товар. Как же не только агитировать, но и гарантировать соблюдение единой государственной политики и экономических балансов? А сколько предприятий окажется неспособными реализовать свою продукцию? Да и чем такое общество будет отличаться от хаоса управления экономикой в Англии, где уже 70% хозяйства национализированы, а высокой организации нет. Высокоорганизованное общество принципиально не может существовать в условиях «хаоса» свободного рынка.

СЕЛЬСКОЕ ХОЗЯЙСТВО. КОЛЛЕКТИВИЗАЦИЯ

Слабость единой директивы и единой воли совершенного общества особенно проявляется в сельском хозяйстве. Крестьянин или фермер, владея своей фермой и продуктом, могут значительное время сохранять свою независимость. Эта независимость крестьян или фермеров может даже вызвать голод в городах и удушение общественного хозяйства страны. Понятно, что все практические строители социализма рассматривают частное сельское хозяйство, как великую потенциальную опасность для высокоорганизованного хозяйства. В то же время полная государственная власть над сельским хозяйством дает мощное и вполне универсальное средство воздействия на непредсказуемых граждан, т.е. пищу. Голод превращает любого непредсказуемого человека во вполне предсказуемое животное. Имея ввиду чрезвычайную слабость единой воли высокоорганизованного общества перед колоссальной силой миллионов непредсказуемых граждан, контроль над пищей абсолютно необходим. Если пищи мало, а принудительного труда много, то опыт показывает, что люди много легче управляются и легче осуществлять высокую организацию. Этим объясняется, что нет ни одного социализма без той или другой формы перехода к колхозам. Контроль над пищей есть одно из важнейших условий осуществления высокоорганизованного общества.

МОНОПОЛИЯ ВНЕШНЕЙ ТОРГОВЛИ. «ГРАНИЦА НА ЗАМКЕ». НЕКОНВЕРТИРУЕМАЯ ВАЛЮТА

Посмотрите, с каким жаром социалистически настроенные лидеры английских (и других) профсоюзов требуют контроля импорта товаров из других стран для «защиты отечественной экономики», ими же и разрушаемой. Они, эти лидеры, чувствуют своим социалистическим инстинктом, что социализм и свобода международной торговли совершенно несовместимы. Действительно, как можно разумно управлять хозяйством страны и осуществлять экономические балансы, если через границы движутся бесконтрольные потоки людей, денег, имущества и информации? Опять следует подчеркнуть чрезвычайную слабость единой организующей воли перед напором десятков и сотен миллионов здравых смыслов населения. Не до жиру, быть бы живу. Нужна не только монополия и строгий контроль внешней торговли, но и «граница на замке» против информации, даже не враждебной, а просто информации, подкрепляющей здравый смысл в его конфронтации с единой волей высокоорганизованной системы. Чутье лидеров подсказывает им социалистическое направление их деятельности.

Что касается свободнообмениваемой и котирующейся на денежных рынках мира социалистической валюты, то либо такая валюта, либо социализм. Невозможно совместить высокую организацию социалистической экономической системы и совершенно непредсказуемую котировку валюты. Социалистическая валюта должна быть предсказуемой и твердой, а следовательно, необмениваемой.

ПРОФСОЮЗЫ И ЗАБАСТОВКИ

Еще одна яркая идея «исправления» социализма и приспособления его к человеческим нуждам и здравому смыслу: введение свободных профсоюзов и свобода забастовок. Удивительно, как много людей не понимает, что высокая организация общества не может терпеть непредсказуемых действий свободных профсоюзов и, тем более, забастовок, разрушающих не только экономику, но саму организацию общества. Как можно в таких условиях поддерживать экономические балансы? Да и хороша же будет справедливость, когда все будет зависеть от экономической силы забастовщиков, а не от разумного социалистического регулирования...

ДЕМОКРАТИЯ, ЛИБЕРАЛИЗАЦИЯ И СОЦИАЛИЗМ

Под демократией и либерализацией имеется в виду, в первую очередь, право людей на участие в решении своей собственной судьбы, право на свое мнение и право действовать в соответствии с личными обстоятельствами и здравым смыслом. Нужно отметить, что ни один социализм этого права не отрицает. Наоборот, поддерживает и пропагандирует. Суть дела в том, что он этого просто не может обеспечить: иначе не будет социализма. Лично я и тысячи мне подобных ежегодно трудились и трудятся сейчас над вполне демократическим составлением годовых или пятилетних планов своей и своего подразделения деятельности. Затем эти проекты, с нашими подписями, посылаются в министерство для рассмотрения и утверждения. В силу того, что мы знаем только свои, местные условия, наши проекты не учитывают ни рессурсов всей страны, ни всех взаимодействий. Поэтому наши проекты всегда завышены в запросах на рессурсы и занижены, из осторожности, в выходе продукции. Употребить совокупность наших проектов для распределения рессурсов страны абсолютно невозможно: никаких рессурсов не хватит. Поэтому, как правило, наши обязательства принимаются и через некоторое, значительное время наши проекты возвращаются утвержденными. Что касается нашего запроса на рессурсы, то он остается без внимания, что выясняется впоследствии. Впрочем, это и не столь важно. Беда в том, что наши местные обстоятельства самым непредсказуемым образом уже изменились, а план-то остался прежним. Мы, конечно, хотели бы его изменить в соответствии с изменившимися обстоятельствами и нашим здравым смыслом. Единая воля этого, конечно, допустить не может: тогда погибнут все запроектированные экономические балансы страны и мы окажемся у разбитого корыта. Так демократия составления планов превращается, и неизбежно, в нелепый и жесткий корсет, одетый нами самими на нашу деятельность. Да и как можно демократически выносить государственные решения, как говорится, всем скопом, когда большинство совершенно не в курсе сложнейших экономических переплетений и судит со своей колокольни, вкривь и вкось. Таким образом, все искренние желания вождей социализма развить демократию и сохранить высокую, единую организацию социализма неизменно терпят крушение.

Высокая организация социализма очень чувствительна ко всем мелочам, которые могут поощрить само-деятельность и применение здравого смысла. Эти мелочи имеют тенденцию развиваться и расширяться. Допусти «Один день Ивана Денисовича» и тут же появятся их сотни. Допусти одну свободную выставку и люди потребуют десятки еще. А там «пошла писать губерния»!

Ясно, что любая либерализация подрывает социализм. Вожди все время должны проявлять величайшую бдительность. При социализме любая либерализация может быть лишь:

1. Ошибкой (намеренной или ненамеренной) высокопоставленного лица или чиновника на месте. Кстати, послесталинский период никак не следует рассматривать, как либерализацию. Просто массы были вымуштрованы годами террора и репрессий и стали совсем послушными. Правило социализма очень простое: больше конформизма, меньше репрессий. Конформизм сейчас начал опять испаряться и 5. 7. 78 года КГБ из ранга ниже министерства переведено в ранг несколько выше министерства.

2. Признаком бессилия.

3. Признаком разложения аппарата управления обществом (все люди, все человеки).

4. Признаком появления у вождей антисоциалистических мыслей и действий в результате их собственной усталости или разложения.

Всегда нужно иметь в виду, что социализм все же составлен из людей, а они, даже если они — вожди, тоже склонны быть непредсказуемыми.

КОДЕКС СОЦИАЛИЗМА

Высокая организация социалистического общества требует разработки полного комплекта наборов правил для людей на всех ступенях общественной структуры. Каковы, вы считаете, должны быть правила поведения для человека, призванного управлять людьми? Если этот управитель, открывая свое сердце болям и нуждам людей, забудет и потеряет из виду требования высокой организации, он должен быть немедленно сменен. Нужды отдельных людей не должны заслонять от управителя неизмеримо более значительные нужды всего общества социализма. Поэтому набор правил для управителя требует от него определенной изоляции от трудящихся, чтобы следовать строго нуждам высокой организации общества в целом, не смущаясь так называемыми человеческими чувствами и переживаниями. Управитель должен понимать, что заботясь о нуждах общества в целом, он заботится и о нуждах всех отдельных граждан, даже если последние этого не понимают. Он обязан быть уверенным, что продиктованные ему правилами оценки добра и зла с позиций совершенного общества и обобществленного разума, являются единственно правильными.

Такие действия управителя обывателю с его обычным здравым смыслом и логикой кажутся дикими и нечеловеческими. Обыватель считает, что, наоборот, управитель обязан быть, как можно теснее, в контакте с трудящимися, быть как можно чувствительнее к их болям и нуждам. Обыватель не понимает, что для управителя это значит погрузиться в безбрежный хаос противоречий и потерять из виду великую суть социализма. Для успокоения и некоторого ублажения обывателя в этом вопросе пришлось разработать специальный механизм. Механизм лозунгов и всюду рекламируемых правил «чувствительного реагирования» начальников на письма и просьбы трудящихся. Этот механизм, конечно, также должен быть расчитан не на вздорные просьбы и письма, а на защиту нужд всего общества. Если просьбы и письма, как говорится, идут «в струю», то их следует по мере сил и возможностей удовлетворить. Если нет, то просто похерить.

ЧИСТОТА И ПОРЯДОК ПРИ СОЦИАЛИЗМЕ

Вышеуказанные действия управителей социализма приносят и видимые приятные плоды. Западный обыватель, попадая в страну высокоорганизованного общества социализма, немедленно приятно поражен чистотой и порядком городов, отсутствием нищих и попрошаек, неплохой организацией его собственного визита и почти неизменно оптимистическим стандартом разговоров с ним представителей населения. Его здравый смысл и логика немедленно подсказывают ему (по контрасту с хаосом и беспорядком дома), что наблюдаемая им картина свидетельствует о величайших заботах управителей о жизни населения страны. И это, конечно, в известном смысле верно. Высокоорганизованное общество, безусловно заботится о том, чтобы без нужды не травмировать массы сценами грязи, нищеты и беспорядка. Это не в интересах общества. Тем более, что высокая организация имеет возможность удалить все эти сцены с глаз основной массы населения и, следовательно, и туристов. Для блага общества акты необходимого социалистического насилия по отношению к «отдельным» личностям совершаются весьма скрытно в соответствии с превосходно отработанной, маскирующей процедурой. Всякие «антиобщественные» элементы и нищие «тихо-мирно» транспортируются в отдаленные и малообжитые места. Для того, чтобы показать все же организующую порядок и законность деятельность, в некоторой, строго определенной дозе допускаются те или иные факты беспорядка в виде частных демонстраций или публичных процессов над теми или другими личностями, а также в виде, так сказать, официально признанных диссидентов. Конечно, эти демонстрации предназначены для воздействия на массы, а не на туристов. Однако, такое доказательство заботы о законности и порядке трогает души иностранных наблюдателей и туристов весьма сильно, приводя их в восторг. Как они могут вообразить, что высокоорганизованное общество социализма в состоянии скрыть то, что никакими усилиями никаких правительств не может быть скрыто на Западе? Цикл оглупления масс и западных наблюдателей-туристов заканчивается, когда все они сталкиваются с грязью, беспорядками демонстраций и забастовок, с распространением насилия в домах и на улицах на Западе.

ГОСУДАРСТВЕННОЕ ОЧКОВТИРАТЕЛЬСТВО СОЦИАЛИЗМА

Экономическая статистика стран социализма, как и все в их жизни, должна, служить социализму. Поэтому эта статистика является одним из мощных пропагандистских инструментов, в первую очередь, для внутреннего употребления, также и для внешнего мира. Для вождей и госплана имеется секретная статистика, которая, впрочем, тоже не отличается стопроцентной достоверностью по причинам, так называемых, «приписок».

1. Расчет Национального Продукта

Возьмем для примера расчет Национального Продукта СССР. Национальный Продукт (НП) вычисляется, как сумма стоимостей всех произведенных в стране товаров и услуг.

Рассмотрим, например, производство мужских костюмов. Оно может иметь следующие производственные ступени: 1) сырых материалов, 2) синтетической массы, 3) синтетического волокна, 4) синтетической ткани, 5) самих костюмов. Допустим, наше предприятие включает в себя все пять ступеней и не нуждается ни в каких дополнительных материалах или полуфабрикатах. В этом случае стоимость всех произведенных костюмов и будет той стоимостью, которую нужно включить в НП.

Допустим, наше предприятие производит только синтетическое волокно и покупает синтетическую массу. В этом случае из стоимости синтетического волокна, произведенного предприятием, нужно будет вычесть стоимость синтетической массы, так как только эта разница должна быть записана в НП. То есть, только та стоимость, которая создана на самом предприятии, должна быть включена в НП. НП, вычисленный таким образом, не будет зависеть от того, как мы скомбинируем все пять ступеней: в одно или в несколько предприятий. Именно так вычисляется НП во всем мире за исключением СССР и других социалистических стран.

В нашем примере советские экономисты включат в НП полную стоимость продукции всех пяти предприятий, без вычитания. Это значит, что в НП 5 раз войдет стоимость синтетической массы, 3 раза — стоимость синтетического волокна, 2 раза — стоимость синтетической ткани. Так, советская цифра НП будет в несколько раз завышена и будет зависеть от структуры промышленности: пять ступеней объединены или разделены.

В СССР считают, что чем больше предприятие, тем оно экономичнее. Поэтому в течение последних лет происходит объединение многих предприятий в огромные комбинаты, или, как их теперь называют, фирмы. Естественно, что при советском способе расчета НП вклад такой фирмы в НП окажется меньше, чем сумма вкладов отдельных предприятий до их объединеия. Сей «нежелательный» эффект получил свое освещение в советской прессе и экономисты предлагают считать вклад в НП такой фирмы так, как будто бы объединения не происходило. Это позволит сохранить прежние завышенные цифры НП. Таким образом советская цифра НП резко завышена и непригодна для измерения уровня жизни.

Советская цифра НП непригодна для сравнения уровня жизни в СССР и других странах.

Советская цифра НП непригодна для сравнения разных периодов истории СССР: структура промышленности менялась и предприятия объединялись и разъединялись.

Имеется и еще одна важная особенность советской статистики НП. В экономике свободного рынка цены создаются по закону спроса и предложения. В планируемой экономике СССР цены назначаются и являются лишь отражением политики производства и распределения. Поэтому НП, вычисленный советскими экономистами в рублях или по официальному советскому курсу в долларах, не выражает собой никакой реальной стоимости.

2. «Приписки»

Я неоднократно пытался использовать для различных сравнений советскую статистику непосредственно в тоннах, метрах, штуках. При этом обнаруживались другие трудности, которые именуются в советском жаргоне «приписками».

Любой советский работник заинтересован в выполнении своего официального долга, т.е. собственной доли общего плана и, точнее, цифры плана. Люди — везде люди. Поэтому разработано огромное количество способов, как, скажем, записать 12 тонн, когда произведено лишь 10. Или записать незаконченную продукцию, как законченную. Или записать произведенный брак, как годную продукцию (и пропустить ее в оборот). Ведь за невыполнение плана и директив люди весьма строго наказываются. Начальнику же и самому нужно выполнять план, поэтому на приписку он склонен смотреть сквозь пальцы.

Кстати, аналогичное явление уже появилось и в национализированном хозяйстве Англии. Своим наметанным оком я обнаружил явные приписки и приукрашивание положения в цифрах, скажем, Британской Железнодорожной Корпорации или в отчетах Национальной Службы Здравоохранения. Эти приукрашивания для «презренного частника» были бы совершенно бесполезными и ненужными, а для национализированного директора это — хлеб.

Спрашивается, например, куда деваются 130 миллионов тонн стали, ежегодно выплавляемой в СССР? Ведь в колхозах и совхозах нет и куска стали для ремонта машин. Председатель Совета министров СССР буквально вымаливал у представителей фирмы Фиат стальной лист. СССР закупает сталь везде, где может. Даже у Египта. В 1974 г. на покупку стали СССР израсходовал 2 миллиарда долларов, т.е. 20% всех расходов валюты. Между тем, 130 милл. тонн стали в год позволяют производить ежегодно 10 милл. легковых автомобилей, плюс 2 милл. тракторов, плюс 1 милл. тяжелых танков, плюс 50 тысяч километров железных дорог, плюс 60 килограммов на душу населения разных стальных изделий.

3. Записи сельскохозяйственной продукции

Весьма значительная недостоверность статистики сельского хозяйства СССР определяется:

1. Теми же приписками.

2. Подсчетом урожая на полях, а не собранного, на складах. Всему населению СССР хорошо известно, что:

3. Иногда до 20-30% урожая, оставленного на полях или в результате небрежной уборки, гибнет. В войну, в Сибири, я был свидетелем, как урожай хлеба на полях сжигали дотла. Рук для уборки не хватало, а убрать для себя голодному населению не давали: контроль над пищей.

4. Существенная часть урожая теряется из-за всегда небрежной транспортировки.

5. Чрезвычайно часты случаи порчи урожая на самих складах опять-таки из-за небрежности или неприспособленности складов. Часто урожай хранили под открытым небом: склад развалился или его нет вообще.

6. До потребителя, особенно когда это касается фруктов, овощей и картофеля, доходит часто не более 20% урожая.

ОФИЦИАЛЬНАЯ «СРЕДНЯЯ ЗАРПЛАТА»

В 1969 году я и мои коллеги были очень обеспокоены все увеличивающейся текучестью основного рабочего состава нашего Института Электронных Приборов. Текучесть ставила под серьезную угрозу и качество наших исследований и выполнение планов. Причиной был простой факт: рабочие и другие сотрудники могли получить бо́льшую зарплату на некоторых других предприятиях в нашем районе Москвы. Нашему институту, как и всем другим предприятиям СССР, был установлен лимит средней зарплаты. Конечно, мы хорошо знали, что наш институт, работающий целиком на оборону, имеет более высокий лимит, чем любое гражданское предприятие. Многие сотрудники этих гражданских предприятий «перебегали» к нам на работу. Например, завод «Красный Пролетарий», производящий металлообрабатывающие станки, имел текучесть около 100% в год. Как завод мог работать, одному Богу известно.

Странным было то, что нашему институту, единственному в стране в этой области и очень важному для обороны, лимит был установлен всего в 106 рублей в месяц, а официальная цифра средней зарплаты по стране была 120 рублей. Это было абсурдно. Мы, с группой моих коллег, отправились в Комитет по труду и зарплате при Совете министров СССР. Мы были приняты высокопоставленным чиновником, который нанес нам сокрушающий удар. Он объявил, что 120 рублей есть блеф, и наши жалобы на низкий лимит совершенно необоснованы. Конечно, он нас всех хорошо знал и был уверен, что мы не разболтаем этот секрет.

Настоящей цифры он, конечно, не назвал и нам осталось лишь размышлять: какова же истинная цифра? Видимо, существенно меньше 100 рублей.

ЧТО ВАЖНЕЕ: ВООРУЖЕНИЕ ИЛИ ГРАЖДАНЕ?

Последнее время Пентагон, стараясь восстановить после Вьетнама свою кредитоспособность, льет бальзам на души американского населения. По его данным в восьмидесятые годы СССР придется под давлением экономических трудностей переключить хозяйство с вооружений на удовлетворение нужд населения. Параллельно с кампанией, стремящейся убедить население, что для СССР Китай является более опасным противником, чем Запад, эти предсказания эффективно успокаивают брожение умов и позволяют лидерам Запада ослабить давление, производимое на них с целью поисков предотвращения гибели Запада. Между тем, если СССР удастся идеологически разложить Европу окончательно, то для ее захвата почти не потребуется применения оружия. Экономические трудности СССР исчезнут. Жирной Европы хватит для этой цели, по крайней мере, на один-два десятка лет. США останется, оказавшись в полной изоляции, ждать своей участи, которая долго не задержится.

Китай и СССР превосходно понимают, что их столкновение между собой приведет к поражению сил социализма во всем мире, не принеся им самим никакой пользы. Во всяком случае это справедливо, пока и Китай и СССР являются социалистическими. В то же время и тот и другой использует ситуацию для того, чтобы «доить» Запад, получая кредиты и технологию.

Конечно, конфронтация между любыми социалистическими государствами, включая Китай и СССР, не только возможна, но, я бы сказал, неизбежна. Социализм не терпит беспорядка и во внешнем мире. Поэтому единая линия всех социалистических государств очень важна, и вожди всегда будут пытаться подчинить себе или устранить своих непослушных коллег соответствующими средствами. Однако, несмотря на все различия в интересах и в политике, социалистические страны имеют между собой неизмеримо больше общего, чем между любой из них и Западом. Конечно, они будут использовать Запад в своих целях в их фракционной борьбе за верховную власть в социалистическом мире. Эта драка между собой аналогична смертоубийству борьбы за власть между шайками гангстеров. Однако, в борьбе против полиции, они вполне между собой солидарны.

Когда пограничные конфликты между Китаем и СССР приводят к тысячам жертв, обычный здравый смысл западного наблюдателя подсказывает ему, что это — признак близости окончательной стычки и возможности Западу сохранить свою независимость. Однако логика социализма здравому смыслу совершенно не следует. Известно, что во имя социализма в СССР было запросто уничтожено 60 миллионов собственных граждан, а во имя того же социализма Мао в еще более короткий срок уничтожил 100 миллионов китайцев. На вопрос: пожертвовать парой (или десятком) миллионов жизней своих граждан или пожертвовать обществом социализма, социализм отвечает жертвой людьми. Поэтому предсказания Пентагона, сделанные на уровне человеческого здравого смысла, никак не могут оправдаться.

Исход борьбы социализма и Запада решится совсем другим. В этой борьбе происходят два процесса. Процесс идеологического и психологического саморазвала социализма в результате непрерывной и нарастающей конфронтации сотен миллионов здравых смыслов населения социализма и единой воли высокоорганизованного общества. И процесс разрушения общества Запада в результате его неумения и нежелания искать выход из застаревших и нарастающих трудностей (собственного изготовления) иначе, как в социализме. Если первый процесс задержится, а второй ускорится, то Запад свалится сам в западню социализма, а социализм в СССР и во всем мире укрепится. Этим неизбежный саморазвал социализма может затянуться на еще более долгий срок, а Пентагон с его мыслителями и сам окажется в западне социализма. Что произойдет с этими мыслителями в результате, не требует объяснений.

Так называемый «ядерный зонтик» США над Европой уже и сейчас является фикцией: ни президент, ни его генералы даже и не рискнут взять на себя ответственность за его «раскрытие» над Европой. Кроме того, в ходе указанных двух процессов этот «зонтик» вообще ничего изменить не может.

СОВЕТСКИЙ УРОВЕНЬ ЖИЗНИ ПОСЛЕ ПОЛУВЕКА СОЦИАЛИЗМА

СССР является единственной страной социализма, существующей достаточно долго, чтобы можно было объективно судить, к чему, в конечном итоге, социализм приводит в смысле благ для населения.

Имея в виду полную недостоверность советской статистики, для объективного суждения об уровне жизни советского населения придется пользоваться другим, более надежным способом, чем принятый обычно. Зная почасовую зарплату разных групп населения и цены в магазинах, можно подсчитать, сколько каких товаров первой необходимости может приобрести тот или иной человек за один час работы. Безусловно, уровень жизни соответственно выше там, где человек может за час работы приобрести больше товаров или услуг.

Цены и зарплата в СССР в 1968 году мне были известны: я тогда жил в СССР. Достоверную информацию о ценах и зарплате в царской России я имел возможность получить на Западе.

Результат сравнения оказался разным для разных групп населения. Скажем, уровень жизни советских бухгалтеров составил всего 18% от уровня жизни бухгалтеров при царе. Меньше всего пострадали неквалифицированные советские рабочие: их уровень жизни составил 93% от уровня жизни таких рабочих в царской России.

Уровень жизни всего советского населения в целом составил всего 47% от такового в царской России. Покупательная способность советского рубля оказалась в 5,3 раза ниже, чем у царского рубля, т.е. составила всего 18,9 царских копейки.

Если это обесценение рубля разложить на 54 года (с 1914 по 1968), то средняя инфляция составила 8% в год.

Так, вполне объективно, выясняется, что советский человек в 1968 году жил в два раза хуже, чем трудящиеся царской России.

Здесь, пожалуй, следует напомнить и некоторые другие факты о царской, всеми оплеванной России. Вот они:

1. Царская Россия производила хлеба на 30% больше, чем США, Канада и Аргентина, вместе взятые.

2. Крестьяне царской России владели более, чем 80% всей пахотной земли.

3. Промышленное производство царской России увеличивалось с 1890 по 1913 год в среднем на 17% в год.

4. Авиационная промышленность царской России была на уровне таковой в США.

5. Законодательство царской России давало рабочим больше прав и возможностей, чем в любой другой стране. Закон 1866 года обязывал работодателя обеспечивать бесплатную амбулаторную и больничную помощь. В 1907 году ею пользовалось 84% всех рабочих. Закон 1912 года ввел государственное страхование рабочих от болезни и несчастных случаев. При этом, рабочий платил только 1-3% заработка, а остальное платил работодатель. Женщины-рабочие в царской России имели оплаченные отпуска по беременности.

6. Начальное обучение в царской России было бесплатным, а с 1908 и обязательным. Каждый год, с 1908 года, открывалось по 10 000 новых школ. В 1913 году

82% всех детей в возрасте от 12 до 15 лет и 93% мальчиков были грамотными. Для сравнения: во Франции в 1935 году было 7,5% неграмотных; в 1943 году в США 13,9% призывников были неграмотными. Пользуясь официальной советской статистикой, можно подсчитать, что в 1967 году в СССР было 39% людей, которые не окончили никакой школы и нигде не учились.

7. В царской России было всего лишь 32 750 заключенных, т.е. 0,02% от всего населения. Для сравнения: в Англии в 1967 году их было 0,19%, т.е. почти в 10 раз больше. За 85 лет с 1821 по 1906 год в царской России было казнено 997 человек. К 1923 году ГПУ-Чека уже расстреляла около 2 милн. человек.

8. В царской России прямые и косвенные налоги были много меньше, чем в Европе и в США.

9. Рядовой школьный учитель в царской России получал пенсию 25 рублей в месяц, что по покупательной способности соответствует 133 советским рублям. В СССР — максимальная пенсия после, по крайней мере, 20 лет рабочего стажа — 120 рублей в месяц. Официальная средняя пенсия в СССР в 1970 году составляла 32 рубля 70 копеек в месяц, т.е. переводя на царские деньги, всего 6 рублей 17 копеек в месяц или, забегая вперед, меньше 5 фунтов стерлингов в месяц.

10. В 1913 году в царской России безработицы практически не было совсем. По секретному обследованию, проведенному в 1967 году по РСФСР, безработица составляла 13,4% всего состава рабочих. Причем 42,1% из них были согласны на любую работу: уже даже не имели возможности выбирать.

11. В царской России любой человек мог ехать, куда угодно, и найти везде работу и жилище. В СССР, на новом месте, на жилище вообще нельзя рассчитывать. Переехать в большой город нельзя, если нет разрешения на прописку. Колхозники же, как известно, и паспортов не имеют, где эта самая прописка должна регистрироваться. Им вообще не разрешено покидать колхоз.

12. Каждый год около 300 000 рабочих царской России выезжали на заработки в Германию: зарплата в Германии была выше, а жизнь в России, после обмена немецких марок на рубли, была значительно дешевле.

13. В царской России ни для кого не было ограничений в поездке за границу и обратно. СССР же является огромной тюрьмой, из которой очень трудно убежать.

14. Относительно свободы слова и печати: невозможно даже и вообразить, чтобы в СССР могла выходить оппозиционная газета такого типа, как выпускавшаяся Лениным открыто «Правда» и масса других, выпускавшихся в царской России вполне легально.

Интересно сравнить «успехи» СССР и, скажем, Англии. Это можно сделать тем же, вышеописанным способом. Получится следующее:

За те же 54 года, с 1914 по 1968 год, уровень жизни не упал, как в СССР, а возрос в 2,7 раза: от 80% по отношению к царской России до 216% от того же уровня. Иными словами, уровень жизни в СССР в 1968 году составил всего 21% от уровня жизни в Англии.

За 54 года цены в Англии повысились так, что на год пришлось 7,2% инфляции — чуть меньше, чем в СССР. Покупательная способность английского фунта стерлингов оказалась равной покупательной способности 6,74 советского рубля (при официальном курсе 1 ф.ст. — 1,33 рубля).

В 1968 году безработица в Англии была 1,7%, а в СССР — 13,4%. Поскольку считается, что безработицы в СССР нет, то в СССР нет и пособий по безработице. В Англии же пособие по безработице по покупательной способности было равно 131 рублю в месяц, т.е. больше официальной советской средней зарплаты.

Следует отметить, что минимальная пенсия по старости в Англии (после 65 лет) равна по покупательной способности 131 рублю в месяц. Для ее получения не требуется иметь рабочий стаж. Ее могут даже получить иностранцы, проживающие в Англии. В СССР без 20 лет стажа вообще ничего не получишь.

В Англии образование и медицинское обслуживание бесплатны. Имеются очень хорошие пособия по многодетности. Пенсионеры в возрасте 65 лет и выше пользуются городскими автобусами бесплатно, а метро — за ничтожную плату, не зависящую от расстояния. Они же имеют 50% скидки на проезд по железной дороге. Такими привилегиями в СССР даже Герои Советского Союза не пользуются.

Истинная цифра Национального дохода на душу населения в СССР

Теперь, зная соотношение уровня жизни в СССР и в Англии, можно высчитать истинную цифру НД на душу.

Сначала следует отметить, что в 1914 году НД на д. в царской России составлял по некоторым западным данным 33% от такового в Англии. Это, однако, не противоречит тому, что царская Россия имела даже несколько более высокий уровень жизни. Существенная часть населения царской России жила натуральным хозяйством, т.е. почти ничего не продавала и не покупала. Все то, что производилось на продажу остальным населением, делилось на число душ всего населения, что является неправильным.

Экономика же СССР и Англии в 1968 году одинаково товарная. Это значит, что соотношение уровня жизни должно быть равно соотношению НД на душу. Известно, что в Англии НД в 1967 году был равен 1975 долларов на душу населения. Значит в СССР НД на душу составил 21% от 1975 долларов, т.е. 415 долларов. Эта цифра ставит СССР на 57-ое место среди стран мира. Далеко позади, скажем, Италии и Испании.

Будущее СССР по представлению Политбюро КПСС

Будущее СССР в смысле уровня жизни хорошо отражено в секретных предложениях Политбюро, просочившихся в Самиздат. Например, средняя зарплата от 1970 до 1985 увеличится со 125 до 170 рублей в месяц. Увеличение на 36%, т.е. по 2,4% в год. Однако, инфляция за истекшие 54 года составила 8% в год. Это до 1968 года. За последующие до 1978 года 10 лет произошли новые резкие повышения цен. Поэтому ожидать уменьшения инфляции в будущем очень трудно. При инфляции в 8% увеличение зарплаты на 2,4% означает не улучшение, а ухудшение. Даже, если наша оценка была слишком пессимистической.

ИЗДЕВАТЕЛЬСТВА НАД ГРАЖДАНАМИ СОЦИАЛИЗМА И ЕГО КОРНИ

Всем жителям СССР приходится ежедневно испытывать грубость продавцов в магазинах, служащих мастерских по обслуживанию, терпеть обвешивание и обсчитывание, терпеть часто и прямые насмешки и издевательства над собой. Не лучшее отношение приходится советским людям испытывать и в разных советских учреждениях, которые призваны, казалось бы, служить интересам населения.

Создается впечатление, что вся эта система обслуживания населения оказалась заполненной бессовестными, непорядочными людьми и даже, прямо говоря, преступниками, потому что их поведение явно противоречит правилам и лозунгам, непрерывно провозглашаемым советской властью. А в то же время возникает вопрос: откуда же их столько набралось? Кроме того, нужно отметить, что, скажем, шофер автобуса, страдающий от издевательства над ним в магазине или мастерской по обслуживанию, сам на своем рабочем посту отнюдь не заботится об интересах своих пассажиров, вызывая с их стороны вполне справедливые жалобы. Так же точно и продавцы магазинов, издева-

56

ющиеся над покупателями, сами же подвергаются издевательствам в аналогичных, но других местах. Невольно начинаешь понимать посетителей СССР, которые приходят к мысли, что грубость, ругань, обман, издевательства находятся в самой природе человека в СССР.

В свое время, живя в СССР, и я вместе со всей советской прессой, радио, телевидением считал, что причина действительно в том, что на хорошие места попали плохие люди. Нужно их заменить, и все будет хорошо. Однако, постепенно, присмотревшись, я понял, что дело совсем не в характерах людей. Ведь в высокоорганизованном обществе, при тщательно планируемом хозяйстве страны, любой работник на любом месте обязан выполнять директиву плана и распоряжения начальства. Его положение в обществе и материальное благополучие зависят самым непосредственным образом от выполнения им плана и от того, насколько он послушен начальству. Начальство же, в свою очередь, зависит от плана и от более высокого начальства. В то же время, в весьма широких пределах общественное и материальное положение работника никак не зависят от тех людей, которых он призван обслуживать. (Эта ситуация вполне характерна для любых национализированных предприятий и учреждений. В полную меру эта ситуация проявляется, естественно, там, где нет никакой отдушины в виде существующего еще частника). Легко убедиться, что все эти обслуживаемые, со всеми их «капризами» являются, в сущности, самой главной помехой в выполнении плана и директив социализма. Работник обязан следовать указаниям начальства и плана, а обслуживаемое население ведет себя совершенно не в соответствии с планом. Оно старается изо всех сил не покупать недоброкачественные товары, в количествах, предписанных планом, требует других или лучших товаров, которых в плане нет. Оно непрерывно треплет нервы продавцов и государственных служащих жалобами и претензиями, которые эти продавцы и служащие удовлетворить не могут. Ведь и продавцы и служащие — только исполнители и ситуация от них в высокоорганизованном хозяйстве не зависит. И ведь надо сказать, что и они были бы рады удовлетворить все жалобы и претензии даже до их возникновения. Они ведь превосходно все понимают и знают, что вызывает жалобы и претензии. Но это не в их возможностях. Они в этом, как и все, бессильны. Правильно ответил в свое время Хрущев, когда на одном собрании кто-то крикнул: «Когда будет построено достаточно домов?» — он парировал: «Когда вы сделаете достаточно кирпичей».

И продавцы и служащие вынуждены выбирать между своим служебным долгом и проявлением симпатии к обслуживаемому населению, которое разрушает план и требует невыполнения долга. Разве удивительно, что служебный долг оказывается на первом месте, а симпатии на последнем? История показывает, как во имя долга совершаются колоссальные преступления против человечества. Разве удивительно, что продавцы и госслужащие начинают защищаться от давления публики грубостью и издевательством за неимением ничего лучшего? Как говорится, битьем можно заставить даже зайца спички зажигать. Постепенно и неизбежно житель СССР приобретает две прямо противоположные черты своей личности: он терпит грубость и издевательства, являясь потребителем, и сам грубит и издевается, выполняя свой социалистический долг. Легко было прежним петербуржцам быть деликатными и приятными людьми и даже этим прославиться, когда их малейшая прихоть удовлетворялась миллионом частников, стремящихся к удовлетворению своей, частников, «личной корысти».

Население Запада, а особенно социалистической Англии, уже давно начало испытывать прелести национализации и государственной заботы. Качество всего, за что не возьмешься, ухудшается. Грубость тоже становится не слишком редким явлением. То ли еще будет!

Западные посетители СССР отмечают еще одну особенность советского населения: крайнюю неосведомленность об истинном положении внутри страны и за рубежом. Многие приписывают это опять-таки особенности характера советских людей, которые-де предпочитают выпивку культуре. Между тем, откуда же взяться осведомленности и богатой духовной жизни, если вся социалистическая система построена на необходимых утаивании действительных фактов, на дезинформации, на строгой цензуре всей духовной жизни советских людей?

Спрашивается, однако, почему же колоссальный народ не имеет сил преодолеть эти препятствия к свободному развитию своей духовной жизни? Ведь это совсем не одно и то же: грабить население в материальном смысле и грабить его духовную жизнь. Первое относительно просто. Второе же, казалось бы, невозможно даже с такими средствами, какие есть у советских вождей. Отсюда у западного посетителя СССР и напрашивается оскорбительная мысль относительно какой-то неполноценности, что-ли, советского человека. Оказывается, однако, в арсенале высокоорганизованного общества СССР имеется и еще одно, очень удобное оружие для подчинения духовной деятельности масс интересам социализма. Жена инженера, сама инженер, а также и мать, Баранская, в тоненькой книжечке описала одну стандартную неделю в своей жизни — жизни рядовой советской женщины. Любой человек, прочитавший эту повесть, «Неделя, как неделя», будет крайне поражен тем, что жизнь советского человека просто не включает в себя никакого времени для какой-либо духовной активности. Люди в СССР свое «свободное» время вынуждены тратить на погоню за «дефицитными товарами», на стояние в очередях, на преодоление бытовых неустройств и т.д. и т.п. Сверх того, ни один человек не может избежать колоссальных потерь времени на разные собрания, политические занятия, субботники, воскресники, митинги и тому подобные мероприятия советской власти. Мало того, что у человека просто не остается времени, но эта колоссальная и бесплодная нагрузка иссушает мозги и растрачивает впустую духовные силы человека. Нечего удивляться, что водка, снимающая это невероятное нервное перенапряжение, становится главным или даже единственным убежищем для многих и многих людей в СССР.

Я думаю, что если бы населению Запада, привыкшему к разнообразной и раздольной жизни, вдруг досталась такая же нагрузка, оно бы все перепилось и посходило с ума. Это удивительно, что советские люди еще как-то умеют находить силы, чтобы приспособиться жить в таких условиях. Советские социалистические вожди всё это, конечно, знают, и знают, как важно для социализма поддерживать эту ситуацию. Недаром в практике тюрем и концлагерей в СССР есть правило: если нет работы для заключенных, надо ее придумать. Заставить хоть кирпичи переносить с места на место и обратно.

СИЛА СОЦИАЛИСТИЧЕСКОЙ ДЕМАГОГИИ

Недавно я с интересом наблюдал на заседании одного лондонского районного Совета настоящую битву. Конечно, по телевидению. В Совете большинство получили консерваторы, и они пытались экономить общественные средства (в Англии сумма всех налогов достигает 60% доходов населения, в среднем) путем продажи по дешевке домов Совета арендаторам, квартиросъемщикам этих домов и квартир. Дело в том, что эти дома не окупают даже их содержания в порядке и приходится более 50% средств тратить за счет ежегодного увеличения налогов.

Члены Совета — лейбористы (т.е. радикальные социалисты) очень эффективно и эффектно сопротивлялись, привлекая очень успешно на помощь публику на галерее и даже целую толпу, так называемых, сквоттеров. Сквоттеры — люди, проникающие в запертые пустые дома без разрешения кого бы то ни было и **живущие** там бесплатно. (Естественно, пока в Англии еще не наступил полный социализм и его полный порядок).

Молодой, очень симпатичного вида, интеллигентный лейборист чрезвычайно убедительно (в особенности для публики на галерее и сквоттеров) возражал против экономии средств и настаивал на увеличении общественных трат. Как доказательство, он приводил фактические (по фамилиям примеры людей, бездомных, не имеющих возможности пользоваться детскими яслями, людей, не имеющих возле дома спортплощадок для своих детей и т.д. и т.д. Он даже обобщил, что отказ этим людям в помощи сделает общество обществом эгоистов со злобными инстинктами животных. Продажа домов, утверждал он, еще больше увеличит число бездомных и отверженных. Нечего удивляться, что его речь сопровождалась криками одобрения и аплодисментами публики.

Наоборот, речь защитников экономии была совершенно невыразительной и тонула в неодобрительном шуме публики и в ее гневных выкриках.

Действительно, фактическая демонстрация реальных «обездоленных», «униженных» и «оскорбленных» всегда и везде чрезвычайно впечатляет и любые, именно любые, возражения принимаются, как защита несправедливости, унижения, оскорблений и подвергаются бешеной ненависти со стороны публики.

Отметим, прежде всего, что этот социалистический напор противопоставляет всегда конкретных, реальных «обиженных» злу не со стороны конкретного Петрова, Иванова, Сидорова, а общего строя капитализма и его защитников-консерваторов. «Обиженных» всегда достаточно много, и они в массе всегда на таких дискуссиях присутствуют. Они ведь кровно заинтересованы в исходе дела, в противоположность тем, которые не присутствуют, ничего о происходящем не подозревая.

В этом напоре, конечно, не объясняется, откуда возьмутся средства для удовлетворения «обиженных».

Каждый из «напирающих», однако, знает, что эти средства не его собственные. В ином случае, конечно, их поведение немедленно бы изменилось на обратное. Распоряжаться не своими средствами всегда очень удобно и приятно.

Однако, все, что требуют «обиженные» и их «благородные» защитники-социалисты, с неба не валится и должно быть произведено чьими-то мозгами и трудом. «Обиженные» явно не вложили в это дело своих труда и мозгов. Спрашивается, на каком основании «обиженные» претендуют на свое обеспечение? На основании того, что социалисты называют «правом». «Право», не заработав на хлеб, на дом, на одежду, на семью есть хлеб, жить в доме, одеваться, заводить семью. «Право» значит не просьба, а требование. Таким образом, «право» на все это есть по существу право грабежа более умного, более способного, более интенсивно работающего человека. Чем это «право» отличается от преступного грабежа? Только тем, что социалисты его легализовали и превратили из преступления в добродетель. Любопытно, что те же социалисты, достигнув социализма, немедленно и лицемерно повернут все на 180 градусов: «Кто не трудится, тот не ест». Вот тебе и право!

«Право» может сохраняться лишь пока еще не перевелись дураки, работающие не только на себя, но и на лодырей, которые их грабят. Однако, дураков становится все меньше, а число «обиженных» все возрастает. В Лондоне более 50% жилищ являются собственностью Советов. Наниматели этих жилищ платят по их социалистическому «праву» много меньше, чем стоит эксплоатация этих жилищ. Дефицит покрывается за счет карманов все сокращающегося количества дураков-налогоплательщиков. Спросим, например, почему же такая огромная доля населения Лондона стала «обиженной» и не может заработать на полную квартплату? Очень просто: число дураков сокращается. Дураки становятся умными и своими, примерно, 2 миллионам (в Лондоне) мозгов выжимают из социалистических Советов субсидии и для себя, но уже в качестве «обиженных». Что же будет дальше? Об этом молодой, симпатичный и интеллигентный лейборист не думает. А дальше дураки могут исчезнуть совсем, и всему обществу будет нечем кормиться и негде жить. Будет полный развал, т.е. то, что нужно социалистам (я, конечно, не допускаю мысли, что симпатичный юноша — социалистический прохвост: он просто дальше своего носа ничего не видит). Как только общество капитализма будет окончательно разрушено, и наступит социализм, с этим «правом» будет покончено навсегда, и эти, вызывающие сострадание «обиженные» будут за тунеядство отправляться в концлагеря или в другие отдаленные места, где они узнают, «почем фунт лиха».

Этот социалистический прием использования конкретных «обиженных» для разрушения общественного, но капиталистического хозяйства, распространяется на все случаи. Когда на вопли о безработице возражают, что нужно переучиваться, поскольку нужда общества в данной профессии исчезла, что нужно переехать из мест, где нет работы, в места, где она есть и т.п., шторм обрушивается на возражающих. «Вы звери, вы не понимаете, что может переживать пожилой человек, Петров или Сидоров, потеряв работу, а с ней всю свою перспективу». Между тем, дело совсем не в том, что страдания Сидорова и Петрова не вызывают сочувствия. Несомненно, они вызывают сочувствие. Дело в том, что, если следовать сочувствию, то вместо тысяч Петровых и Сидоровых останутся без работы миллионы. Действительно, если кучера не нужны, а их продолжать кормить за общественный счет, то к кучерам присоединятся прачки, затем швеи, затем рабочие конвееров и т.д. Спрашивается, как же кормить всю эту массу людей со множеством устаревших профессий, сочувствуя каждому из них и защищая их от потери привычной работы?

Что касается вечной массовой безработицы, якобы, вызываемой технологической революцией роботов и компьютеров, то это есть очередной социалистический миф, который обсуждается мной в другом разделе.

Так, социалисты во всем, опираясь на конкретные беды и конкретных людей, стараются их раздуть и использовать для разрушения общества в целом, чтобы затем повернуть на 180 градусов. Почему именно на 180 градусов? Потому, что всё, против чего они борются, разрушая капитализм, есть основа существования любого человеческого общества, включая и социалистическое, и, следовательно, — основа жизни любого отдельного человека. Беда защитников общества в том, что конкретная человеческая нужда близка и понятна каждому, а ее связь с развитием и процветанием всего общества в целом, кажется неясной, «притянутой за волосы», мол, для оправдания корысти защитников. В этом смысле многим людям весьма свойствен такой стихийный социализм.

КИБЕРНЕТИЧЕСКИЙ СОЦИАЛИЗМ

«Прогрессивная» мировая интеллектуальная элита, ощутив чрезвычайное ускорение темпов развития науки и техники в 17, 18 и 19 веках, восхитились ими невероятно. Всегда томясь от недостатка пищи для ума, она почувствовала в этом ускорении зародыш чего-то грандиозного. Любопытно, что сами создатели этих впечатляющих достижений, ученые и инженеры, в большинстве своем не возлагали на последующее развитие науки и техники никаких экстраординарных надежд. Каждому из них, обладавшему достаточными знаниями физики, был знаком универсальный закон развития по «s»-кривой. Развитие любого процесса сначала происходит медленно и незаметно. Затем скорость развития постепенно возростает и достигает почти скорости взрыва, что замечают даже не очень наблюдательные люди. Затем, неизменно, скорость развития уменьшается и постепенно приближается к нулю. Все постепенно забывают о происшедшем. Например, после первого появления печатного слова, число книг и изданий и их распространение по миру увеличивались сначала очень медленно. Только в конце 19 и начале 20 века этот процесс невероятно ускорился. В 60-ые годы этого столетия развитие процесса ускорилось настолько, что все заговорили о «взрыве» информации. Однако сейчас, спустя 15-20 лет, в развитых странах число печатных изданий почти не увеличивается.

Философы и мыслители из интеллектуальной элиты в таких вопросах разбирались плохо, да и не хотелось им упускать столь жирную пищу для ума. Поэтому, совершенно незаконно распространив «взрывной» характер развития науки и техники в необозримое будущее, мыслители с шумом и громом объявили мощь человеческого разума безграничной. Сразу же была раскрыта и еще одна «золотая жила» — возможность построения совершенного общества (социализма) на базе этой самой всесильности разума. Тут уже вся планета Земля, буквально, пришла в сотрясение от «открывающихся перспектив». Всех особенно прельщала представляющаяся «возможность» без тяжелого труда, как по мановению волшебного жезла, вдруг, через какие нибудь 10-20-30 лет прыгнуть в земной рай.

Сейчас, спустя 200-300 лет после рождения изумительной идеи «рая социализма» ничего, кроме социалистического ада, наблюдать нельзя.

Однако, как трудно отказываться от такой восхитительной идеи! Уже и раньше мыслители инстинктивно чувствовали физическую несостоятельность идеи превращения грешной земли в рай. Поэтому им пришлось все время изобретать подкрепления идее. Эти попытки были собраны, обобщены и получили некоторое «научное» завершение в исторических трудах Карла Маркса. Он уже сам дополнительно изобрел эксплуатацию, классы, классовую борьбу, как доказательства не только возможности рая, но и его неотвратимости. Это было огромной поддержкой для социалистов, все еще совершенно безграмотных в отношении законов физики и законов, действующих в человеческом обществе. Они получили «науку».

Однако и Марксова «наука» не могла потушить сомнений. Сомнений, прежде всего, в вопросе о том, что же собой представляет этот самый всесильный человеческий разум? Где же он, в конце концов, гнездится? Действительно, разум Петрова, Сидорова не только не был всемогущим, а даже явно глупым. Да и вожди социализма не проявляли желаемой мудрости. Если обратиться к истинно гениальным умам Ньютона, Лейбница, Ломоносова, Фарадея, то и в этом случае приходится убедиться, что даже их гениальные мозги и отдаленно не соответствуют всемогуществу. Если бы гениальный разум Ньютона был бы всемогущ, так Ньютон и сам давно бы осуществил социалистический рай. Нужно отметить, что и сами гении ни в какой степени не претендовали на всемогущество их разума, хотя и были, безусловно, куда разумнее всяких руссо, вольтеров, сен-симонов, томасов моров и т. д.

Спрашивается, где же этот самый всемогущий разум находится? Если забыть на время шум, поднимаемый социалистами, то не трудно заметить, что это есть наш общий совокупный ум. Личный человеческий разум отдельного человека, проявляющийся и развивающийся в его индивидуальном творчестве, и действующий в совокупности с многими миллионами других, и есть этот «всемогущий» разум. И тут же не трудно убедиться, что он совсем не всемогущ. Без труда и пота далеко не уедешь. Умственный и физический труд плюс природа есть единственный источник всех благ на земле: сколько наработал, столько и получил. Никаких райских пособий не предвидится.

Когда понимание ограниченности человеческого ума начало понемногу возвращаться в мозги некоторых людей, социалисты опять воспользовались плодами тяжелого труда ученых и инженеров и объявили возможность «кибернетического социализма». Нужно иметь в виду, что и тут к самой идее кибернетики ученые и инженеры отношения не имеют. Изобретателем идеи является «большой ученый среди философов и большой философ среди ученых», Норберт Винер. Ученым и инженерам ничего не оставалось, как пользоваться термином для обозначения своих технических дел, не приписывая кибернетике никаких сверхъестественных свойств.

Философам и мыслителям кибернетика подбросила пищи для ума, и, особенно, возможность подкрепления застойной идеи всемогущества разума. «Да, разум отдельного человека ограничен. Но что из того? Теперь можно (наука, мол, это показала) создать такую кибернетическую систему микрокомпьютеров, микроузлов для приема и переработки информации в команды, и к ним, исполнительных аппаратов, что эта система будет несравненно умнее любого гения». Кстати, ни один серьезный ученый, занимающийся созданием таких систем, этого не утверждает. Так социалисты вложили в кибернетику то, чего в ней нет, и раздули ее «до небес».

Однако, и эта надежда на кибернетику недвусмысленно проваливается. Совершенно объективным признаком этого провала является непрерывный рост относительной стоимости программирования кибернетических систем по отношению к стоимости самих систем. Программировать, значит заложить в конструкцию кибернетической системы заранее продуманную человеком последовательность и закономерность действия ее элементов и составить «алгоритм», т.е. записанную последовательность нажимания «кнопок» кибернетической системы (человеком или какими-либо устройствами-датчиками). Стоимость этого программирования на протяжении всего 2-3 лет выросла от 30-40% до 90% к 1978 году. Таким образом, вся система, скажем, стоит 1000 рублей, из чего 900 рублей составляют затраты труда программистов. Можно не сомневаться, что по мере совершенствования технологии и увеличения сложности кибернетических систем, практически, вся их стоимость будет определяться стоимостью умственного труда программистов.

Таким образом и в кибернетике не удается и не удастся уйти дальше ума программиста Петрова или Сидорова.

Так неумолимо разрушаются все физические и идеологические основы социализма.

К МИРОВОМУ ГОСУДАРСТВУ

Удельные российские князья воевали между собой, пока сильнейший из князей не объединил их в одно государство. Российское государство продолжало разными способами присоединять к себе дополнительные территории и превратилось в огромную Российскую Империю, а затем было захвачено большевиками и названо СССР.

Аналогичные процессы укрупнения и консолидации происходили и в остальном мире. До эпохи удельных княжеств тот же процесс происходил, как объединение семей в племена, а племен в княжества. Несомненно, этот процесс происходил в силу тех выгод, какие укрупнение давало людям. Кроме лучшей защиты от врага объединение развивало разделение труда, а с ним росла производительность труда и, следовательно, уровень жизни.

До самого последнего времени даже в Европе этот процесс осуществлялся, в основном, с помощью вооруженной силы и войн. Двадцатый век, появление Европейского Экономического Сообщества и Организации Объединенных Наций вселили надежды, что процесс объединения может осуществляться и мирным способом.

В то же время расщепление мира на два радикально

различных лагеря, социалистический и капиталистический, эти надежды весьма и весьма подрывает.

1. Полный социализм в одной стране невозможен

В свое время гремел спор о том, можно ли построить социализм, т.е. высокоорганизованное, совершенное общество в отдельно взятой стране. Этот спор был отнюдь не схоластическим. Он вытекал из вполне практических нужд высокой организации в обстановке окружающей капиталистической «дезорганизации». Спор был потушен утвердительным ответом Сталина. Это и понятно. Мировая революция не происходила, так не ждать же у моря погоды. Нужно было начинать строить социализм в одной стране, а там дело само покажет. Хотя Сталин дал утвердительный ответ без всяких оговорок, чтобы не охлаждать пыл строителей социализма, однако, мне кажется, суть дела ему была ясна.

Действительно, как можно осуществлять высокую организацию, когда неизбежно приходится иметь весьма значительные контакты и связи с непредсказуемым и неорганизованным капитализмом? Эти связи будут также всё время поощрять подавляемый, но вечно живой и очень сильный здравый смысл населения социализма. Это обстоятельство всегда будет держать единую организующую силу социализма под угрозой смертельной опасности в ее непрерывной борьбе не на жизнь, а на смерть с многомиллионной мощью здравого смысла. Недаром никогда не угасала идея полной автаркии, изоляции социализма от всего остального мира. Однако, осуществить автаркию совершенно невозможно. Даже сквозь «железный» и «бамбуковый занавес» и «границы на замке» воздействие «капиталистического окружения» не может не ощущаться. Таким образом, теоретики социализма, отвечавшие на вопрос отрицательно, были вполне правы. Поэтому социализм на данном этапе стоит перед двумя важнейшими задачами.

1. Ликвидировать капитализм, как страшную угрозу

единой воле высокоорганизованного общества социализма. Капитализма в мире уже практически нет, а есть монополизм, сам стремящийся к социализму, однако, монополизм еще далеко не социализм и здравый смысл в нем еще очень силен.

2. Достигнуть теми или иными средствами объединения всего социалистического лагеря под одним центральным руководством. Практика показала, что это нелегко, так как многие вожди социализма в своих странах не понимают абсолютной необходимости этого для окончательного торжества социализма в любой стране. Окончательное торжество возможно только при завоевании социализмом всего мира. Кроме того, многие вожди социализма, как, скажем, Троцкий или Бухарин, хотели его устраивать по-своему. Поэтому приходится ожидать некоего Международного Сталина для очистки рядов социализма во всем мире и для достижения торжества социализма во всем мире.

Такова направленность социализма и социалистической идеи в наше время. Эта направленность, как и во всей истории социализма, определяется борьбой за высшую власть любыми средствами. Социализм без высшей власти — фикция.

2. Мировое господство социализма

Социалистическая идея, безусловно, ведет к господству социализма во всем мире. К социализму ведет монополизм Запада. Таким образом, мировое социалистическое государство кажется обеспеченным. Весь мир с его огромным населением превратится в огромный, великолепный и совершенный кристалл. Каждый человек будет занимать в этом кристалле вполне определенное место и выполнять вполне точные обязанности. Конфликтов не будет. Все будет действовать безупречно «в интересах всего населения, в целом». В этих же интересах придется действовать каждому отдельному гражданину мирового государства. Все люди будут вполне эквивалентны атомам и молекулам совершенного кристалла. Таков по идее социализм — венец (и конец!) развития человеческого общества.

Спрашивается, неужели нас всех ожидает такая участь? Ведь если совершать столь модную сейчас экстраполяцию исторической тенденции на будущее, то такая участь кажется неизбежной. К счастью, тенденции, как бы долго они ни существовали, появляются и исчезают, а развитие событий никогда не происходит по прямой линии. Самое же главное, развитие человечества, несмотря на все отклонения и отступления, совершается, в конечном итоге, к благу людей, а торжество мирового социализма невозможно назвать благом. Отдельный человек и люди в совокупности могут временно ошибаться и заблуждаться в опознании и реализации своих личных и общих интересов, но, рано или поздно, эти настоящие интересы берут верх. Ведь так или иначе, но материально и духовно человечество поднялось от уровня пещерного человека до нынешнего. Даже по сравнению с эпохой Рима нынешнее общество Запада ушло далеко вперед в осуществлении именно интересов человека и, нужно подчеркнуть, не только материальных, но и духовных. Недаром срок активной жизни людей перевалил за 70 лет, а в древнем Риме этот срок был всего около 25 лет. Недаром по последним исследованиям Международной Организации Здравоохранения ООН из 240 миллионов умственно больных мира только существенно меньшая часть приходится на долю Запада и развитых стран. Бьюсь об заклад, что вы удивлены, так как это противоречит установившемуся мнению. Однако, это, без сомнения, так.

Сопоставим теперь:

Люди всех существующих социализмов, как правило, этот социализм ненавидят и стараются из него бежать. Социализм лишает людей возможности употреблять свои собственные мозги и совершенствовать их. Социализм ведет к оглуплению человечества и к его деградации.

Всё человеческое развитие, в конечном итоге, совершалось в интересах людей, а не идей и даже не вождей. Поэтому я смело утверждаю, что обрисованная социалистическая перспектива хотя и представляет величайшую угрозу человечеству, но, рано или поздно, будет ликвидирована. Больше того, я смело утверждаю, что именно интересы отдельной личности, из множества которых составлено общество, статистически, через ошибки, отклонения, исправления, определяют движение и развитие человечества, и притом, в положительную (в пользу человека) сторону. Правит, в конечном итоге, не обобществленный разум, а коллективный разум миллионов отдельных людей.

Однако, с позиции интересов личности, необходимость замены войн между государствами соблюдением определенных правил общежития государствами останется. В этом смысле мировая организация государств остается перспективной.

3. Европейское Экономическое Сообщество

Подходя с точки зрения людей, можно утверждать, что Европейское Экономическое Сообщество (ЕЭС) явно страдает монополистически-социалистическими извращениями. Эти извращения характеризуются тем, что ЕЭС стремится именно к управлению народами и хозяйствами Европы вполне эквивалентно социалистической или монополистической идее. ЕЭС не только стремится установить правила общежития для государств-членов, но и регламентировать в деталях всю их жизнь. Больше того, предполагается, что Европейский Парламент лишит суверенности правительства государств-членов и введет невиданную централизацию власти. Уже сейчас ЕЭС диктует не только цены на товары, но и распространяет регулирование на свойства товаров. Оказалось, например, что английское мороженое не соответствует закону ЕЭС. Пиво, как и мороженое, как и все товары, в ЕЭС перестают определяться вкусом населения, а должны соответствовать рецепту, узаконенному ЕЭС. Если нынешние тенденции ЕЭС продолжатся, то предстоит загнать в колодку однородности действительно все национальные традиции и особенности.

Между тем, правительства государств-членов уже достаточно оторваны от жизни людей и их конкретных обстоятельств. В правительстве ЕЭС это достигнет еще значительно больших размеров. Бюрократия и коррупция в огромной степени неизбежно возрастут.

В свое время, бежав из плена социализма, я полагал, что ЕЭС не является зарождающимся западным вариантом мирового социалистического государства. Сейчас это стало для меня ясно. Социалистически-монополистические идеи в ЕЭС оказываются господствующими. Недаром председателем организации ЕЭС избран Рой Дженкинс, лейборист-социалист, а консерватор-социалист Эдвард Хит тоже немало трудится для ЕЭС. Поэтому я должен заранее предостеречь деятелей будущей Новой России от слишком поспешных решений в отношении вступления в ЕЭС.

Мне кажется, будущее мировое государство должно быть построено следующим образом. В основе должна лежать целая сеть относительно небольших самоуправляющихся общин с более или менее полной самостоятельностью финансирования и внутренней деятельности. В этих общинах между гражданами и властью не должно быть никаких промежуточных инстанций. Такая община будет представлять собой элементарную ячейку мирового государства. Эти ячейки будут объединены в одно национальное государство, функция которого — законодательство, арбитраж и координация общин в пределах национального государства. Национальные государства могут быть объединены в федерации (как, скажем, Российская федерация) без потери суверенности национальных государств. Функции федераций — оборона, иностранные дела, дела, связанные с границами, координация деятельности национальных государств между собой. Следующая ступень может представлять собой Мировое Содружество Государств (МСГ), функция которого заключается в координации, арбитраже между Федерациями. Функции всех четырех ступеней должны быть различны и не накладываться на функции других ступеней. Общий порядок и законность на уровне МСГ могут поддерживаться с помощью общих сил международной полиции через Высший Международный Суд. Высший Законодательный Совет МСГ должен состоять из полномочных делегаций Федераций или отдельных Национальных Государств. Точно так же должен быть составлен и Совет Министров МСГ. Все эти организации МСГ, естественно, не должны диктовать законов, распространяющихся на внутреннюю жизнь членов.

Таким строением можно обеспечить и координацию, и суверенность, и самодеятельность. Мозги миллионов и миллиардов будут действовать во всю силу и не будут заменяться, как при социализме, или монополизме, мозгами немногих. Это сохранит интересы личности свободными, обеспечив свободу творчества и жизни.

Одним из важных шагов для обеспечения взаимопонимания людей будет установление (выбор с помощью голосования из действующих мировых языков) общемирового языка. Я намеренно оставил оборону и иностранные дела в качестве функций Федерации. Я просто не знаю, отомрут ли они или будут еще долго сохраняться. Силы обороны могут быть частью общих сил для поддержания порядка и законности в МСГ.

Я уверен, что и границы между отдельными государствами и Федерациями сохранятся на все обозримое будущее. Они будут нужны, чтобы государства, поднявшиеся своим трудом и силами к более высокому уровню жизни и культуры, могли пользоваться им, помогать другим показом и советом. Если все выравнять по-социалистически, то исчезнет у людей перспектива, возможность сравнивать высокое и низкое, хорошее и плохое и стимулы к развитию и соревнованию. Поэтому свобода передвижения людей по миру не обязательно должна быть абсолютной. Государства должны будут иметь возможность защитить свою культуру и свой уровень жизни ограничением и контролем иммиграции (не путешествий). Эти различия не могут исчезнуть. Они только могут быть задавлены силой, как это делает социализм. Эти различия выражают собой лишь тот факт, что среди миллиардов людей не может быть и двух вполне одинаковых людей, даже если они сиамские близнецы.

МОЩЬ И БЕССИЛИЕ ЧЕЛОВЕЧЕСКОГО РАЗУМА

1. Человеческий мозг — вместилище разума

Если принять отношение веса мозга наиболее далекого нашего предка к весу его тела за единицу, то эта величина для современного человека составляет 2,5. Таким образом, за прошедшие 3 миллиона лет мозг человека увеличился в 2,5 раза. Для человекообразной шимпанзе эта величина составляет 0,7, т.е. в 3,5 раза меньше, чем для человека.

Если считать, что для управления жизненными функциями тела, такими, как дыхание, пищеварение, поддержание температуры и т.п. достаточно того объема мозга, какой был у предка, то, следовательно, около 60% нашего объема мозга являются тем, что мы можем назвать вместилищем человеческого разума. Конечно, эти и последующие такого рода цифры служат только для выражения идеи и отнюдь не представляют истинных количественных соотношений.

Наиболее ценная часть мозга, которая определяет наше сознание, регистрирующее и контролирующее наши мысли и поступки, составляет, видимо, сравнительно небольшую часть указанных выше 60% объема мозга.

Следует отметить, что неисчислимые мириады процессов, происходящих во многих тысячах миллиардов клеток нашего организма, происходят независимо от нашего мозга. 40% объема мозга, «предназначенные» для регулирующего воздействия на функции организма, осуществляют это воздействие в очень ограниченной степени. Например, ногти и волосы еще продолжают расти некоторое время после смерти человека и смерти мозга. Имеется уже много случаев, когда жизнь организма человека с поврежденным и не работающим мозгом поддерживалась неограниченно долгое время (37 лет). Это показывает высокую степень автономии организма. Этим я хочу сказать, что возможности всего нашего мозга ограничены и тесно связаны с функционированием остального организма.

2. Преобладание иррационального над рациональным

Если определить рациональное поведение, как поведение, вытекающее из человеческой логики и контролируемое сознанием, то приходится прийти к выводу, что оно не может быть превалирующим. Часть мозга, связанная с сознанием, является исторически самой молодой и самой небольшой. Поэтому иррациональная, эмоциональная, инстинктивная часть нашего бытия, связанная с функционированием всего остального мозга и всего остального организма, составляет, на мой взгляд, пожалуй, 80%. Едва ли можно оспаривать, что в людях, как правило, эмоциональная часть поведения преобладает.

Люди не имеют возможности строить свое поведение полностью на предсказуемой, логической, рациональной основе. Я смею утверждать, что ни один человек не в состоянии точно предсказать свое поведение в подавляющем большинстве случаев жизни. Больше того, многие люди уже знают, что их собственное поведение для их собственного сознания является предметом изучения и даже удивления.

3. Свобода и необходимость

Камень, оторвавшийся от скалы, не выбирает маршрута своего падения. Человек, спускаясь со скалы, выбирает свой маршрут. Конечно, человек не может нарушить законы природы и, скажем, повиснуть в воздухе. Однако, он может осуществить и это, воспользовавшись вертолетом, опять же не нарушая законов природы. В этом и заключается творческое использование нашим мозгом законов природы для достижения целей, поставленных себе человеком.

Встречаемся ли мы с друзьями, исследуем ли космические пространства, природа предоставляет нам огромное количество возможных по ее законам вариантов поведения. Однако, для природы не существует добра или зла, правильного или неправильного, света или тьмы, верха или низа, корысти или самоотверженности, цели или бесцельности. Все эти понятия связаны с человеком, с его разумом и инстинктом самосохранения. Среди множества возможных вариантов, «предлагаемых» нам незаинтересованной природой, человек творчески ищет и комбинирует те, которые ему больше всего подходят. Подходят не только с точки зрения чисто собственного самосохранения, но часто и с позиций добра и зла, корысти и самоотверженности, определяющих самосохранение человеческого рода в целом, человеческую мораль. Как игрок в шахматы, он исследует с целью уяснения последствий далеко не все предоставляемые ему природой и собственным творческим воображением варианты поведения. Множество остается за бортом его ограниченного сознания. Бывают также случаи, когда природного материала слишком мало для выбора и творчества. Мат в шахматах означает полное отсутствие выбора и невозможность дальнейшего творчества. Парашютист, у которого парашют не раскрылся, тоже не имеет выбора.

Однако, отсутствие выбора в этом случае человек не считает ограничением своей свободы. Если парашютист с нераскрывшимся парашютом приземлился в стог сена и остался жив, это считается счастливым случаем. Если разбился о землю, это — несчастный случай. Как и в случае мата в шахматах, это — результат невозможности для человека заранее просмотреть вперед все следствия различных вариантов поведения.

Другое дело, когда творческий материал ограничивается не природой, а другими людьми. В тех случаях, когда ограничение, накладываемое другими людьми, отсеивает только те природные возможности, которые и сам человек отсеял бы по своей воле, он не считает это ограничение ограничением своей свободы. Скажем, ограничения правил уличного движения или запрещение убивать себе подобных едва ли могут рассматриваться человеком, как ограничение его свободы. Важно отметить, что ограничения такого рода практически не уменьшают количества исходного природного материала для его творческого использования человеком. Больше того, как я уже говорил, количество этого материала может все так же превосходить возможности анализа его человеком.

Если же природный материал так ограничивается другими людьми, что он не исчерпывает творческих возможностей данного конкретного человека, тогда это ограничение рассматривается им, как ограничение его свободы. Человек, обладающий бо́льшим знанием природы или, вообще, окружающего, человек с более развитым умом, и, следовательно, с бо́льшими творческими возможностями, скорее почувствует ограничение свободы, чем человек с малоразвитым разумом, с меньшими творческими возможностями. Люди, проводящие всё свое свободное время в пивной или на спортивных стадионах, едва ли нуждаются в большой свободе. Их творческие возможности могут быть легко удовлетворены даже при социализме.

Если бы была возможность сосчитать все число вариантов поведения, предоставляемых природой и творческими возможностями конкретного человека, то можно было бы измерять свободу и несвободу. Чем больше из числа возможных вариантов запрещено людьми, тем меньше свобода. Если предписан из всех один вариант, свобода равна нулю.

Таким образом, свобода есть чисто человеческое понятие и границ этой свободы или несвободы столько, сколько людей на земле.

Чем развитее становятся люди, чем сложнее становится их общество, тем, казалось бы, больше должно появляться ограничений, накладываемых человеком на самого себя, и тем меньше свободы. Однако, тем больше становятся и творческие возможности человека, расширяющие его свободу. Развитие творческих возможностей человека не только требует расширения свободы, но и позволяет ему ее расширять, не поступаясь правилами общежития. Суть состоит именно в том, чтобы ограничиваться правилами общежития, не предписывая людям, как им жить и действовать, даже если вы думаете, что это в их интересах.

В принципе, человеку необходима значительная степень природного «хаоса», позволяющего ему использовать в полную меру свои творческие возможности, в противоположность совершенному порядку, сводящему его свободу к нулю.

Современное общество, конечно, куда сложнее, чем, скажем, общество средних веков, а пещерный человек вообще не имел общества и, следовательно, ограничений со стороны других людей. Таким образом, он имел для своего уровня разума полную свободу. Тем не менее, современный человек, чудом перенесшийся в пещерный век, едва ли не почувствовал бы на каждом шагу стеснения и ограничения своей деятельности. Если бы человек пользовался ногами, как единственным средством передвижения, это резко бы ограничило его жизненное пространство. Конечно, он испытал бы сильнейший информационный голод, лишившись своих газет, книг, радио, телевидения. Испытал бы ужасное ограничение своих желаний и привычек дикой и равнодушной к нему природой. Однако, все эти ограничения человек счел бы несчастьем, но не потерей своей свободы, если... Если бы это чудо не было осуществлено для него другими людьми. В противном случае, он рассматривал бы это, как самое злостное нарушение его свободы.

Мне кажется, что этот пример также достаточно хорошо характеризует огромное расширение возможностей, т.е. свободы, осуществленное человеком в его сложном обществе, а именно с помощью этого сложного общества.

Это соотношение свободы и необходимости я бы сформулировал так:

Космос, Природа, Бог — это безграничный в пространстве и вечный во времени процесс, в который человечество погружено, как бесконечно малая в пространстве и времени его часть. Часть, которая наделена сознанием, т.е. некоторой способностью изучения и себя и окружающего процесса с целью самосохранения и развития, путем маневрирования в этом процессе. Ни эта часть, т.е. человечество, ни его, человечества, «самовольное» маневрирование не противоречат законам процесса, а являются результатом этих законов.

Именно поэтому всё — от законов Природы, от законов Бога, и в то же время всё — в воле человека. Законы вечного, безграничного процесса (Бога) дают его бесконечно малой части — человечеству, огромный простор маневрирования — свободу.

4. Для чего человеку свобода?

Действительно, если по социалистической идее, можно создать высокоорганизованное общество наиболее совершенного порядка — социализм, то для чего в таком обществе была бы нужна человеку утраченная в нем свобода? В таком обществе каждый шаг был бы вполне разумно и целесообразно предписан человеку в соответствии с его личным и общественным благом. Зачем же ему, человеку, отклоняться от разумного предписания? В конечном итоге, человек мог бы рассматривать предписание, как предписание самой природы, как необходимость, вытекающую из самих законов природы. В таком обществе не было бы ни инфляции, ни безработицы, ни нищеты, ни несправедливости, ни нецелесообразности, а только совершенство. Однако, как я попытался показать, свобода есть возможность проявления творческих способностей человеческого разума со всеми успехами и неуспехами. Таким образом, разум и свобода неотделимы. Развитие человеческого разума само есть следствие использования человеком своих творческих способностей и возможностей, дарованных ему Природой. Наш лишний килограмм мозга, вмещающий наш человеческий разум, сам появился в результате этого использования человеком свободы творчества. Сам развился в этой свободной деятельности и привел к превращению человека в «царя природы». Дал человеку исключительные преимущества перед неживой природой. Позволил ему создать все современные чудеса материальной и духовной культуры. Можно ли оспорить, что, если бы с самого начала человек был лишен творческой свободы, то не было бы и сейчас для нас ничего кроме пещер и дикой природы? Не было бы и самого разума. Он не появился бы или атрофировался бы, как атрофировался в свое время не употребляемый нами хвост.

Легко видеть, что, поэтому, свобода не есть только личное благо и удовольствие человека, а есть абсолютная необходимость для всего человеческого рода. Можно совершенно априори утверждать, что ограничения нашей свободы, создаваемые в наше время слишком сильными государством, профсоюзами, банковскими и промышленными монополиями, ведут к выключению миллионов мозгов из полезных процессов, к деградации материальной и духовной культуры и, в конечном итоге, к постепенной атрофии разума. Атрофии разума не только тех, кому предписывается, но и тех, кто предписывает. Сами предписывающие не будут иметь прежней свободы творчества: ее «съест» необходимость совершенного порядка. Таким образом совершенное общество социализма ведет, в конечном итоге, к атрофии разума и к возвращению в мир шимпанзе.

5. *Возможности человеческого мозга*

Итак, современный человек, условно выражаясь в относительных объемах мозга, в 3,5 раза умнее шимпанзе и в 2,5 раза умнее своего предка, жившего, примерно, 3 миллиона лет тому назад. Уже этот факт ограниченности объема мозга человека кладет границы нашему знанию. Число нейронов головного мозга человека оценивается, примерно, в 1 000 миллиардов. Способность человеческого мозга к воспринятию знания, т.е. информации, оценивается во столько же единиц информации — «бит». «Бит» — это количество информации, которое может быть передано словом «да» или словом «нет».

Любопытно, что суммарная способность наших пяти органов чувств воспринимать сведения из окружающего мира и передавать их в наш мозг составляет 300 бит в секунду. За 100 лет жизни, т.е. за 3,15 миллиарда секунд в наш мозг с такой скоростью (300 бит в секунду) будет доставлена информация в количестве 1 000 миллиардов бит, т.е. будут использованы все нейроны нашего мозга. Если не считать это простым совпадением, то, пожалуй, можно сказать, что природа расчитала нас, примерно, на 100-150 лет жизни. Предельное полное количество знания в нашем мозгу эквивалентно к концу нашей жизни, примерно, 10 000 книг среднего размера (по 250 страниц). Известны люди, знавшие наизусть всего «Евгения Онегина». Рекорд памяти поставил в 1967 году турок Мехмед Али Налиси из Анкары, который за 6 часов продекламировал 6666 стихов Корана.

Кроме ограничений в скорости восприятия информации и в полном количестве ее в мозгу человека, есть и еще очень важное ограничение. Из всего количества информации, предлагаемой человеку окружающим миром, он осознает лишь ничтожную часть, и закон, по которому данным человеком осознается именно эта часть информации, а не другая, неизвестен. Таким образом, то, что попало в сознание данного конкретного человека, никогда не бывает тем же самым, что для другого человека. Наши средства связи передают огромное количество излишней, не воспринимаемой одним человеком информации, которая, однако, может быть воспринята и тоже не вся, другим человеком. Цветное телевидение, например, выдает, примерно, в миллион раз больше информации, чем человек может впустить в свой мозг. В радиопередаче и телефонной связи, примерно, то же положение. Книги и фотографии в этом отношении экономнее, так как человек может иметь больше времени для усвоения информации, в них заложенной. Тем не менее и в этом случае читатель никогда не может воспринять в деталях всё то, что хотел передать ему автор.

6. Вероятность одинакового опыта

Если бы окружающий нас мир содержал много меньше информации, чем мы могли бы усвоить, тогда опыт, отложенный в мозгу у каждого, был бы один и тот же. Однако, наши возможности восприятия информации из окружающего мира ничтожно малы по сравнению с количеством информации в нем. Поэтому опыт каждого человека, т.е. то, что оказалось проникшим в его сознание, всегда отличается от опыта любого другого человека, даже если он его сиамский близнец.

Академик П. К. Анохин определил возможное число вариантов состояния мозга, т.е. опыта, заложенного в нем, и нашел, что это число может быть записано цифрой в 9,5 миллиардов километров длиной. Это число есть факториал числа клеток мозга, т.е. факториал 1 000 миллиардов. Число молекул во вселенной оценивается единицей с 80 нулями, т.е. числом неизмеримо малым по отношению к указанному выше числу. Поэтому, если не говорить о примитивной информации о голоде, боли, жаре, холоде и тому подобном, то во всем мире среди 4 миллиардов людей не может существовать и двух людей с тождественным опытом. Этим и объясняется, что люди лишь в очень немногом, примитивном понимают друг друга, а в мире звучат, в основном, лишь миллионы монологов, только в ничтожном количестве переходящие в диалоги.

7. «Библиотека граммофонных пластинок»

Что отличает взрослого от ребенка? Человека, умеющего ездить на велосипеде, от неумеющего? Когда ребенок учится, например, читать, каждая буква алфавита содержит слишком много неизвестной ему информации. Поэтому осознание буквы, как буквы, требует от него затраты большого времени и усилий. Повторение узнавания буквы, усилия, связанные с этим, постепенно приводит к запечатлению буквы в виде определенной картины зарядов и химизма группы клеток и образования между ними вполне материальных связей. В мозгу ребенка появляется нечто вроде «граммофонной пластинки», которая запускается, в конечном итоге, при одном лишь взгляде на букву, освобождая ребенка от длительного анализа и узнавания буквы. Таким образом, образование «граммофонной пластинки» чрезвычайно ускоряет усвоение информации, представляемой буквой. Когда ребенок научился читать, в его мозгу произошло образование целого набора «граммофонных пластинок», которые моментально проигрываются при одном лишь взгляде на буквы, слова, фразы. Таким образом, взрослый человек имеет в своем мозгу нечто вроде огромной, но компактной библиотеки грампластинок. Скажет кто-нибудь слово «фашист», и в мозгу человека будет немедленно проиграна пластинка с записью того, что это (по его мнению) значит. Не нужно и говорить, что «пластинки», записанные по одному и тому же поводу разными людьми, разные по содержанию.

8. Крайняя разборчивость взрослых людей по отношению к информации

К 50 годам мозг человека может быть уже наполовину заполнен усвоенной информацией (в том числе и грампластинками). При попытках запечатлеть в мозгу новую информацию, человек сталкивается с препятствием в виде уже существующих записей и связей. Ему все труднее и труднее (и это он инстинктивно, подсознательно, чувствует) находить незанятые клетки и проводить новые связи (теперь, видимо, уже не всегда прямые, а окольные) для записи новой «грампластинки». Поэтому, с возрастом, и это совершенно неизбежно, человек становится чрезвычайно разборчив и отбирает для восприятия или анализа все меньше и меньше новой информации. Его мозг становится все больше и больше «закрытым» и для новых впечатлений и для исправления старых. Конечно, есть и исключения. Некоторые люди могут иметь более высокую электрическую и химическую проводимости вещества мозга, чем другие. Это значит, что их записи могут легче производиться, но и легче разрушаться, давая место для новых впечатлений.

Аналогичные процессы и записи происходят и в остальной части мозга, кроме части, отведенной сознанию. Это приводит к ухудшению восприятия как нового физического, так и нового эмоционального опыта. Люди с большим опытом любого сорта менее способны к усвоению нового.

Кстати, в связи с такой картиной, утверждение, что «человек должен сначала впитать всё, что человеческая мысль создала до него, а затем уж отваживаться на новое» является весьма опасным. Едва ли это следует практиковать, если есть желание сохранить активность подольше.

9. Религия и наука

В вышеизложенном я попытался показать, что сознательная, рациональная деятельность человека использует лишь неизмеримо ничтожную часть информации, содержащейся в окружающей нас безграничной природе. Поэтому вполне разумно оценить всю совокупность всего человеческого знания, как ничтожную крупицу в масштабе природы. Однако, кроме сознания наше бытие содержит бóльшую часть, которая сознанием не определяется, а представляет продукт остальной части мозга и организма в целом. Попробуйте проанализировать сами свою собственную деятельность. Вы обнаружите, что нет ни одного сколько-нибудь сложного вашего поступка, который бы был полностью логически, рационально вами осознан, как сам по себе, так и во всех его последствиях. Это означает, что знание, логика, наука являются и результатом и базой только небольшой части деятельности человека. Является ли это временным несовершенством? Ни в коем случае. Человеческое знание всегда останется растущей, но по-прежнему ничтожной пылинкой в безграничной природе. Человек всегда будет жить в условиях знание плюс незнание, рациональное плюс иррациональное. Даже если человеческий мозг вырастет в 10, 100, 1000 раз (что невозможно), и тогда положение не изменится, так как 1000 бесконечно малых остается величиной бесконечно малой. Кроме того, нет никаких оснований думать, что исчезнет человеческий организм с его жизненными функциями и с частью мозга, управляющей деятельностью организма, и останется только мозг, определяющий сознание. Поэтому содержание человека никогда не будет состоять из одного сознания: остальной организм будет вносить в наше поведение всегда солидную и, видимо, всегда бóльшую часть иррационального, эмоционального, нелогичного.

Если только одна, меньшая часть бытия человека определяется знанием, наукой, то, спрашивается, а чем же определяется наше бытие в остальной части, если не говорить, конечно, о чистой физиологии? Ведь и в этой иррациональной области бытия перед человеком имеется еще бо́льший выбор вариантов поведения. Спрашивается, как, по какому правилу делать выбор? То, что каждый из нас, и очень часто, сталкивается с этой задачей, видно из множества книг, газет, радио и телепередач. Каждый роман, каждая поэма показывают, как часто мучителен и сомнителен бывает этот выбор. Сын поджог школу или просто не учится. Что делать, как поступать родителю? Никакая наука родителю не поможет в этом вопросе. А делать что-то нужно. Необязательно в таком критическом вопросе, но каждый день каждый из нас вынужден принимать решения, не основанные на знании и науке. Недаром люди очень склонны следовать примеру, даже часто плохому, но примеру. Недаром мы, порицая стадный инстинкт, сами, тем не менее, ему следуем. В овцах этот стадный инстинкт очень силен. Это и понятно: они ведь вообще ничего, никакой науки не знают. Недаром и в этой человеческой области мы склонны вести себя, как овцы, и недаром духовные пастыри часто так и выражаются о своих подопечных, как о стаде. Так или иначе, но это, я бы сказал, есть точное выражение сути дела. И заметьте, что «овцы» в этом человеческом стаде не только чувствуют себя лучше, следуя линии пастыря, но они обретают уверенность и в себе и в правильности своего поведения.

А вот пример нестадного поведения. Не так давно в Нью-Йорке 19-летний парень проехал на своем автомобиле со скоростью 60 км. в час по переполненному людьми тротуару, убил одного и тяжело ранил еще 12 человек. Затем наскочил на столб и убежал, «давясь от хохота», как сообщает газета.

Представьте, что так поведет себя лишь одна десятая часть всех людей. Тогда в мире не останется кроме них ни одного здорового человека. А они сами, вскоре, подохнут от голода и холода.

Однако, никакая наука этому отродью ничего не объяснит. Впрочем, точно так же, как она ничего не объяснит и ребенку, из которого вырастает такое отродье.

Поймите меня правильно. Я вовсе не проповедую стадность в качестве рецепта для выбора правильного поведения. Этот стадный выбор определил успех людоедства Сталина и Гитлера. Этот же стадный инстинкт приводит к разрушению социалистическими идеями всего Запада. Нет. Я хочу сказать, что наука никогда не сможет освободить нас от задачи обрести компас в безбрежном океане возможных вариантов поведения. Конечно, у здорового человека есть инстинкт самосохранения, который ему подсказывает определенное поведение в определенных условиях. Инстинкт, который статистически приводит к тому, что, в среднем, описанный мной случай является весьма экстраординарным. Однако, посмотрите, сколько людей нуждаются в табаке и алкоголе, в транквилизаторах, в электрических релаксаторах, в медитации, в йоге и т.д. и т.п. Всё это свидетельствует об эмоциональном напряжении, которому мы подвергаемся, выбирая курс жизни. Если бы наука его определяла, разве могло бы возникнуть это эмоциональное напряжение? Однако, она не определяла, не определяет, не будет определять и, больше того, не способна к этому.

Легко видеть, что эту нашу потребность удовлетворяет, в частности, религия и, вообще, вера и вероучение. Каждый человек нуждается в кодексе веры и очень важно, чтобы этот кодекс веры был человечным, т.е. способствовал сохранению и развитию человеческого рода. Нужно сказать, что кодексы веры главных мировых, тысячелетних религий это требование вполне удовлетворяли до самого последнего времени, когда социалисты стали заменять яблоко религии сапогом науки. К сожалению, как учил социалист Грамши, социалисты уже сильно подорвали религию с помощью искушения политикой. Они правильно сообразили, что самым верным способом убить религию является политизировать ее. На несвойственной ей почве политики, религия просто станет Христианской (Демократической) партией, т.е. одной из многочисленных партий, которые возникают и исчезают и которые, конечно, совершенно беспомощны перед напором социалистической идеологии. Конечно, я не имею в виду борьбу религии за свое собственное существование. Однако, потребность человека в вероучении не исчезнет. Следовательно, религии либо вернутся, потрепанные, к своей прежней обязанности, либо возникнет новая религия.

Об этом свидетельствует возникновение всё новых и новых религиозных течений и вероучений, происходящее на суровом фоне нынешнего «материалистичного научного века», нисколько не слабея от наличия этого фона. То, что Гагарин летал в небесах и ничего «божественного» там не обнаружил, не уменьшает человеческой потребности в кодексе веры и ничего не меняет в безбрежном океане неизвестного.

Многие отцы признанных церквей, не понимая корней веры и религии в человеке, и не умея приспособиться к изменению формы и содержания религиозных нужд людей, стараются создавать международные картели церквей и осуществить монополию, наподобие нефтяной монополии Среднего Востока. Мне лично кажется, что религиозная, навязываемая (не добровольная) монополия в религии еще более вредна. Как и любая другая монополия, она ограничивает творческую свободу человека и тормозит развитие и совершенствование человеческой морали и духа. При всех справедливых нападках на нынешние мораль и духовную жизнь среднего человека, их уровень, безусловно, существенно поднялся даже по сравнению со Средними Веками. Отрицание этого факта свидетельствует либо о социалистических склонностях, либо о беспокойстве, вызванном разбродом (социалистическим) среди церковных пастырей.

10. Иерархия человеческого знания

Почему, все же, человек, с его ограниченным разумом, сумел добиться таких достижений, как космические путешествия, гигантские ускорители частиц, атомная и ядерная энергия и т. д.? Создатели этих чудес сами признаются, что они не знают большинства деталей их созданий. Для этого их разума недостаточно.

Дело в том, что в науке и технике, имеющих дело с физикой, химией, технологией, вообще возможна иерархия вещей и процессов. Человеку, который конструирует ракетный двигатель, нет необходимости заниматься разработкой ракетного топлива. Человеку, занятому разработкой ракетного топлива, нет надобности изучать кварки и мезоны. Человеку, руководящему всем космическим проектом, не требуется знать ни подробностей ракетного топлива, ни устройства ракеты, ни огромного количества других устройств и механизмов. Каждый участник чуда концентрирует усилия разума на своем, чрезвычайно узком участке и на прямых контактах с соседями. Получается следующая иерархия знания: атомы и молекулы, материалы, части, регулирующие и контролирующие устройства, ракета, космический корабль, астрономия, расчет траектории и, наконец, общая координация проекта.

11. Иерархия людей

Во всех случаях иерархии знания и вещей можно рассматривать атомы и молекулы, скажем, железа одинаковыми, как и куски определенного сорта стали. Однако, двух людей, настолько же тождественных, как куски данного сорта стали, невозможно и практически и теоретически отыскать во всем мире. Все люди различны и непредсказуемы даже для самих себя. Иерархия знания и вещей в нашем космическом проекте неизбежно включает в себя и иерархию людей, со всеми их заранее не предсказуемыми поступками. Пока иерархия знания и вещей еще не слишком велика, оказывается возможным компенсировать непредсказуемость и неодинаковость людей с помощью «подбора кадров» и, главное, с помощью специально составленных инструкций, предписывающих человеку его действия в рабочих условиях. Инструкций, которые этот человек обязан, по заключенному с ним добровольному договору, выполнять. Таким способом человеку «навязывается» несвойственная ему предсказуемость. Однако, представьте себе этот самый «подбор кадров».

Единственным способом подбора, если не считать разные дипломы и отзывы о человеке, является экспериментальное выяснение свойств человека и того, подходят ли они для данной работы. Для того, чтобы выяснить, который, скажем, из трех людей подходит лучше для какой из трех работ, нужно сделать 6 перестановок этих людей с работы на каждую из остальных. При этом нужно также суметь оценить (хотелось бы измерить) качества той или иной перестановки. Если же нужно таким способом проверить всего 10 человек на соответствие 10 работам, то полное число перестановок составит огромную цифру в 3,6 миллиона. И осуществить эти перестановки и оценить их представляет собой совершенно неразрешимую задачу.

Поэтому и увеличение числа ступеней в иерархии знания и вещей окажется, в конечном итоге, невозможным из-за того, что не удастся никакими способами компенсировать непредсказуемость и неодинаковость людей. Это ставит вполне определенный предел в иерархии знания и вещей и, следовательно, всем будущим достижениям человеческого разума. В частности, этот факт вызывает понижение эффективности гигантских частных фирм, как, скажем, Дженерал Моторс и других, а также и огромных государственных монополий. Это же обстоятельство делает социализм неосуществимой утопией, превращающейся на практике в систему человеческого Ада. Именно потому система Свободного Рынка является наиболее подходящей для человеческого общества, так как она основана на свободном взаимодействии свободных и непредсказуемых людей.

Можно еще пояснить примером принципиальную разницу между иерархией знания и вещей и иерархией людей. Представьте себе, что молекулы железа были бы не все одинаковы и обладали непредсказуемыми заранее свойствами. Соответственно, не было бы и куска стали с определенными, предсказуемыми свойствами. Естественно, что предсказуемой по поведению ракеты для нашего космического проекта создать было бы нельзя.

Иерархия людей не имеет себе эквивалента в физической, неживой системе какой бы то ни было сложности. Люди, пытающиеся представить проблему управления человеческого общества, как проблему управления большим производством автомобилей, забывают или хотят забыть принципиальную непредсказуемость человека.

12. Коллективный мозг и обобществленный мозг

Проявлением коллективного мозга я называю закономерное, в статистическом смысле, поведение и взаимодействие массы свободно действующих людей. В обществе Свободного Рынка (без каких бы то ни было монополий) именно такой коллективный ум и действует, и определяет все закономерности общественной жизни. Трудно отрицать, что при этом каждый отдельный мозг такого общества участвует максимальным образом в статистически коллективных действиях. Если каждый член общества стремится к улучшению своей жизни, это при условии соблюдения правил общежития (живи и давай жить другим) приводит, в конечном итоге, к улучшению жизни всего общества. История человеческого общества, взятая в длительном периоде времени, подтверждает это положение.

Под обобществленным мозгом я понимаю «мозг», скажем, правления кооператива, акционерной компании или управления государством. Как такой обобществленный мозг может принимать решения? Можно рассматривать два случая. Когда имеется «главный» мозг, скажем, председателя правления, которому в той или иной мере добровольно (или недобровольно) подчиняются мозги всех остальных членов правления. Или, когда все члены, включая председателя, вполне независимы и равноправны. В первом случае, конечно, решение является единоличным. Представляет интерес именно второй случай, скажем, пяти равноправных членов. Каждый из них имеет, естественно, отличный от других опыт. Если каждый из них действительно независим, то он может согласиться с другими только в тех отдельных вопросах, по которым опыт всех участников, волею судеб, совпадает. Отсюда вытекает:

1. Совокупность опыта, послужившего базой для решения, оказалась чрезвычайно суженной по сравнению с тем знанием, которым обладает каждый из участников решения в отдельности.

2. Следовательно, решение, если оно будет вынесено, может быть лишь довольно примитивным и по довольно примитивному вопросу.

3. Вероятность согласованного решения по сложной задаче, по которой жизненный опыт участников не перекрывается, очень мала и не обойдется без специального давления со стороны более авторитетного члена. Решение может быть отложено или будет скорее эмоциональным, чем рациональным.

4. Время, затраченное на вынесение решения, будет во много раз превышать время решения того же вопроса любым из участников, но одним.

5. Чем больше число независимых членов, тем более все это усугубляется.

Почему же обобществленный мозг всего пяти человек хуже, чем коллективный мозг миллионов? Каждый человек из числа этих миллионов выносит свое решение единолично. Это решение основывается на всем его личном опыте и, следовательно, имеет наиболее широкую базу (решение не требует согласования со всеми очень много усилий и времени на выяснение общей для остальными миллионами). Члены же правления тратят всех почвы (опыта), а затем на попытки, часто безуспешные, прийти к согласованному решению. Легко видеть, что качество решения при этом может быть только хуже, а не лучше. В смысле эффективности, т.е. качества решения и скорости решения можно составить следующую последовательность в порядке ухудшения:

1. Коллективный мозг.

2. Мозг диктатора (или авторитетного председателя правления).

3. Обобществленный мозг.

Безусловно, это является одной из существенных причин частого банкротства и низкой эффективности всяких кооперативов и, особенно, государственных предприятий.

НАУКА, ТЕХНИКА, ОБЩЕСТВО

1. Вытеснение свободного рынка монополиями

Даже не очень склонные к анализу жизни люди чувствуют, что общество Запада имеет тенденцию конвергировать к социализму СССР (не наоборот). Целый ряд сторон жизни на Западе становится все более и более похожими на то, что переживается в СССР.

Всем хорошо известно, что общество Запада давным давно перестало быть обществом свободного рынка. Монопольные тредъюнионы, сверхмощная монополия государства и монопольные промышленно-банковские корпорации своим вмешательством в жизнь людей почти изгнали законы свободного рынка из употребления, заменив их законами силы, сведя все важнейшие для человека факты жизни к событиям непрерывно происходящей драки между тремя вышеуказанными монополиями-гигантами. Даже в ранее благополучной Швеции эти три гиганта перестают кооперировать между собой и, начиная драться, постепенно разрушают прежнее благополучие. Нечего удивляться, что отдельному человеку в этой драке гигантов достаются только шишки и увечья, все чаще и чаще получаемые по самым неясным причинам. Особенно трагично положение молодежи, так как эти три гиганта в своей непрерывной драке не оставляют для молодого человека никакой возможности строить жизнь для себя по своему выбору. Ему либо приходится учиться «языку» и «законам» гигантов и пытаться втиснуться в редкие и узкие щели между всякими членами всяких мощных монопольных организаций, либо проклинать все и начинать жить антиобщественно, пополняя ряды хиппи, панков, просто преступников и т.д. и т.п.

Понятно, что люди начинают задавать себе вопрос, а чем же это может кончиться, в чем причина этого несчастья и даже по наивности начинают завидовать простоте и порядку скотской жизни в СССР.

2. Чем это может кончиться?

Если попытаться дать ответ на этот вопрос, то он сведется к следующему. Как междоусобица феодалов древней Руси или древнего Запада заканчивалась победой сильнейшего, объявлявшего себя царем или императором, так и борьба современных гигантов должна закончиться победой сильнейшего. Существенно, что кто бы из этих трех гигантов ни победил, для отдельного человека разницы большой не будет. Если государство съест остальных двух, будет тот же социализм, что в СССР со всеми его характеристиками. Если победителем окажутся мнополии тредъюнионов, тем более будет социализм, как в СССР. Если победит и съест остальных гигантская банковско-промышленная корпорация (наименее вероятно), то и в этом случае социализм, как в СССР, обеспечен.

Гиганты дерутся потому, что у них резко различные интересы и потому, что каждый из них считает себя более подходящим хозяином страны для обеспечения ей благополучия. Как только любой один из них съест других, тотчас его интересы трансформируются в один и тот же интерес: сохранить власть над всей страной и ее хозяйством (обобществление средств производства) и организовать разумное, конечно, управление страной «в интересах народа». Управление же страной в этом случае не может быть ничем иным, как национальным планированием, как в СССР. Неизбежность в этих условиях социализма, как в СССР, определяется еще и следующим. Для того, чтобы поддерживать структуру власти и национального планирования в стране с населением в десятки и сотни миллионов, основоположники СССР должны были изучить и усвоить весь мировой опыт достижения и сохранения власти. Структура советской власти в прошлом, настоящем и будущем отражает самые эффективные средства сохранения власти из арсеналов римских цезарей, испанской инквизиции, французской революции, всевозможных диктатур, ну и, конечно, все «лучшее» из арсенала русской истории, включая очень «эксплоатируемого» на Западе Ивана Грозного с его опричниной. Именно поэтому гиганту-победителю не удастся ни достигнуть, ни удержать власть, если он не усвоит единственного в мире по богатству опыта СССР.

3. Объяснение несчастья неизбежным усложнением общества

На вопрос же, в чем причина такого положения, обычно следует чрезвычайно популярный ответ. «Развитие человеческого общества привело к его невероятному усложнению. Это усложнение, в свою очередь, потребовало и соответствующего усложнения правил общей жизни и увеличения числа этих правил. Понятно, что эти многочисленные и сложные правила все больше и больше ограничивают свободу действий отдельного человека и, естественно, чрезвычайно усложняют его жизнь. Это усложнение жизни приводит и к целой серии всяческих эксцессов, которые мы наблюдаем в ежедневной жизни Запада».

4. Виновато ли усложнение?

Как это ни покажется странным, я утверждаю, что нынешнее западное общество имеет тенденцию, как раз наоборот, не усложняться, а упрощаться. Сложность же жизни человека в нем есть, правильнее, не сложность, а трудность, вызванная совсем другими причинами, о которых позднее. Действительно, посмотрите на СССР. Жизнь в СССР чрезвычайно примитивна. Правила успешной (как и неуспешной) жизни в СССР очень просты и немногочисленны. Люди в СССР страдают совсем не от сложности, а от примитивности, при которой даже наименее даровитые не могут полностью использовать свои, Богом данные способности разума и духа. Да и вся доктрина марксизма и социализма, она же проста и примитивна, как репа. Именно в этом ее привлекательность для масс. Вспомните все старые и новые модели обществ, включая «социализм с человеческим лицом». Они все чрезвычайно примитивны. И, будьте уверены, это не только их выражение в словах примитивно, но и их будущая суть, если бы они воплотились в жизнь. Самого сложного общества и на Западе уже не существует. Самое сложное общество, это общество свободного рынка. Суть его чрезвычайной сложности в следующем.

Как я уже отмечал, вероятность существования во всем мире двух вполне одинаковых людей просто равна нулю. Сложность и организация человеческого организма превышает сложность всех моделей социализма вместе взятых. Конечно, человек, лишенный пищи — голодный, превращается, как правило в жалкую примитивность, так как сильное чувство голода подавляет все остальное. При обращении с таким человеком часто можно забыть о всей уникальной сложности его организации. Поэтому все голодные или мерзнущие люди чрезвычайно единодушны в их стремлении к пище и теплу, а сытые и согретые расползаются в разные стороны. Кроме того, не все люди используют в полной мере свои способности и возможности. Разница в уровне используемых возможностей не должна нас, однако, обманывать: человек исключительно сложная и непредсказуемая система. Этой непредсказуемостью он отличается от любой самой сложной машины или физического устройства, включая самые сложные компьютеры.

При такой уникальной сложности и непредсказуемости одного человека, что можно сказать о сложности общества Свободного Рынка, состоящего из десятков и сотен миллионов таких вот людей? Именно в обществе Свободного Рынка (без нынешних монополий) свобода непредсказуемых действий всего множества людей создает то, что отдельному человеку кажется хаосом. Действует парадокс. Все взаимоотношения этого отдельного человека со всеми другими, такими же как он людьми, представляются ему вполне объяснимыми. Он с ними вполне способен справиться. Человек легко справляется с руководством фирмы из нескольких человек, с классом из трех десятков учеников-школьников, с торговцами на рынке, где он покупает разные вещи. Все конкретные взаимодействия не представляют для человека непреодолимой сложности или трудности. Однако поведение всего общества, вызывающее, скажем, инфляцию или безработицу, для него необъяснимо, и он называет это хаосом. Между тем, поведение общества свободного рынка отнюдь не является хаосом. Это поведение статистически отражает совокупность поведения всех людей, включая этого отдельного человека. Законы поведения этого общества существуют и действуют, имея свои корни в действиях отдельных людей. Причина же его неверного представления об обществе состоит в том, что он, как часть общества, принципиально и навсегда не может охватить своим разумом целое.

5. Возможности регулирования общества Свободного Рынка

Так же, как реакция человека на примитивные возбудители, как голод или холод, все же довольно хорошо предсказуема, так и реакция общества Свободного Рынка на аналогичные «примитивные» возбудители может быть прослежена. И в этом нет противоречия с предыдущим (невозможности для части познать целое), так как отдельные, наиболее простые законы поведения общества доступны 1000 миллиардам мыслительных клеток человека. В этом случае одна часть познает другую часть, а не целое. В этом факте заложена хоть и сильно ограниченная и не обязательно успешная, но определенная возможность для человека осуществлять небольшую степень регулирования поведением общества в своих интересах, скажем, для предотвращения инфляции, безработицы и т.п.

Легко заметить, что вопрос о таком регулировании общества — *вопрос меры* этого регулирования. Во-первых, это регулирование должно быть основано на использовании наиболее примитивных и наиболее предсказуемых реакций человека. Во-вторых, это регулирование должно осуществляться скорее с помощью *вариаций* некоторых законов общежития, чем с помощью создания специальных организаций и силового воздействия. Специальная организация склонна рассматривать себя в качестве эталона и стремиться к расширению своей власти, что расходится с интересами общества свободного рынка. Силовое воздействие, скажем, с помощью изымания у людей значительной части их имущества (заработка) и обращение ее для стимулирования желаемого эффекта чревато искажением поведения как отдельных людей, так и общества в целом в сторону от тех свойств, которые обусловлены в человеке и обществе самой природой. Вышеизложенное обосновывает опасность чрезмерных силовых и сложных воздействий, как воздействий, последствия которых могут быть опасными для всего будущего существования общества.

6. Насильственное упрощение сложных законов свободного общества

Социалистическая вера в мощь человеческого разума приводит к тому, что незыблемый закон природы о том, что часть не может охватить целое, просто даже и не рассматривается. Утверждается, что для человеческого познания и воздействия вообще *нет никаких границ.* Утверждается, что человек может трансформировать общество в такое, которое может полностью управляться самим человеком и служить его интересам. Следует сразу же поставить вопрос, а кто и как сформулирует эти интересы? Не будут ли эти «интересы общества» фактически интересами некоторых групп общества? А также, каким же интересам служило общество с незапамятных времен, если не человеческим же?

Если присмотреться ко всем попыткам трансформации общества, то можно обнаружить следующее:

1. Фактически, преследуются интересы не всего общества, а только тех или иных групп.

2. Тем самым производится насильственное упрощение совокупности никому неизвестных законов общества в целом до более простых законов тех или иных групп.

3. Со временем оказывается, что законы жизни и этих групп тоже не были учтены полностью (и не могли быть учтены) и система наносит вред и самой группе, не говоря уже об обществе в целом. Тем не менее, уверенные в мощи человеческого разума социалисты и монополисты продолжают свою «реформирующую» деятельность, не чувствуя *никаких ограничений.* В результате, более однородное ранее свободное общество раскалывается на объединения людей, воюющих за свои фракционные интересы, пытающиеся силой заставить ввести законы, подходящие для них и, следовательно, заста-

вить все общество жить не по своим, неизмеримо более сложным законам, а по более примитивным законам тех или иных групп.

Постепенно эта борьба приводит к выделению из современного общества трех вполне гигантских объединений: монополии тредъюнионов, банковско-промышленных корпораций и колоссального государства. Это не только не ослабляет борьбу, но неимоверно ее усиливает.

7. Не сложность, а трудность

В конечном итоге, человек, передоверив этим своим организациям, т.е. их вождям, свой голос, лишается не только голоса, но и свободы действий. Его действия начинают диктоваться не его прежними взаимодействиями с другими людьми, а примитивными и поэтому жесткими правилами трех гигантов, да еще к тому же дерущихся между собой. Раньше максимум всех способностей человека был ему нужен для ориентировки и преуспевания в сложной обстановке взаимодействия с множеством ему подобных. Он мог чувствовать свое достоинство, считать себя человеком, чувствовать справедливое удовлетворение при успехе и, не унывая при неуспехе, учитывать сделанные ошибки для будущего. Теперь ему максимум способностей не нужен. Для него теперь достаточно различать по признакам «свой» и «чужой» и следовать выработанным за него вождями правилам поведения.

Неприятность и трудность жизни в таких условиях заключается в том, что эти самые правила недостаточны для удовлетворения чрезвычайно широкого спектра не предусматриваемых этими правилами особенностей и потребностей человека, а свободно действовать он уже не может. Кроме того, передоверив свои права, человек чувствует себя, и вполне естественно, очень неуютно в такой опасной компании дерущихся гигантов, для которых, что человек, что щепка — все равно.

В такой обстановке даже юридические законы не дают человеку защиты и гарантии. Эти юридические законы запросто нарушаются гигантами по простому праву силы. В такой обстановке у человека «выпячиваются» корпоративные свойства и подавляется широкий спектр индивидуальных эмоций. Все, кроме «своих» становятся для него смертельными врагами.

Примитивность и однобокость требующихся от него вождями эмоций приводит к резкому снижению уровня культуры, включая появление «антикультуры». Ощущаемое всеми несоответствие насильственно навязываемых вождями гигантов правил и идей многообразию реальной жизни приводит к расцвету двоедушия (думать одно, а говорить другое). Теряется чувство локтя и уважения друг к другу. Можно, например, легко наблюдать, как постепенно исчезает (как у бывших петербуржцев, а впоследствии ленинградцев) исконная вежливость англичан. Сложная самостоятельная жизнь превратилась в простую по правилам, но трудную, неприятную, разочаровывающую жизнь. Когда будет достигнута простота советской жизни, эти все неприятности достигнут невообразимого сейчас западными жителями и все время нарастающего уровня.

8. «Виновата наука и техника»

Другое очень распространенное мнение, что непрерывно возрастающая сложность науки и техники вызывает сложность жизни и потерю людьми свободы. Утверждается, что наука и техника мистическим образом вырвались из под контроля людей, развиваются сами по себе и этим обрекают людей на некое научно-технологическое рабство, в котором поведение людей будет диктоваться законами технологии. Экстраполируя развитие отдельных областей науки и техники на будущее и распространяя эту экстраполяцию на все будущее, некоторые люди рисуют совершенно фантастическое и притом крайне неблагоприятное для отдельного человека будущее. Подчеркивается все время якобы независимый от человека взрывной характер развития науки и техники и связанных с нею областей жизни.

Безусловно, наука и техника во всей их совокупности за последние один-два века развились неимоверно. Однако экстраполировать это развитие на будущее является большой ошибкой. Имеется довольно много признаков, что суммарное развитие науки и техники теперь начнет все больше и больше тормозиться, достигая некоторого предельного уровня. Этот уровень будет связан с ограниченным числом не только активных мозгов населения земли, но и с ограниченным количеством труда, которое ограниченное население земли сможет вложить в науку и технику, не говоря уже об ограниченности земных ресурсов. В прошлые пару веков наука и техника развивались очень быстро вместе с очень быстрым ростом национальных продуктов стран Запада. Сейчас этот рост национальных продуктов затормозился и абсолютная величина средств, вкладываемых в науку и технику растет очень мало. Поэтому ожидать в будущем столетии столь же быстрого развития науки и техники, как в предыдущие два столетия, просто не приходится. Судите сами. Первые и важнейшие результаты по получению атомной энергии были получены двумя-тремя учеными буквально с помощью жестянок и веревочек. Сейчас для продолжения этого нужны сооружения вроде европейского ускорителя диаметром в несколько километров и стоимостью чуть ли не в весь бюджет среднего размера государства. Нет никаких оснований ожидать:

1. Дальнейшего развития науки и техники с помощью «жестянок и веревочек».

2. Существенного увеличения абсолютной величины средств и труда, выделяемых на науку и технику.

3. Следовательно, каких-нибудь новых и суперфантастических результатов.

Вместо этого будет скромное, но, скажем, достойное развитие. Пора выбросить «клише» ужасающих экстраполяций на помойку, как пришлось выбросить и знаменитые «жестянки и веревочки».

9. Вышла ли наука и техника из повиновения?

Попробуйте, читатель, отыскать хоть какой-нибудь пример технологии, которая действовала бы без наличия потребителя. Не найдете. То же касается и реализуемых достижений науки. Нет потребителя — нет новой реализованной технологии или науки. Другое дело: кто в человеческом обществе является потребителем. Сейчас такими потребителями являются три гиганта, о которых я говорил раньше. Именно они зачастую примитивно, диктуют и задачи науки и техники и их применение. Отдельный же человек, передоверив свои права гигантам, опять оказывается не у дел настолько, что не понимает: что к чему, и только ощущает, что его бывшая служанка наука и техника перестала ему служить. Ведь трудовые и материальные ресурсы общества ограничены, а гиганты имеют свои приоритеты и интересы, резко отличающиеся от интересов отдельного человека. В конечном итоге, в обществе гигантов человек начинает ощущать науку и технику уже не как служанку, а как хозяина, превращающего его самого в раба. Где уж ему теперь их контролировать!

ДУХОВНАЯ ЖИЗНЬ И МОНОПОЛИИ

Прежде всего установим следующий факт. Духовная жизнь пещерного человека, безусловно, была неизмеримо более низкого уровня, чем у современного человека. Я не думаю, что будет ошибкой сказать также, что духовная жизнь даже в эпоху расцвета Рима была тоже на существенно более низком уровне, чем у современного человека. Конечно, это утверждение отнюдь не исключает, что за все времена, покрываемые историей, появлялись отдельные гиганты мысли и духа, которые сравнимы по их значению с нынешними или даже выше. Уже то обстоятельство, что эти гиганты духа вошли в историю, показывает, что они представляют собой явление для тех времен исключительное. В то же время, нынешние гиганты мысли и духа уже не кажутся гигантами, так как их стало много больше, и они перестали быть такой исключительностью. Широко известные подсчеты показывают, что подавляющее большинство всех «великих людей» за всю историю человечества живут в наше время или жили в нашу эпоху.

Полная способность человеческого мозга к мысли, к духовной жизни очень велика. Однако, как и полагается для всех явлений в природе, спектр степени использования мозга простирается от практического нуля до практических 100%. Также положено природой, что средняя степень использования мозга средним человеком отличается от нуля и от 100%. Возможно, что эта средняя, характерная для человечества на данном этапе его развития величина, составляет, скажем, 40%. Поскольку 5000 лет истории составляют лишь очень малую долю от 3 миллионов лет, то можно считать, что на протяжении 5000 лет предельные возможности человеческого мозга мало изменились. Это и объясняет, что стопроцентное использование мозга 5000 лет тому назад и 100% сейчас не так уж много отличаются по абсолютному уровню.

Однако, при мало изменившемся за 5000 лет предельном уровне, безусловно, выросла средняя степень использования мозга средним человеком. Если сейчас она, как я предположил, составляет 40%, то 5000 лет тому назад она могла быть 5-10%. Таким образом я смею утверждать, что нынешнее человечество в целом стало умнее и духовнее, и различие в уме и духовности среднего человека и гиганта мысли и духа *сократилось* от «90%» до «60%». Ну, и кто может отрицать, что возможностей для духовного развития нынешних людей стало неизмеримо больше, чем когда бы то ни было. Современные средства связи, транспорт, кино, печать, радио, телевидение необычайно расширили базу развития духовной жизни и творчества людей.

Отчего же, в таком случае, этот, чуть ли не всеобщий вопль о недостатке духовности и духовных ценностей? Попробуем в этом разобраться. В 19 веке, хотя число изданий печати было незначительным, а радио и телевидение не существовали, каждому автору платили гонорар, и авторов, которые могли что-то интересное сказать, было явно недостаточно. Сейчас «пробиться» в печать почти невозможно. Авторов, желающих писать и даже не претендующих на гонорар, стало столько, что хоть пруд пруди, а вся колоссальная пресса превратилась в монополию армии профессионалов, защищаемую, конечно, профсоюзами. Примерно такое же положение и с другими средствами общения людей: везде профессиональные монополии, ревниво охраняющие свои привилегии и насаждающие свои сенсационно-стандартные приемы и узость мысли.

Значительно возросшее число людей, способных к духовному общению и ищущих его, пришло в резкое противоречие с наличными средствами общения и с их монопольным использованием профессионалами.

Однако, одно дело — духовное общение, а другое — его содержание, его духовные ценности. Если на духовное общение, как таковое, монополии воздействуют крайне отрицательно, то воздействие монополий на содержание духовных ценностей в этом духовном общении является просто катастрофическим. Действительно, высокие духовные ценности являются содержанием общечеловеческой духовной культуры. Интересы же любых монополий не имеют никакого отношения к общечеловеческой духовной культуре. Они всегда являются узко профессиональными, групповыми, а также весьма примитивными. Эта их узость и примитивность вытекают из следующего. Каждая личность, скажем, в 100 миллионном народе может распорядиться своими 40% способности мозга. Однако, это использование никогда не является у любых двух людей тождественным.

Отсюда колоссальное богатство потенциальных возможностей духовной жизни общества. Но вот появились профессиональные монополии. Смысл их существования в том, чтобы из 100 миллионов индивидуальных мировоззрений составить одно, специфическое для данной монополии. Понятно, что в этом «монопольном мировоззрении» нет места высоким ценностям человеческой духовной культуры. Понятно, что такое «мировоззрение» может быть только сугубо логическим, рационалистическим, целеустремленным и материалистическим.

Однако, этим не исчерпывается воздействие монополий на духовную жизнь общества. Монополии не могут просто ограничиться формулировкой своего примитивного «мировоззрения». Задача каждой монополии состоит в том, чтобы расширить свое влияние на общество («в пользу своих членов») и, следовательно, навязать всему обществу свое примитивное, частное «мировоззрение». В результате направление развития совокупной духовной жизни общества, начинает смещаться в сторону «мировоззрения» проталкиваемого наиболее мощной монополией. Так, наиболее могущественная монополия современности — профсоюзная монополия, якобы отражающая интересы рабочего класса, с огромной силой навязывает обществу эти самые, предельно упрощенные «интересы рабочего класса». Естественный баланс развития и иерархия духовных ценностей нарушается. Всё огромное многообразие духовных ценностей того же рабочего класса загоняется в тесную колодку примитивного монопольного «мировоззрения». Таким образом всё многообразие духовной жизни и духовных ценностей общества насильственно сужается до мировоззрения рабочего класса и в еще большей степени — до «мировоззрения» профсоюзной монополии. Начинается победное шествие самых примитивных форм культуры. Вместо музыки — попмузыка; вместо литературы — детектив, секс, убийства миллионными тиражами; вместо любви — совокупление; вместо логики и доказательств — кулак, револьвер, нож, динамит; вместо творческого созидания — разрушение; вместо клуба — пивная; вместо дисциплины, законности и порядка — анархия и беззаконие.

Конечно, разрушение и анархия в этом «мировоззрении» профсоюзных монополий являются временными. Они нужны для того, чтобы подорвать не только «мировоззрения» конкурентов, но и их экономическую и правовую базу. Когда эта монополия захватит власть над обществом, «мировоззрение» трансформируется в «мировоззрение» социалистических строительства, порядка и «законности». Однако, как показывает мировой социалистический опыт, прежние (до монополий) колоссальное многообразие и высочайшая иерархия духовных ценностей не вернутся. В социалистическом СССР вся мудрость 250-миллионного народа оказалась выхолощенной и заменённой «великой мудростью» товарища Брежнева и его клики.

Нужно ли удивляться упадку духовных ценностей современного Запада? Нужно ли удивляться, что каждый отдельный человек (не исключая, в некоторой степени, самих вождей профсоюзных монополий на Западе и тов. Брежнева на Востоке) чувствует колоссальное противоречие между своими, личными, какими ни есть, духовными ценностями и бездуховной жизнью общества монополий. Ведь, само невероятно сложное понятие «человек» превратилось в примитивную абстракцию «рабочего», «капиталиста», «буржуя», как простых наборов примитивных качеств.

Как дерево, лишенное необходимых условий жизни и развития, чахнет, искривляется, становится уродливым, так и духовная жизнь общества, загоняемая в колодку «мировоззрения рабочего класса и классовой борьбы», уродуется и принимает самые отвратительные формы.

Необходимы ли монополии?

Представим себе на одном полюсе однородное человеческое общество без каких-либо монопольных группировок (разделение труда этим не исключается), т.е. без существенных концентраций власти над людьми. На другом полюсе будет общество типа социализма с предельной концентрацией власти над людьми в руках чаще всего одного диктатора. (Диктаторы не социалистического типа не находятся на этом полюсе, так как обычно не лишают людей определенной степени экономической и духовной самостоятельности). Тогда современное общество Запада несомненно будет находиться между этими двумя крайностями, довольно близко к полюсу социализма.

Мои высказывания имеют целью показать, что и для материальной и для, тем более, духовной жизни людей лучше находиться ближе к другому полюсу.

Действительно, почему государство должно быть главным хозяином, главным работодателем, главным управляющим всем хозяйством страны? Опыт уже достаточно продемонстрировал, что государство наименее эффективно, наиболее бюрократично, наиболее склонно к взяточничеству, очковтирательству, спихотехнике и к деспотизму. (Я уже не говорю о СССР и, скажем, Китае). Как недавно хорошо заметил один общественный деятель Англии: не будь сельскохозяйственного министерства, сельскохозяйственной продукции не убавится. То же справедливо и для промышленности и всего хозяйства вообще, так как всё это работает благодаря миллионам людей, а не лидерам государства.

В то же время функции, безусловно принадлежащие государству, как обеспечение правил общежития и порядка в стране или сохранения природы и ресурсов, оказываются, естественно, на заднем плане. Первый план занят вопросами управления колоссальным хозяйством, принадлежащим государству.

Но ведь это — миф, что чем крупнее предприятие

(в пределе — одно государственное хозяйство), тем оно экономичнее и прогрессивнее. Устойчивее — (скорее обанкротит нацию, чем само обанкротится) да, но не экономичнее и прогрессивнее.

Если говорить об экономии, получаемой при массовом производстве, то она теряется из-за огромного возрастания стоимости транспорта и стоимости распределения массовой продукции по миллионам потребителей.

Размеры монополий на Западе уже давно превзошли экономичный размер, при котором стоимость производства и стоимость распределения продукции сбалансированы и в сумме составляют минимум затрат.

Имеется, кстати, вполне объективный способ судить об экономической (и технической) эффективности фирм разного размера — по величине прибыли в %% от выручки от продажи товаров и услуг. Например, в США:

	Прибыль в %% от выручки			
	1960 г.		*1974 г.*	
	Число фирм	*Прибыль*	*Число фирм*	*Прибыль*
Частные, мелкие фирмы	9,1 милл.	12,3%	10,9 милл.	14,0%
Товарищества	0,94 милл.	10,8%	1,06 милл.	6,5%
Корпорации	1,14 милл.	5,2%	2,0 милл.	4,7%

На протяжении всех 14 лет эта картина более высокой эффективности десятка миллионов мелких частных фирм сохраняется.

Видно, что и товарищества менее эффективны, чем частные фирмы (обобществленный мозг). Если бы мелкие фирмы пытались получать бо́льшую прибыль, как говорится, ни за что, ни про что, публика немедленно эту попытку отвергла бы.

Бо́льшая прибыль в этом случае, безусловно, обозначает и бо́льшую организационную и техническую эффективность, а также более благоприятные взаимоотношения с работниками и с публикой.

Если же говорить об огромных фирмах с широким спектром продукции, то единственной их выгодой является возможность покрывать убытки на одном виде изделий прибылями на другом. Эта устойчивость в пределе превращается в максимальную «устойчивость» советского государства с помощью простого ограбления трудящихся.

Точно то же можно сказать и о научно-технической прогрессивности крупных фирм. Оказывается, что почти все нововведения и в технологии и в конструкции изделий появляются в относительно мелких фирмах, не стесняемых бюрократической иерархией механизма принятия решений. Крупные же фирмы просто скупают все эти нововведения (или фирмы), используя их, как свои.

Конечно, нельзя отрицать, что имеются отдельные, крайне немногочисленные примеры успешных крупных научно-исследовательских организаций при крупных фирмах с хорошо подобранным штатом работников. Однако, нельзя отрицать и того, что стоимость нововведений и открытий в таких крупных организациях значительно выше, чем в успешных более мелких фирмах и лабораториях. Есть свидетельство крупного ученого П. Л. Капицы (и многих других), который неоднократно заявлял, что научно-исследовательская организация со штатом больше 300 человек становится дорогой и малопродуктивной. Поскольку пределом в этом вопросе также является СССР, то и здесь легко видеть, как крупные организации становятся оплотами неэффективности, консерватизма и даже реакции в науке и технике. Таким образом, гигантские монополии являются и неэкономичными и непрогрессивными. Нужно ли говорить о том, что они способствуют безработице (десятку гигантов трудно дать работу 1000 человек в каждом, тогда как 10 000 малых фирм дать работу по одному человеку в каждой гораздо легче), инфляции своими монопольными ценами и, безусловно, сокращают ассортимент и разнообразие продукции? Опять легко видеть на примере СССР, как предельная монополия приводит к предельной скупости ассортимента, вплоть до полного отсутствия выбора.

Многие жители Запада (и СССР) склонны думать, что такие гиганты, как АйБиЭм (120 000 работников) или Дженерал Моторс (250 000 работников) зато обеспечивают высокое качество продукции. Однако, это тоже миф. Конечно, они имеют возможность больше и лучше проверять свою продукцию и обслуживать покупателей. Однако, как показывает опыт, делают это только под специальным давлением, скажем, Конгресса или правительства США. Опять тот же пример предельной монополии в СССР показывает, как качество ухудшается пропорционально монополизации. Недавно, например, выяснилось, что такие же хорошие лекарства, как, скажем, у крупнейшей монополии Roche, можно покупать у мелких фирм, но чуть ли не вдвое дешевле. Публика постепенно приходит к пониманию, что и остальные товары лучше и дешевле покупать не под ранее популярными фирменными марками гигантских фирм, а от мелких, не прославившихся производителей.

Кстати, мне недавно пришлось иметь дело с упомянутой выше фирмой АйБиЭм. Должен сказать, что все мое уважение к этой «квалифицированнейшей и надежнейшей фирме» совершенно испарилось. Ее представители, с которыми я имел дело, оказались такими же некомпетентными и незаинтересованными в покупателе, как и представители советской «фирмы», производящей, скажем, холодильники. На протяжении многих месяцев они так и не смогли снабдить меня своей стандартной и широко рекламируемой продукцией, все время «подсовывая» мне совершенно неудовлетворительную.

С течением времени все эти монополии постепенно приблизятся к примеру советских. Вся слава их окажется в прошлом. Этот процесс, как я смог наблюдать за 8 лет, происходит очень быстро.

Посмотрим теперь «достоинства» профсоюзных монополий.

Первое, что бросается в глаза, это огромное количество неофициальных забастовок, проводимых вопреки центральному руководству профсоюзов. Это говорит о том, что монопольный профсоюз утратил понимание нужд своих низовых членов и перестал защищать их интересы.

И это понятно. Психология и точка зрения верхушки профсоюзного руководства, это психология и точка зрения чиновников и даже коммерсантов (профсоюзные монополии являются владельцами огромного имущества и даже играют на бирже). Является ли профсоюзный гигант более экономичным? Тоже нет. Профсоюзной организацией, скажем, в несколько тысяч человек, можно руководить из частной квартиры одного из членов, как это и показывает опыт. Нынешние же гиганты требуют огромных зданий (нескольких) и огромного штата высокооплачиваемых служащих. Недавно один из таких гигантов «профсоюзного движения» построил себе в центральном Лондоне шикарный небоскреб, стоивший много миллионов фунтов стерлингов. Одна эксплоатация такого здания будет стоить сотни тысяч фунтов стерлингов.

Нечего удивляться, что членские взносы неудержимо ростут не только по абсолютной, но и по относительной величине в процентах к заработку. Гигантские профсоюзы в сотни раз превзошли наиболее экономичный размер, обслуживание членов явно ухудшилось, бесправность членов (и не членов) возросла. Главным делом гигантов стала не защита своих членов, а политика и завоевание власти над всем обществом.

Можно смело утверждать, что монополизация общества не может не сопровождаться понижением хозяйственной эффективности этого общества, увеличением бюрократизма и коррупции. Не может не сопровождаться все большей и большей регламентацией людей, все большим и большим лишением их права голоса и независимости действий. Не может не сопровождаться все большим и большим лишением людей их творческих возможностей и, естественно, все большим и большим материальным и духовным оскудением жизни, стремящимся в пределе к советскому.

Это понижение творческого и духовного потенциала Запада, стремящееся догнать катастрофически снижающийся уровень в СССР, можно наблюдать без труда и невооруженным глазом. И понятно, что дело совсем не в том, что материальная культура подавляет духовную. Они взаимно связаны и неразделимы. Дело в том, что монополии подавляют и материальную и духовную культуру. И эти монополии не делают взамен ничего хорошего обществу и являются раковыми опухолями, разрушающими человеческое общество.

ГОСУДАРСТВО — АППАРАТ КЛАССОВОГО НАСИЛИЯ

То, что государство включает в свои функции и насилие, конечно, правильно. Однако, является ли это насилие главной характеристикой государства? Является ли это насилие насилием одного класса над другим? Конечно, нет. Если проследить, чем занимались в далеком прошлом главы семейств, затем вожди племен, затем, позднее, аппараты государств, то главная их роль всегда сводилась к обеспечению выживания людей и повышения их уровня жизни. Если не говорить об естественных в истории отступлениях и отклонениях, развитие государств было (до социализма) весьма благотворно для развития духовной и материальной культуры людей. Это и естественно. Повышение материального и духовного уровня невозможно без углубления разделения труда, а организация этого разделения труда и обеспечение его действия и были главными функциями глав семей, вождей племен и аппарата государств.

Таким образом, семья, племя, государство являются, в первую очередь, и главным образом, выражением необходимости кооперации и солидарности с целью улучшения материального и духовного уровня всех членов общества. Конечно, это никак не исключает различий в уровне жизни разных людей — членов общества. Тем более, что эти различия были также одной из движущих сил в общем развитии.

Насилие, если опять не говорить об отклонениях и исключениях, являлось необходимым лишь по отношению к сравнительно незначительному меньшинству, которое не хотело или не могло кооперироваться и разрушало организацию общества, нанося вред гражданам. Однако, социалисты, подкрепляя идею социализма, переписали за последние 200-300 лет всю историю человеческого общества так, чтобы показать всю прежнюю, досоциалистическую историю в античеловеческом, искаженном виде. Чтобы показать, что социализм есть единственная надежда и спасение человечества. Для этой цели они выпятили являющееся в государстве второстепенным насилие, замаскировав и спрятав в блестящем пустословии главное назначение государства — организацию кооперации и солидарности.

Для того, чтобы придать выпяченному ими насилию злостный и корыстный характер, социалисты связали это насилие с неким правящим классом, как будто при социализме никто никем не будет править.

Социалистическое (марксово) определение государства является еще одним из многочисленных социалистических мифов. Лицемерие социалистов хорошо видно в том, что они, разрушая и требуя разрушения государства, как аппарата насилия, создают при торжестве социализма такое государство, которое действительно является аппаратом абсолютного, дикого насилия немногих над многими.

КЛАССОВАЯ БОРЬБА

Легко видеть, что социалистическое общество, как и любое другое, состоит из хозяев и работников, начальников и подчиненных, рабочих физического и умственного труда, художников, артистов, канцелярских работников и т.д. и т.п. Больше того, в «бесклассовом» обществе СССР есть и крупные владельцы — директора различных предприятий, а также владельцы целых районов страны — секретари КПСС райкомов, обкомов, республик. Кстати, их именно так и называют — хозяева. Это обозначение каждый может найти в советских газетах. Этим же обозначением пользуется и хозяин хозяев — Брежнев.

Что касается компании собственников — Политбюро, то она владеет всей огромной страной. Хотя социалистические собственники являются собственниками только по праву власти и силы, они, безусловно, имеют колоссальные преимущества перед любыми капиталистами-собственниками. Их власть гораздо шире и полнее, чем власть любого Рокфеллера. Они ведь распоряжаются как собственностью, так и людьми. Такой власти у Рокфеллера нет. Они не рискуют разориться. Максимум их страданий — перемещение с владения одной собственностью на владение другой. Они принадлежат к «номенклатуре», а эта принадлежность дает пожизненное (часто и наследственное) право на собственность. Личное их благополучие, получаемое без всякого риска утери, много больше того, каким пользуется, скажем, Рокфеллер. Недаром один из владельцев фирмы Фиат, господин Аньели, заявил, что он предпочел бы распоряжаться предприятиями фирмы от имени итальянского государства, чем, как сейчас, от своего. Меньше риска и спокойнее. Национализация Фиата его лично не пугает: он надеется остаться наемным руководителем. Больше боится национализации само итальянское государство: по горькому опыту оно справедливо полагает, что в этом случае оно быстро лишится и прибыли, и налогов, приносимых Фиатом, и солидной суммы иностранной валюты, получаемой Фиатом от продажи за рубежом.

Главное, что заставляет людей обзаводиться собственностью на средства производства, как правило, не лучшая жизнь или более высокие доходы, а более высокая самостоятельность и независимость. Более высокая самостоятельность распоряжения собственностью, которую советские собственники имеют в еще более широком масштабе. Вожди социализма в СССР, включая Ленина и Сталина, всегда сетовали на то, что социалистическая собственность, не включающая в себя риска разориться и сильно, лично пострадать, является большим недостатком социализма, резко понижающим его экономическую эффективность. Они всегда мечтали иметь и при социализме именно таких собственников, как Рокфеллер или Ротшильд. Они так и скончались, не придумав, как создать такой социалистический парадокс, оставив социализм гнить без частной инициативы.

Очевидно, что деление общества на собственников средств производства и несобственников не может являться источником необходимой социалистам классовой борьбы. Тем более, что, в своей основе, это деление сохраняется и при социализме. Кроме того, если бы Рокфеллер и Ротшильд и им подобные и были главным врагом социализма, то сокрушить их при нынешней мощи организаций «рабочего класса» — профсоюзов не составило бы никакого труда. Тем более, что баланс сил в этом случае составил бы 99,9% населения против 0,1%: единицы против тысяч. Попробуйте сами выяснить, о каких мифических классах и о какой мифической классовой борьбе ведут речь социалисты. Например, можно легко наблюдать, что любимейшим объектом «классовой борьбы» профсоюзов, особенно в Англии, являются гигантские национализированные корпорации. Почему? Ведь они капиталистам не принадлежат: это обобществленная собственность народа. Больше того, ведь именно социалисты и добиваются все большей и большей национализации. Для чего? Для того, чтобы иметь больше объектов, против которых бороться? Против частников, которые не субсидируются государством, борьба доставляет мало удовольствия. Слишком силы неравные: чуть нажмешь и разорятся. Вот вам и «классовая борьба!» Так вам и не найти: кто же и против кого борется в этом социалистическом мифе. Это и понятно. Именно кооперация, а не мифическая классовая борьба, была главной пружиной существования и развития общества. Как без взаимовыгодной кооперации могли бы появиться хозяин и работник, начальник и подчиненный, рабочий физического и рабочий умственного труда и т.д. и т.п. Кооперация в обществе всем выгодна. Без нее не была бы возможна никакая культура. Ясно, что этот миф классов (антагонистических) был выдуман с единственной целью разрушения существующего общества во имя такой привлекательной для несведущих людей идеи социализма. Классовая же борьба есть в сущности борьба социалистов за осуществление их навязчивой идеи. Выиграй они эту борьбу, и сразу классы исчезнут (какие, где?), и наступит солидарность. Легко, однако видеть, что солидарность существовала уже тысячи лет, а, вот с социалистической солидарностью дело не клеится: без КГБ и Архипелага Гулаг не получается.

ЭКСПЛУАТАЦИЯ ЧЕЛОВЕКА

В советских «исправительно-трудовых» лагерях заключенных заставляют работать, не обеспечивая взамен даже достаточной для сохранения жизни и здоровья пищей. При всей неэффективности открыто принудительного труда, работа заключенных в СССР осуществила такие колоссальные проекты, как Волго-Донской канал или Беломорско-Балтийский канал и многие, многие другие. Фактически, и до сих пор (1980) принудительный труд заключенных является незаменимым участником создания гидростанций, каналов, железных дорог, шахт, приисков и т.д. Совершенно очевидно, что ценность и значение этих осуществленных проектов во много раз превосходит стоимость содержания заключенных и другие расходы, связанные с применением их труда. Принудительный труд заключенных в СССР является, безусловно, случаем явной и притом чрезвычайно жестокой эксплоатации человека. В СССР и на Западе могут быть случаи, когда человек, под давлением страха или необычного стечения обстоятельств, попадает под власть другого человека и им эксплоатируется. Такого сорта необычные случаи я не собираюсь здесь обсуждать, даже зная, что в СССР они практикуются в огромном масштабе и составляют неотделимое свойство социализма. Моя цель — разобрать стандартное, повседневное явление работы на хозяина или начальника на Западе или при социализме в СССР.

В стоимость товара, произведенного с помощью труда, мозгов и машин, входят следующие расходы:

1. Стоимость материалов и полуфабрикатов, стоимость износа инструментов и машин, стоимость энергии, стоимость износа зданий, стоимость эксплоатации земли и зданий и т.д. и т.п.

Назовем все эти расходы в совокупности «стоимостью материалов».

2. Заработная плата работников за вычетом подоходного налога на нее. Обозначим эту часть, как «зарплата».

3. Налоги на землю, на имущество, на прибыль, на корпорации, подоходный налог на зарплату работников, взносы соцстрахования, косвенные налоги на товары и услуги. Обозначим эту часть, как «налоги».

После успешной реализации произведенных товаров или услуг на рынке (или через Госснаб в СССР) производитель получает сверх того, что указано в п.п. 1, 2, 3 то, что называется прибылью (окончательной или чистой). В прибыль войдут:

1. Уплата дивидендов по акциям, если фирма является акционерной компанией.

2. Расходы на жизнь и нужды владельца, если фирма чисто частная.

3. Вложения в расширение или усовершенствование производства.

Таким образом, в обмен на свой труд работники получат в виде чистой зарплаты только часть стоимости произведенного и реализованного товара. Остальная часть за вычетом стоимости «материала» является тем, что социалисты называют по Марксу прибавочной стоимостью, которая составляет, по их мнению, «суть эксплуатации». В эту «суть эксплуатации» войдут налоги, дивиденды, личные расходы владельца и вложения в производство. Назовем последние, «вложения».

Вложения, как всем должно быть понятно, являются единственным средством для повышения уровня жизни населения путем введения машин и повышения производительности труда и единственным средством против безработицы в виде расширения производства и создания новых рабочих мест. Ясно, что эту, абсолютно необходимую для жизни общества, включая и работников данной фирмы, часть «сути эксплуатации» отнести к эксплуатации никак нельзя. При любом обществе, включая социализм, эта часть сохраняется.

Все налоги попадают в руки государства и расходуются им на содержание аппарата, оборону и на общественные нужды, такие как образование, здравоохранение, социальное обеспечение, помощь нуждающимся и т.д. Можно, конечно, возражать против чрезмерных и неэффективных расходов государства. Однако, эти расходы на нужды общества, в целом, тоже никак нельзя отнести к эксплуатации. Понятно, что эти расходы существуют в любом обществе, включая социализм. Конечно, при социализме налоги могут и не называться налогами или даже взиматься в натуре. Однако, расходы на общество в целом остаются и при социализме в полном виде и даже в большем масштабе.

Следующая составляющая «сути эксплуатации» — дивиденды — представляет собой проценты на сбережения, вложенные миллионами тех же работников страны в акции. Без этих вложений не было бы кредита и не было бы новых рабочих мест, новых предприятий, не было бы новых машин и, следовательно, не было бы повышения уровня жизни. Эти вложения сбережений вполне одинаковы по своей функции с рассмотренными ранее вложениями, являющимися частью прибыли. Перестать платить дивиденды или существенно их уменьшить, значит прекратить приток в хозяйство сбережений, ликвидировать перспективы развития страны и создать массовую безработицу. Таким образом, дивиденды нужны для общества в целом, они нужны и для любого работника страны. Даже, если в отдельных случаях (Рокфеллер, Ротшильд и т.д.) совокупность процентов-дивидендов, выплачиваемых отдельному частному лицу, и велика, дело от этого не меняется. Тем более, что эта большая сумма дивидендов этими отдельными лицами, как правило, не съедается, а снова вкладывается. Для социализма использование сбережений и выплата процентов на них также необходима.

Остается еще одна, последняя часть «сути эксплуатации» —личные расходы собственников частных предприятий. Как правило, эти личные расходы значительно ниже зарплаты наемных управляющих крупных компаний и, безусловно, ниже того, что расходуют на свою жизнь из общественных средств руководители социализма. В книге Гедрика Смита «Русские» это неплохо показано. Таким образом, и эта часть «сути эксплуатации» в обычных, не экстраординарных случаях, укладывается в понятие, я бы сказал, вполне справедливого вознаграждения за риск обанкротиться, за очень ценную способность к организации нового предприятия, за управление.

Следовательно, во всех нормальных, не преступных случаях в хозяйстве любой страны того, что можно было бы назвать эксплуатацией человека, просто нет. А если это все же назвать эксплуатацией, то без нее не может обойтись ни одно общество, включая общество социализма.

Ниже я приведу примеры конкретных, действительных цифр для характерных крупнейших капиталистических фирм Запада. Вот цифры относящиеся к английской, весьма крупной акционерной компании, Интернейшенал Кемикал Индастриз:

Годовая выручка
    от продажи   2279 млн. ф. ст.
Уплачено налогов
    из этой выручки   65 млн. ф. ст., т.е. 2,85% от выр.
Окончательная
    прибыль   159 млн. ф. ст., т.е. 7,0 % от выр.
    Вся сумма прибыли
    поделена на:
Дивиденды   44 млн. ф. ст., т.е. 1,9 % от выр.
Вложения обратно
    в производство   115 млн. ф. ст., т.е. 5,0 % от выр.

На каждую из 603 000 акций пришлось по 73 ф.ст. в год.

Легко видеть, что 72,3% всей прибыли вложено обратно в производство, т.е. ушло на повышение уровня жизни общества и на снижение безработицы.

Вот цифры для гигантской нефтяной монополии Шелл в 1974 году:

Годовая выручка
    от продажи   17 749 млн. ф. ст.
Материалы и зарплата
    составили расход   10 496 млн. ф. ст., т.е. 59,0% от выр.
Налоги   6 092 млн. ф. ст., т.е. 34,0% от выр.
Окончательная
    прибыль   1 161 млн. ф. ст., т.е. 6,5% от выр.
    Вся сумма прибыли
поделена на:
Дивиденды   291 млн. ф. ст., т.е. 1,6% от выр.
Вложения обратно
    в производство   870 млн. ф. ст., т.е. 4,9% от выр.

Таким образом и эта фирма вложила обратно в производство 74,9% всей прибыли. Только 1,6% от выручки, т.е. от цены товаров и услуг, ушло на выплату дивидендов нескольким миллионам владельцев акций.

Фирма Шелл в компании с другой фирмой Эссо с 1965 по 1978 год вложила только в одно из нефтяных месторождений в Северном море 5 000 млн. ф.ст. Для окончания этой работы и пуска в полную эксплуатацию потребуется вложить еще 2 000 млн. ф.ст. Добыча нефти с одного этого месторождения достигнет 42,5 млн. тонн в год. Понадобилась колоссальная работа для создания нового оборудования и технологии, для обучения людей и для получения небывалого ранее опыта. Не было бы прибыли у фирмы Шелл, и Англия не имела бы своей нефти. Не был бы создан незаменимый запас опыта и технологии для овладения нефтяными и газовыми богатствами природы. Вся эта прибыль представляет собой лишние 5 пенсов в цене одного галлона бензина (75 пенсов за галлон в 1977 г.). Что бы люди выгадали, получив скидку в 6,5% и, ликвидировав таким образом прибыль, если бы после этого нефть осталась под морским дном? Спрашивается, где же эта мифическая эксплуатация со стороны нефтяных фирм, которых, социалисты иначе и не зовут, как акулы-хищники?

Вот цифры окончательной прибыли по годам у миллионов фирм США:

Годы:	1960	1965	1970	1971	1972	1973	1974
Общее число фирм в млн.	11,17	11,42	12,00	12,44	12,98	13,59	13,90
Прибыль в %% от выручки	6,7	7,6	5,2	5,4	5,7	5,9	5,7

Это уже не для одной фирмы Шелл или какой-то другой. Это для всех фирм США вместе взятых. Конечно, вся сумма прибыли для США достигает огромной величины в 201 млрд долларов. Однако, это и есть те же 5,7% от продажной цены совокупности товаров и услуг. Причем около 75% (150 млрд. долл.) этой прибыли вкладывается в расширение и усовершенствование производства, т.е. в повышение уровня жизни страны. Остальные же (около 25%) идут многим миллионам граждан США — держателям акций и повышает их уровень жизни. В этой ситуации можно увидеть лишь мудрость человечества, осуществившего ее и никак не миф эксплуатации.

К сожалению, миф эксплуатации частично поддерживается самими фирмами. Стремясь поднять престиж и повысить курс акций, они рекламируют «рекорды» прибылей и стараются поразить воображение публики (акционеров) огромными цифрами. Поэтому часто приводят цифры прибылей до вычета налогов, лишь бы создать впечатление процветания фирмы. Понять их, конечно, можно: вся их жизнь и существование прямо зависят от курса их акций на бирже, т.е. от мнения держателей акций об успехах или неуспехах фирмы. В качестве примера этого хвастовства фирм можно привести цифры из рекламных (для публики) объявлений.

«Фирма Акроу: 30-ый рекордный год! Новый рекорд выручки — рост 41%, новый рекорд прибыли — рост 58,6%». А вот реальные цифры фирмы Акроу:

1975 год

Выручка от продажи	114,1	млн. ф. ст.
Налог	3,6	млн. ф. ст. — 3,2% от выр.
Окончательная прибыль	2,37	млн. ф. ст. — 2,1% от выр.

1976 год

Выручка от продажи	161,2	млн. ф. ст.
Налог	4,3	млн. ф. ст. — 2,7% от выр.
Окончательная прибыль	3,76	млн. ф. ст. — 2,3% от выр.

Действительно, объем деятельности возрос, и с ним возросла сумма прибыли. Однако, эта «рекордная» прибыль составляет все те же 2,3% от продажной цены товара и является более, чем скромной.

Или вот то же самое для фирмы А. А. Н. Лим.

«Как часто Вы можете видеть такую блестящую картину на протяжении пяти лет?!»

А вот реальные цифры:

	1972	1973	1974	1975	1976 годы
Выручка	105,5	110,4	114,2	175,9	185,9 млн. ф. ст.
Прибыль *до* вычета налогов	2,5	2,7	3,2	4,1	4,8 млн. ф. ст.
То же в %% от выручки	2,5	2,4	2,8	2,3	2,6 %%
Рост выручки в %% по годам	100	110	114	175	185 %%
Рост прибыли в %% по годам	100	108	128	164	192 %%

Легко видеть, что увеличение прибыли происходит, в основном, в результате увеличения объема деятельности (работы), и прибыль в цене товаров фирмы составляет все те же весьма умеренные от 2,3 до 2,8%.

Следует отметить, что указанные цифры налогов являются только налогами на прибыль и не включают в себя налоги на имущество, на землю, подоходные и косвенные налоги. Кроме того, сами дивиденды облагаются подоходным налогом (т.е. вторично) для каждого владельца акций в отдельности.

Могут ли быть у осведомленных читателей какие-либо сомнения в том, что марксова эксплуатация, как главная характеристика капитализма, является мифом, необходимым лишь для разрушения человеческого общества с помощью внушения ненависти и зависти?

ГЕГЕМОНИЯ ПРОЛЕТАРИАТА.
РУКИ ИЛИ ГОЛОВА?

КТО ЖЕ СОЗДАЕТ ОБЩЕСТВЕННОЕ БОГАТСТВО?

«Пролетарии всех стран соединяйтесь!» Для чего? Для борьбы против других членов общества и, в первую очередь, против капиталистов. Почему именно пролетарии? Потому что именно они создают все блага жизни, которые, однако, присваиваются другими членами общества, которые ничего сами не создают, и, конечно, в первую очередь, капиталистами. Кроме того, именно пролетарии имеют самую прогрессивную, самую человечную идеологию и поэтому призваны вести все остальное общество вперед.

Такая концепция, субъективно, достаточно приятна для пролетариев и вызывает с их стороны не только полное одобрение, но и стремление навязать эту же концепцию всем остальным членам общества. И надо сказать, что это навязывание происходило и происходит очень успешно. Имеется, правда, некоторая терминологическая неясность: кто называется пролетарием? По определению, пролетарий — человек, не владеющий средствами производства и живущий за счет своего труда, продающий свою рабочую силу. Художник, владеющий кистями и холстом, т.е. средствами производства, но живущий своим трудом, видимо, не пролетарий. Фермер тоже не пролетарий. Жена рабочего тоже не пролетарий, — она владеет средствами своего кухонного производства. То же касается и самого бедного ремесленника, скажем, холодного сапожника. Однако директор (наемный) крупнейшей капиталистической фирмы — пролетарий. Он не владеет средствами производства и продает, правда очень дорого и выгодно, свой труд.

Легко понять, что вышеизложенная концепция весьма существенно меняет свое содержание в зависимости от того, кого следует понимать под пролетарием. Эта неясность совсем не случайна. Она, конечно, весьма помогает марксистам задурманивать головы не очень искушенных и не очень политически грамотных людей. Эта неясность, однако, постепенно привела к тому, что первоначальное понятие пролетария свелось к понятию рабочего и, в конечном итоге, к понятию рабочего физического труда.

Во всяком случае именно этот рабочий класс имеется в виду, когда слышится хор вполне добровольных защитников и опекунов рабочего класса из среды интеллигенции и даже, как ни странно, из среды капиталистов.

Странно потому, что где же их классовое самосознание? Их классовая свирепость? Ведь по марксистским законам она им положена!

Этот хор защитников (или, скорее, нападающих обличителей) утверждает, что все общество живет в качестве паразита на шее рабочего класса, да его же и обделяет, что, конечно, крайне несправедливо.

Комплекс вины перед рабочим классом и, вследствии этого, определенной неполноценности, весьма широко распространился в последнее время на Западе.

Не следует ли, однако, задуматься, в чем же вина и в чем неполноценность? Ведь утверждение, что всё, потребляемое обществом, производится рабочим классом, абсурдно. Представим себе, что в обществе остался бы только рабочий класс. Он бы в короткое время умер от голода и болезней и тоже бы исчез. Конечно, если бы не обучил и не выделил из своей среды организаторов, инженеров, техников, врачей и т. д. Однако, можно утверждать, что при этом уровень жизни чрезвычайно резко ухудшился бы и, вероятно, смог бы достигнуть прежнего не раньше, чем через пару поколений. Кроме того, если такое выделение произошло бы (как в СССР), то чем бы оно стало лучше прежнего состава? Уж если утверждать, что один слой общества важнее, чем другой, было бы куда разумнее предположить, что это должен был бы быть слой интеллектуальных людей, а не людей физического труда. Ведь нельзя оспорить, что интеллектуальному человеку гораздо проще и скорее усвоить навыки физического труда, чем человеку физического труда развить интеллектуальные. Недаром же любые школы профессионального физического труда не требуют такого длительного обучения, как университет или даже просто общеобразовательная школа. Как нынешний представитель общественного слоя инженеров и ученых (а прежде я был представителем слоя рабочих физического труда), берусь утверждать, что мы (инженеры и ученые) не погибли бы ни от голода, ни от болезней, если бы все остальные слои общества нас покинули. Ведь даже конкретное утверждение, что дом строится строительными рабочими совершенно абсурдно. Что бы они построили без архитектора, без планировщика, без инженера, без ученых, создавших новые строительные материалы, и т. д.? И это касается любой самой маленькой вещицы, которая, якобы, создается рабочими физического труда.

Можно было бы с большим основанием утверждать, что именно рабочий класс, а не наоборот, пытается присвоить себе плоды чужого труда и притом более ценного, чем его собственный. А если бы это было не так, то, спрашивается, зачем обществу нужно образование? Для личного удовольствия отдельного человека? Что было бы с обществом, если бы не было образования? Без образования, без больших масс интеллектуалов, всё общество продолжало бы жить в пещерах, занимаясь этим самым физическим трудом.

Или представим себе, что произошло, если бы желание Маркса и Ленина осуществилось буквально, и идеология рабочего класса стала бы идеологией общества? Что стало бы со всей, так называемой материальной культурой общества? Пришлось бы ее променять, вероятно, на огромное количество пивных, тотализаторов, стадионов и т. д.

Что за нелепая мысль, будто общество должно двигаться необразованными людьми?

Что имеется в виду, когда рабочих судостроительных

128

верфей в Шотландии призывают взять эти верфи в собственные руки? Если во всех этих случаях рабочие останутся на том же уровне культуры, что и были, то все предприятия, взятые в собственные руки, развалятся (от их неумения, конечно).

Если они (за какое-то продолжительное время) научатся и организации и технике и будут этими делами заниматься, то они перестанут быть рабочими, и не только по роду своих занятий, но и по психологии и по идеологии.

Из этого можно сделать единственный вывод, и он является, безусловно, правильным: в обществе необходимы и важны все его слои. Нет ни одного общественного слоя, который имел бы основание утверждать, что только на нем все общество держится. Для существования и развития общества не менее нужны и важны, как артисты-художники, так и уборщицы. Странно лишь то, что приходится в наше социалистическое время доказывать эту тривиальную истину.

И до чего же мы, люди, дошли, если стали сами себе выбирать в руководители и в пример не Ньютона и Ломоносова, а «рабочий класс», у которого в голове за вычетом мыслей о пиве и футболе не всегда можно обнаружить что-либо более ценное для человечества. Я и сам был рабочим и прекрасно знаю, какой это и куда руководитель.

НАЦИОНАЛИЗАЦИЯ, *ВАША* СВОБОДА И *ВАШ* КАРМАН

Национализация части или всего хозяйства страны является главнейшим пунктом программ социалистических, коммунистических, троцкистских, маоистских и всяких других партий любых названий и оттенков, с марксистским уклоном. Любопытно, что множество партий, борющихся против коммунизма и марксизма, тоже имеют в своих программах создание мощного государственного (национализированного) сектора хозяйства. Поразительно, что люди в своем отношении к партиям руководятся не этим, определяющим всю их будущую судьбу и судьбу всей их страны программным положением, а гораздо менее существенными частностями. В первую очередь, тем, будет ли в программе революция, насильственный захват власти, будет ли диктатура пролетариата и т.п. Между тем, как всем известно, Гитлер пришел к власти (пересмотрев свою программу после неудачного переворота) вполне демократическим способом. Однако, ужасы революций оказались бледными перед ужасами уже установившейся власти гитлеризма. Также и весь невероятный ужас большевистской революции в России оказался очень бледным по сравнению с тем истреблением людей, которое началось *после* окончания революции. То же самое характерно и для Китая, и для Вьетнама, и для Камбоджи: наибольшие ужасы ожидали население не в момент захвата власти, а после того, как власть оказалась уже прочно в руках ее захвативших.

Между тем, это странное, казалось бы, явление полностью предсказывается и вытекает из самой идеи социализма и первого шага к нему — национализации хозяйства.

Конечно, творцы некоторых указанных выше партийных программ, чувствуя будущую опасность социализма, предусматривают некоторый противовес той концентрации власти, которая вызвана появлением мощного национализированного сектора. Обычно, в качестве такого противовеса предусматривается другая, соперничащая концентрация власти (назовем ее для краткости Труд), естественно, в виде соответственно огромного объединения трудящихся по типу Совета Профсоюзов Англии (TUC), объединяющего ныне 13 миллионов членов. Таким образом, управителям национализированного хозяйства, заинтересованным в развитии производства, противопоставляются лидеры всех или большинства трудящихся, заинтересованных в своем потреблении. Если в программе предусматривается и частный сектор, то ему отводится роль, полностью зависимая от государства или Труда. Конечно, творцы таких программ полагают, что такое противопоставление двух главных и огромных концентраций власти с прямо противоположными интересами создаст желаемый баланс в пользу народа и страны в целом. К сожалению, надежды этих творцов, как показывает мировой опыт, совершенно необоснованы. В сущности, то, что уже существует, например, в Англии, вполне соответствует указанной выше разновидности программ. Действительно, в Англии все «командные высоты» хозяйства национализированы. Частный сектор находится в подчиненном и жалком состоянии. Труд же объединен в TUC. Плюрализм партий ничего в этом деле не меняет: государство также противостоит Труду. Что же происходит в этом случае? Как лидеры правительства, так и лидеры TUC превосходно понимают, что они «находятся в одной лодке», и если она потонет, обоим будет плохо. Однако, в силу того, что их интересы, в принципе, противоположны, их оценки положения страны и их рецепты его разрешения совершенно различны. Это приводит не просто к борьбе мнений, а к борьбе действий и к непрерывным потрясениям в политической и экономической жизни страны, вызывающим задержку развития и даже регресс.

Безусловно, те же самые противоречия действуют и в обществе Свободного Рынка (в обществе без каких бы то ни было монополий). Однако, в силу того, что миллионы противоречий действуют на уровне отдельных людей или их относительно небольших объединений, борьба этих противоречий не только не вызывает потрясений общества, но заканчивается обычными конкретными компромиссами и приводит к положительному развитию общества. Это принципиальное различие в масштабе конфликтов резко проявляется в явлении забастовок. Сейчас на Западе никто даже и не знает, что существуют забастовки на мелких частных предприятиях. Эти забастовки не отмечаются ни в печати, ни в телевидении и не вызывают никаких потрясений хозяйства. Никто ими не интересуется. Однако, забастовки в огромных частных или государственных монополиях потрясают общество и вызывают страдания масс людей, не имеющих к ним никакого отношения. Так забастовка в колоссальной государственной угольной монополии в Англии зимой 1974 года вызвала падение правительства, резкую инфляцию (до 25%), банкротство огромного количества частных предприятий, увеличение безработицы и страдания масс ни в чем не повинного населения из-за холода и отключения электроэнергии.

Однако, есть и еще существенная особенность противопоставления двух огромных концентраций власти над людьми в виде государства и Труда.

1. Монопольный труд представляет собой силу, безусловно, гораздо более мощную, чем государство. Ведь и те, кто обослуживают государство, являются членами профсоюза и находятся в рядах Труда. Поэтому никакого баланса в действительности нет. Всеобщая забастовка, предписанная Трудом, может скинуть любое правительство. Таким образом, подчинение правительства и государства Труду, в конечном итоге, совершенно неизбежно. Что касается частного сектора, то о его неподчинении монопольному Труду и говорить не приходится.

2. Превращение законного правительства в марионетку лидеров Труда, естественно, приведет, в конечном итоге, к единовластию. Следовательно, рано или поздно, «баланс» превратится в тоталитаризм того же самого типа, что и советская, китайская, вьетнамская или камбоджийская диктатуры.

Спрашивается, почему же люди, боящиеся революции, диктатуры пролетариата, коммунизма, не только

132

не боятся национализации, а, как можно видеть, даже приветствуют ее?

Кто и почему хочет национализации?

Тривиально, что коммунисты и социалисты всех мастей и оттенков, начиная от умеренных членов правого крыла лейбористской партии в Англии и кончая маоистами и троцкистами, хотят национализации. Национализация есть главное и необходимое условие социализма любого названия и, конечно, коммунизма. Можно поступиться и революцией, и диктатурой пролетариата, и даже поменять название, но без национализации не будет ни социализма, ни коммунизма. Ликвидация частной собственности есть краеугольный камень «теории» нового общества Маркса. Частная собственность есть база независимости и свободы людей и является непреодолимым препятствием к построению общества, основанного на разумной, целесообразной, единой организации.

Однако, совсем не тривиально, что национализации хочет консерватор Хит с его многочисленными коллегами, до 1974 года бывший премьер-министром и лидером партии консерваторов. Несомненно, весьма значительная часть партии консерваторов, хотя и не большинство, поддерживает Хита. Таким образом, сознательно или бессознательно, значительная часть консервативной партии Англии льет воду на мельницу социализма. В чем же дело? Дело в том, что консерваторы, возглавляемые Хитом, тоже хотят разумного управления обществом (с человеческим лицом, конечно). Для этого, естественно, необходимо разумным людям, вроде Хита, прийти к власти над государственным аппаратом, оставаться у власти, как можно дольше, а главное, расширить воздействие государства на все хозяйство страны настолько, чтобы осуществление единой, разумной государственной линии (национального плана) не встречало слишком серьезного экономического и политического противодействия. Нечего удивляться, что для этого является необходимой национализация не только всех «командных высот» (уже национализированы), но и почти всего остального хозяйства.

По мысли Хита, превращение государства в послушный инструмент его, Хита, разума, и превращение государства в преобладающую в стране экономическую и политическую силу, может решить вопрос и об огромной монополии тредъюнионов. Эта монополия в настоящее время захватила контроль над правительством, парламентом, прессой, радио, телевидением, хозяйством страны и неумолимо ведет Англию к полному экономическому и политическому банкротству. Хит, следовательно, хочет превратить государство в еще более значительную силу, чтобы противостоять самоубийственной линии тредъюнионов.

При всей уверенности Хита в своих способностях его политическая глупость, хотя и не для всех, несомненна. Ведь государственный аппарат состоит из людей, а люди состоят в тредюнионе и будут действовать по его указанию. Поэтому, как показывает опыт, для монополии тредюнионов государство не может быть противовесом, а только инструментом для осуществления линии этих же тредюнионов.

Не лишне будет отметить, что тредюнионы уже давно являются не экономическими, а политическими организациями и имеют политическую, записанную программу, которая недвусмысленно является социалистической. В ней прямо сказано, что нынешнее английское общество должно быть заменено социалистическим. В последнее время тредюнионы Англии запросто лишают людей членства, а с ним и работы, по чисто политическим мотивам.

Таким образом, тредюнионы, т.е. их вожди, тоже хотят национализации.

Самое любопытное явление, которое можно наблюдать, и не только в Англии, — это желание многих акционерных компаний и просто частных фирм быть национализированными. Превалирующим типом национализации на Западе является покупка государством контрольного пакета акций или просто выкуп фирмы в собственность государства. Тяжкое бремя государственной (неизменно социалистической) налоговой политики, бремя огромного и трудоемкого бюрократическо-государственного контроля (до 10 000 различных форм и вопросников), колоссальная разрушительная сила тредюнионов привели, в совокупности, почти все частное хозяйство страны на край банкротства. Если даже управляющий колоссальной, частной сейчас, империей Фиат в Италии, господин Аньели подумывает о приятной для него перспективе управления национализированным Фиатом, то что говорить о пигмеях Англии. Ведь все неразрешимые финансовые вопросы легко разрешаются после национализации за счет «бездонного» кармана государства, т.е. налогоплательщика. Между тем, риск потерять пост наемного управляющего акционерной компании в результате национализации невелик. Во всяком случае меньше, чем по решению собрания рассерженных акционеров.

Поэтому советы директоров акционерных компаний, находящихся в затруднительном финансовом положении, не только не возражают против национализации, но рассматривают ее, как личное спасение.

Что касается частных фирм, ожидающих со дня на день банкротства, то и для них выкуп государством является истинным спасением. Выручка от продажи фирмы государству всегда много больше, чем то, что может «очиститься» при банкротстве. Кроме того, объявленный банкрот по закону является «конченным» человеком и теряет всякую возможность предпринимательской деятельности: никто не будет с ним вести никакого дела.

В то же время государство, объявляя, что оно хочет национализировать только «здоровые» фирмы и компании, вынуждено национализировать именно «нездоровые». Тем более, что и «нездоровье», как правило, является результатом деятельности государства и тредюнионов. Дело в том, что банкротство фирмы или компании приводит к тому, что их работники становятся безработными. Первой же обязанностью государства считается борьба с безработицей. Поэтому, чем крупнее готовая обанкротиться фирма, тем больше шансов, что она будет национализирована и избежит банкротства.

Ну, а население страны? Население Англии, как и любой страны, занимается своими делами и разбирается в политике и в опасностях социализма, как «свинья в апельсинах» или даже хуже. Кроме того, каждый легко усваивает предательскую мысль: «Хозяин, частник, явно защищает интересы, противоположные моим; государство же — «нейтральная» организация, к тому же, призванная заботиться об интересах населения, следовательно, и моих». Каждый, за малым исключением, если и не требует национализации, то и не противится ей.

Таким образом, хотят или не препятствуют национализации:

1. Все социалисты и коммунисты.
2. Все лейбористы.
3. Значительная часть консерваторов.
4. Значительная часть Советов Директоров акционерных компаний и собственников частных фирм, находящихся в трудном финансовом положении, а других-то почти и нет.
5. Вожди тредюнионов и значительная часть их членства.
6. Большая часть населения.

Кто же не хочет?

1. Часть партии консерваторов.
2. Меньшая часть населения.
3. Меньшая часть членства тредюнионов.
4. Отдельные личности, которые понимают, что национализация есть дорога к тоталитаризму социализма и коммунизма.

Как говорится, «подавляющее меньшинство»!

Понятно, что ситуация в пользу национализации возникла не сразу, а подготовлена огромным количеством актов и законов склонных к социализму парламентов и действиями правительств с такими же склонностями на протяжении, по крайней мере, 50 или даже 100 лет.

Даже торможение этого засасывающего процесса в настоящее время крайне затруднительно. Что касается денационализации, то она встречает почти непреодолимые трудности.

Строителям послесоветской Новой России нужно иметь это дело крепко в уме, если нет желания снова «влезть» в тоталитаризм нового СССР.

«Успехи» национализированного хозяйства

1. Железнодорожный транспорт

В моем распоряжении есть официальные цифры успехов железнодорожного транспорта Англии, начиная с его национализации в 1948 году. За 26 лет, с 1949 по 1974 год, только 5 лет были немного прибыльными, а 21 год был убыточным. 5 прибыльных лет были годами более резкого повышения цен на ж-д билеты, чем обычно. За 26 лет национализированный ж-д транспорт принес 1 миллиард 765 миллионов убытка. В 1974 году убыток составил 158 миллионов ф. ст. На эти деньги можно было бы прокормить 53 000 семейств.

За то же время стоимость, например, сезонного билета на участке Лондон-Брайтон возросла с 5,25 ф. ст. до 38,60 ф. ст., т.е. в 7,4 раза. За то же самое время, несмотря на вопли населения, было закрыто 40% прежней ж-д сети в виду убыточности. Обслуживание пассажиров весьма существенно ухудшилось, как по соблюдению расписаний, по количеству поездов, так и по питанию в пути и удобствам. Главным следствием национализации было, конечно, резкое ухудшение и удорожание обслуживания публики. Что касается убытков, то они являются простым следствием наличия у англичан собственных автомобилей. Если бы была возможность лишить англичан автомобилей и заставить их пользоваться общественным транспортом, то полная монополия (автобусный пассажирский транспорт тоже национализирован) позволила бы при каком бы то ни было плохом обслуживании поднять цены на билеты и ликвидировать убытки. Попытки частников конкурировать и получать прибыль неизменно государством подавлялись. Лишь короткое время частная автобусная фирма продавала билет Лондон-Брайтон и обратно за 0,90 ф. ст. вместо 5,00 ф. ст. взимаемых государственной монополией, т.е. в 5,5 раза дешевле. Другая автобусная фирма продавала месячный билет Лондон-Андовер за 16 ф. ст. вместо 53 ф. ст. взимаемых государственной монополией, т.е. в 3,3 раза дешевле.

Нужно иметь в виду, что стоимость билетов на национализированный пассажирский автобусный транспорт, его маршруты и расписания устанавливаются так, чтобы исключить конкуренцию его с национализированным ж-д транспортом. Автобусный пассажирский национализированный транспорт также убыточен.

Для той же цели поддерживания монополии государство ввело в свое время закон о запрещении платного провоза попутных пассажиров владельцами частных автомобилей.

Наряду с этим в Англии есть несколько успешных мелких частных ж-д линий, как например, линия, называемая «Блюбелл» и др.

Та же картина наблюдается и в США, где сохранилась некоторая частная, вполне успешная, ж-д сеть. В США, как и везде, национализированный ж-д транспорт убыточен и серьезно субсидируется за счет налогоплательщиков и, в том числе, тех, кто вообще железной дорогой не пользуется. Даже в «эффективной» Западной Германии картина примерно та же. И меры сохранения монополии те же: недавно я узнал, что была запрещена частная и дешевая автобусная линия в пригороде Франкфурта, нарушавшая монополию.

На протяжении 1974-1978 гг. в Англии произошло еще несколько значительных повышений цен на билеты на фоне еще более возросших убытков и еще большего ухудшения обслуживания. Весьма характерно и следующее явление: именно национализированный транспорт является ареной непрерывных забастовок, то машинистов, то ж-д охраны, то стрелочников. Забастовщики великолепно понимают, что у государства нет иного выхода, как удовлетворять их, как правило, абсурдные требования. При этом пассажиры фигурируют для забастовщиков, как заложники для террористов.

Следует отметить, что в газетах часто появляются сообщения, что та или иная национализированная промышленность закончила год с прибылью. Это просто означает, что она не полностью израсходовала государственную субсидию.

2. Угольная промышленность

Англия углем очень богата. Угольная промышленность почти полностью национализирована. Остались считанные единицы частных шахт, о деятельности которых публика ничего не слышит и не знает. Они, естественно, в убыток не работают: нет такой необходимости.

Национализированная же угольная промышленность буквально не сходит со страниц газет по причине непрерывных с ней неприятностей.

Шахтеры держат в руках, практически, всю экономику Англии. Когда они бастуют, а делают это они регулярно, страдают все 55 миллионов населения и вся остальная промышленность. При такой силе в руках шахтеры добились бóльших заработков, чем профессора, и находятся на одном из самых высоких мест по зарплате в стране. Цены на английский уголь так поднялись, что сейчас дешевле ввозить уголь из Европы и Польши, что и делается, хотя свой уголь лежит на складах, так как его стараются по возможности не покупать. Английский уголь превратился для многих в предмет роскоши.

Увеличение стоимости угля сопровождалось падением его добычи с 125 млн. тонн в 1974 году до 103 в 1977. Это произошло не только из-за сокращения продажи, но и по причине понижения производительности труда.

В 1974 году угольная промышленность дала в сумме со списанными государством долгами убытки в 2,25 миллиардов ф. ст. На эту сумму около 3 миллионов людей могло бы кормиться. В 1976 году убытки составляли около 500 миллионов ф. ст.

3. Сталелитейная промышленность

Национализированная сталелитейная промышленность Англии, как и во все годы после национализации, терпела в 1978 году убытки в размере 1,5 млн. ф. ст. в день, т.е. около 520 миллионов ф. ст. в год. Характерным для сталелитейной промышленности Англии является сталепрокатный завод в Порт Тальбот: за 3 года, с 1975 года, его выпуск понизился в 2 раза, а стоимость проката возросла тоже в два раза при, пожалуй, худшем качестве. Дошло до того, что сама эта национализированная промышленность была вынуждена в 1977 г. закупить за границей более дешевой и более качественной стали на 3 млн. ф. ст., чтобы обслужить своих же заказчиков. Производительность сталелитейной промышленности Англии всего 118 тонн на человека в год, а у японцев — 570.

4. Автомобильная промышленность

Сравнительно недавно национализированная автомобильная фирма «Лейланд» (около 120 000 работников) уже в 1977 году ухитрилась принести около 1000 ф. ст. убытка на каждого своего работника, т.е. 120 млн. ф. ст. «Лейланд», как и полагается для огромного преприятия, является также ареной непрерывных забастовок. Производительность «Лейланда» всего 5 автомашин в год на человека, а у японцев — 50! Низкая производительность всегда сопровождается и низким качеством. Не приходится удивляться, что Англия заполонена японскими машинами. В Японии же, где я побывал, машин иностранных марок, и тем более английских, не видно.

5. Электроэнергия

Электроэнергия в Англии тоже национализирована и тоже работает в убыток, несмотря на непрерывное повышение тарифов. В 1974 году убыток был 305 млн. ф. ст. В последние годы убыток не уменьшился.

6. Газовая промышленность

Газовая промышленность в Англии тоже национализирована. Она наименее убыточна. В 1974 году убыток составил 143 млн. ф. ст., а в 1977 г. имелась даже небольшая прибыль. Дело в том, что попутный с нефтью газ (природный) очень дешев и мог бы вытеснить из употребления значительную часть электроэнергии. Уже сейчас это привело к значительным излишкам установленной мощности на электростанциях. (Как и полагается для государственной бюрократии, несмотря на это, государство строит еще новую мощную электростанцию на угле, якобы, для того, чтобы машиностроительная фирма Бабкок и Вилькокс имела бы работу и не закрылась).

Поэтому государство искусственно значительно завышает цену на газ, чтобы не увеличивать и без того большие излишки мощности электростанций. Понижать же цену на электроэнергию, что могло бы решить задачу, тоже нельзя: электроэнергия уже убыточна.

7. Почтовая монополия

Телефонно-телеграфная связь, входящая в почтовое ведомство, в Англии национализирована, но еще не имеет абсолютной монополии (пока). Почтовые же операции в 1953 году стали абсолютной монополией государства. Несмотря на то, что стоимость отправки писем за три года с 1975 г. была повышена в два раза, а частота сбора и доставки писем была в два раза уменьшена, почта продолжает все время быть убыточной. В 1975 г. убыток был 307 млн. ф. ст. Как и полагается для любого государственного обслуживания в любой стране, оплаченные услуги не гарантируются и случай отправления мешков писем почтальонами на помойку становится тривиальным фактом.

Телефонная и телеграфная связь показывает небольшую прибыль. Пожалуй, не удивительно, так как простая аренда одного телефонного аппарата (без платы за разговоры) в 1975 году была увеличена до 33 ф. ст. в год вместо 25. В то же время по закону вы лишены права установить свой собственный телефонный аппарат (можно приобрести очень дешево в магазине у частника) и не платить за аренду. Любопытно, что в США недавно Верховный Суд решил, что потребитель имеет право присоединять к государственной телефонной линии любые аппараты в любом количестве и платить только за пользование телефонной сетью. Такое решение объясняется наличием в США Конституции, противодействующей монополизации, а в Англии, вообще, нет Конституции. Поэтому в США нет абсолютной почтовой монополии. Например, фирма «Независимая Почтовая Система» выполняет те же почтовые операции, но за ²/₃ государственной цены. Фирма «Объединенная Посылочная Служба» в США обслуживает клиентов дешевле, быстрее, и имеет прибыль (в 1972 году 77,5 млн.). Государственная же почта имеет убыток в 1,5 миллиарда долларов, хотя не платит налогов на имущество и за страхование, как частные фирмы.

Кстати, налоги и почтовые тарифы душат прессу и в США и в Англии, заставляя ее сливаться в монополии.

8. Городской транспорт

В Лондоне городской транспорт в виде автобусов и метро национализирован и даже объединен в общее управление. Несмотря на то, что цена проезда возросла за последние 2-3 года более, чем в два раза, в 1977 году убытки составляли 2,8 млн. ф. ст. В то же время, регулярность и частота автобусов и поездов метро явно ухудшаются. Любопытно, насколько повторяются все свойства национализированных предприятий. В СССР, кроме метро, городской транспорт не соблюдает расписаний и ходит пачками, хотя везде стоят контролеры. В Англии тоже можно видеть везде контролеров, которые регистрируют проходящие автобусы. Однако и здесь вместо 6-7 минут приходится ждать, как правило 20, а то и 40 минут, а затем появляется пачка из 2-3 и даже 4 машин одного и того же маршрута. Даже оплата водителей и кондукторов в Англии на «социалистической высоте». Они получают значительно больше любого инженера, как и в СССР. Недаром конструкции многих английских вещей не выдерживают критики. Так что социализм и в Англии и в СССР одинаков.

9. Водоснабжение

Системы водопровода еще не все национализированы. В Кембридже, где я жил, водоснабжение было частным. В Лондоне оно государственное и, как мне на собственном опыте пришлось убедиться, в 1,6 раза дороже.

10. Перевозка домашних вещей

Одна семья, решив переехать, обратилась в государственную контору и две частных. Частники запросили один — 210, другой 230 ф. ст., а государственная контора — 508 ф. ст.

11. Совокупный результат

Средние цены на услуги всех государственных монополий возросли за три года, с 1974 по 1977, на 111%, т.е.

более, чем в два раза, а в частном секторе на 83%. Сумма ежегодных убытков национализированного хозяйства и субсидий на него составляет 2-2,5 миллиарда ф. ст. На эту сумму можно кормить около 800 000 семей, т.е. около 3 миллионов человек. Эти убытки ведут к завинчиванию налогового пресса. Налоги в Англии возросли с 67 ф. ст. на душу населения в 1946 году до 632 в 1977, т.е. в 9,5 раз. Численность государственного аппарата возросла (в %% от населения) с 0,26% в 1931 году до 1,27% в 1971 и до 1,7% в 1977 году. Государство Англии теперь забирает и тратит около 60% всего Национального Дохода плюс миллиардные займы у Международного Валютного Фонда. На уплату одних процентов по государственным долгам населению приходится платить дополнительные 5,4% налога.

Оставляя работникам только, в среднем, 40% их заработков, государство понижает тем самым их заинтересованность в работе по всей стране, где бы они ни работали. Полусоциалистическая, расточительная система государства и незаинтересованность в работе привели Англию к низкой производительности труда по отношению ко многим странам Запада и, следовательно, к более низкому уровню жизни. Каждый англичанин жалуется, что заработки в Англии значительно ниже, чем в США, Западной Германии, в Японии. Очень много наиболее квалифицированных англичан эмигрирует. Однако, жаловаться нужно только на самих себя, допустивших трансформацию страны в полусоциалистический «рай» и не работающих так, как следовало бы. Как англичанин может получать столько же, сколько, скажем, японец, если он производит в 3 раза меньше товаров и услуг, чем японец, а автомобилей даже в 10 раз меньше? Давление тредюнионов по выравниванию зарплаты не может прибавить количество товаров и услуг в стране и может, следовательно, вести лишь к соответствующей инфляции, что и происходит.

Банкротство государственного управления хозяйством страны (отнюдь не по глупости или некомпетентности руководителей, а по порочности самой идеи) приводит и к невероятной жадности государства. Государство стремится выжимать у населения деньги всеми способами, находясь всегда и везде в тяжелом финансовом положении. Конечно, это не является новостью в истории. Новой является лишь не слишком разумная доверчивость по отношению к государству. Многие, вероятно, знают, что государства на протяжении тысяч лет были жаднее самых жадных ростовщиков, не говоря уже о частных предпринимателях. Государства, выжимая деньги, облагали налогами соль, окна, дымовые трубы и этажи жилищ, даже мыло (в Англии с 12 по 19 век) и т. п. Если от жадности частника не трудно убежать, от жадности государства бежать невозможно. Идея нейтральности государства и его заботы о населении не выдерживает никакой критики. Да и как это могло бы быть? Ведь частники, становясь государственными чиновниками, не превращаются в святых. Как и любые граждане на том же месте, они прежде всего думают о своем благополучии и удобстве, а уже во вторую очередь о благополучии других. Можете ли вы их в этом упрекнуть? Благополучие же государственного работника зависит не от обслуживаемого им населения, а от расположения к нему его начальства. Не удивительно, что забота о потребителе «жадного частника» становится прекрасной мечтой на фоне пренебрежения государства к этому потребителю. Взяточничество, спихотехника, очковтирательство, отсутствовавшие в арсенале «жадного частника», становятся законом жизни, так же как и брак продукции и низкое качество услуг. Мораль «нейтрального государства» оказывется много хуже морали «жадного частника». Особенно ужасным свойством государственной морали является ее безличность: работник государства никогда не примет ответственность на себя за все неприятности, которые он способен причинить, и всегда сошлется на безликое государство. «Жадный частник» этой привилегии не имеет. Больше того, даже работа на государство, оказывается, не гарантирует беззаботной жизни. В декабре 1976 года произошло событие, почти не отмеченное социалистически настроенной мировой прессой. В Италии обанкротились две государственные фирмы и 18 200 человек не только стали безработными, но и не получили даже декабрьской зарплаты и ежегодной премии (13-ой месячной получки).

Расточительность и неэффективность государственного хозяйства достигает невиданных высот в СССР. Однако, тех сведений, которые я привел здесь для Англии, в СССР получить невозможно. В Англии тоже, по мере развития «успехов» национализированной промышленности, это становится труднее и сложнее, но все еще возможно.

Судя по тому, насколько обслуживание населения в СССР хуже, чем в Англии, и по тому, насколько оно ухудшилось в Англии за последние 5 лет, можно догадываться о степени хозяйственного развала в СССР и представить себе то будущее, которое ожидает Англию и Запад вообще на их пути к социализму.

СОЦИАЛИЗАЦИЯ ВМЕСТО НАЦИОНАЛИЗАЦИИ

Под напором критики социалистам, конечно, приходится вносить новые и новые рецепты улучшения и исправления социализма. Одним из таких весьма модных рецептов, предлагаемых «социалистами с человеческим лицом», является социализация вместо национализации. Этот неясный (как и все социалистические термины) термин означает, что средства производства все так же обобществляются, но передаются во владение местных (муниципальных) органов власти, а не центрального правительства.

Прежде всего, это, конечно, является вариантом децентрализации и полностью противоречит самой идее высокоорганизованного, совершенного общества и возможности поддержания экономических балансов всего государства социализма. Что делать, если в Москве или Лондоне будет управлять линия Бухарина с его лозунгом для «середняков» — «обогащайтесь», а в Ленинграде или в Эдинбурге — линия Троцкого с его лозунгом «Да здравствует мировая революция» и «грабь» этих самых «середняков»? А в третьем месте может быть и третья, ленинско-сталинская линия. Вся Англия уже сотрясается и страдает всего лишь от одной забастовки на автомобильной фирме Лейланд (или Форд). А что же будет, когда целый район страны или два начнут проводить свою ,независимую линию, противопоставленную единой линии социализма?

С экономических позиций это тоже не дает никаких преимуществ. Какая разница, что директор предприятия будет подчиняться местному самоуправлению, а не центральному правительству? Все равно его личная ответственность будет радикально ослаблена по сравнению с отвественностью собственника или даже наемного руководителя акционерной компании. Его главный интерес тоже радикально изменится. Для него будет значительно важнее ублаготворить начальство в лице местного самоуправления, нежели потребителей товаров и услуг, производимых его предприятием. Даже если он и будет заботиться о потребителе и своих работниках, он будет очень стеснен в своих действиях в результате деловой некомпетентности своего начальства в органах самоуправления.

Примеров разорительности и неэффективности хозяйства местных самоуправлений неисчислимое множество.

В Англии по воле этих самоуправлений стали строить жилые небоскребы, а теперь их приходится разрушать или продавать с колоссальным убытком различным организациям, так как никто не хочет в них жить.

В Глазго городское самоуправление строит в большом количестве дома, которые стоят 9 600 ф. ст. каждый.

Такие же точно дома частной постройки стоят 5 900 ф. ст. каждый. В том же Глазго городское самоуправление начало застраивать огромный участок на 290 домов. Истратив на это 2,2 млн. ф. ст., самоуправление убедилось, что проектная стоимость (7,5 млн. ф. ст.) будет превышена вдвое, а срок окончания отодвинется на пять лет. Решили: снести бульдозерами всё, что было сделано, как будто «так и было». Решено — сделано: деньги-то не свои. Это справедливо для всей Англии. В Лондоне, например, 144 построенных городским самоуправлением квартиры оказались в два раза дороже (по 14 600 ф. ст. вместо 7 500) и закончены на два года позднее.

Один из бывших председателей местного английского самоуправления вспоминает: «даже мелкий ремонт, скажем, поставить новую уплотняющую прокладку на протекающий водопроводный кран требует работы одного рабочего и шести чиновников самоуправления». Это, пожалуй, дает «очко вперед» даже советским деятелям национализированного хозяйства.

В западной части Лондона Хаммерсмите местное самоуправление не могло отремонтировать газовые нагреватели и жильцы в течение трех лет не имели горячей воды.

В одном из домов самоуправления протекала крыша, и под потоки воды подставлялись пластиковые простыни в течение 10 лет, пока ни обвалились потолки.

В районе Ламбет, по записям самоуправления, одна из предпринятых работ потребовала 100 часов работы, когда на самом деле было затрачено в 4 раза меньше, т.е. 24 часа.

В Кингстоне рабочий самоуправления получал деньги за транспорт материалов на автомобиле, когда фактически пользовался велосипедом. В Манчестере на такие «штучки» самоуправление «ухлопало» в один год 340 000 ф. ст.

В Барнсли 880 деревянных оконных рам сгнили на открытом воздухе под дождем.

В Джарроу исчезли материалы на 20 000 ф. ст. только из двух мест постройки.

В Харинги крупный чиновник самоуправления был уличен в постройке своей яхты за деньги, будто бы израсходованные на материалы и работу по коммунальному хозяйству.

В том же Ламбете в 1976 году исчезли 1,75 млн. кирпичей стоимостью 600 000 ф. ст.

Советский читатель будет крайне поражен тем, насколько это все похоже на советские дела. То же самое воровство, очковтирательство и расточительность. Социализм и в Англии и в СССР и везде в мире одинаков. Советский журнал «Крокодил», «бичующий» мелких деятелей социализма в СССР превосходно описывает заодно и западные национализацию и социализацию.

Практика по всему миру показывает, что населению дешевле всего обходится обслуживание частником при более высоком качестве. Кроме того, на частника можно пожаловаться. А в случае государства или самоуправления жалуйся, не жалуйся, результат — один, отрицательный. Самоуправление или государство, тратя ваши деньги, с вами для этого договора не заключает. Да и что с них взять? Они ведь не профессионалы и не могут, конечно, конкурировать ни в организации, ни в специализированной работе с опытными частными фирмами. Вот если бы вся страна и весь мир были бы социализированы! Тогда, конечно, любое дерьмо пришлось бы принимать, как должное: сравнить-то не с чем. Поэтому социалисты так и стремятся к господству во всем мире.

КОНКУРЕНЦИЯ

Многие социалисты, в особенности, «с человеческим лицом», утверждают, что само по себе развитие техники исключает возможность конкуренции: ведь не строить же 2 или 3 метро вместе одного. Казалось бы, неотразимый довод. Однако, в этом доводе нет ничего, кроме той же социалистической лжи. Конкуренция и в этом случае может превосходно существовать и приносить неоценимую пользу населению. Действительно, автобусным маршрутам можно великолепно конкурировать с метро. Можно не сомневаться в возможности и выгоде для населения такой конкуренции. Недаром национализация метро, автобусного и железнодорожного транспорта всегда друг другу сопутствуют. Да еще, как в Англии, дополняются запрещением автомобилистам брать платных попутчиков.

Кроме того, конкуренция, и очень полезная, может быть и в другом виде. Представьте себе, что государство сдает с торгов частным фирмам постройку метро. Конкуренция частных фирм обеспечит и минимальную себестоимость и лучшие технические данные. Конечно, если в дело не впутается взяточничество, присущее любому государственному или местному самоуправлению.

Точно так же может быть сдана с торгов частным, конкурирующим в торгах фирмам, и сама эксплуатация метро. Выгоды такой конкуренции очевидны:

1. Постройка и эксплуатация метро могут быть осуществлены дешевле, качественнее и с большими удобствами для населения, чем если бы они осуществлялись самим государством.

2. В этом случае государство может быть арбитром и осуществлять инспекцию качества обслуживания публики.

3. Государственный аппарат окажется менее многочисленным и будет стоить меньше.

Точно также конкуренция может принести выгоду и пользу населению и на железных дорогах. История, скажем, железных дорог США показывает, что и разделение сети железных дорог на участки, принадлежащие разным фирмам, вполне гладко работает. Пассажиры даже не замечают, что они проезжают по собственности разных фирм.

Кооперация частников везде осуществляется великолепно в противоположность кооперации между государственными учреждениями или предприятиями. Как правило, бесчисленные частные фирмы-подрядчики пользуются услугами других частных фирм-субподрядчиков. И эта кооперация частников превосходно работает к выгоде и пользе населения, если, конечно, опять железная рука государства не вмешается и все не испортит.

Безусловно, эти абсолютно лживые доводы социалистов в пользу государственной или социализированной собственности основываются лишь на экономической и политической малограмотности населения, занятого своими делами и слепо поверившего в яркую идею социализма.

ИНФЛЯЦИЯ

Экономисты-социалисты стараются, как можно больше, запутать публику в отношении причин инфляции. Между тем, причины эти достаточно ясны и просты.

Рассмотрим снова из чего составляется цена товаров или услуг. Я приведу пример с довольно типичным соотношением составляющих цены в $^0/_0^0/_0$ и с некоторым гипотетическим случаем по абсолютным цифрам:

	соотношение в $^0/_0^0/_0$	стоимость
Стоимость «материалов»	$30^0/_0$	300 ф. ст.
Налоги	$10^0/_0$	100 ф. ст.
Зарплата	$50^0/_0$	500 ф. ст.
Прибыль	$10^0/_0$	100 ф. ст.
	$100^0/_0$	1000 ф. ст.

Положим, что в некоторый начальный момент за указанные 1000 ф. ст. было произведено 1000 штук некоего товара, т.е. цена товара составляет 1 ф. ст. за штуку.

Легко видеть, что:

Повышение стоимости «материалов» на 10%, т.е. 30 ф. ст. вызовет повышение цены до 1030 ф. ст., т.е. на 3%, и штука будет стоить 1,03 ф. ст.

Повышение налогов на 10%, т.е. на 10 ф. ст., вызовет повышение цены до 1010 ф. ст., и штука будет стоить 1,01 ф. ст., т.е. на 1% дороже.

Повышение зарплаты на 10%, т.е. на 50 ф. ст. вызовет повышение цены до 1050 ф. ст., т.е. на 5%, и штука будет стоить 1,05 ф. ст.

Таким образом, чем выше доля данного элемента цены, тем чувствительнее цена к повышению стоимости данного элемента.

Во многих отраслях хозяйства доля расходов на зарплату может достигать 80% и даже выше. Этим объясняется, что на многие товары и услуги цены особенно резко возрастают после увеличения зарплаты.

Стоимость «материалов», если они не импортированы, в конечном итоге, определяется (начиная с сырых материалов) зарплатой в стране. Поэтому общее повышение зарплаты в стране всегда сопровождается и ростом стоимости «материалов», и фактический рост цены может быть больше (но не меньше), чем по нашему расчету.

Импортируемые материалы составляют обычно лишь часть всех «материалов», а сами «материалы» — лишь меньшую часть цены. Поэтому повышение цен на импортируемые материалы на мировом рынке воздействует на цены товаров и услуг, производимых в стране, не очень сильно. Это обстоятельство легко наблюдать, если сопоставить (при общем для всех стран мировом рынке) степень инфляции в разных странах:

	1976 г.		1977 г.
США	5,7%	Иран	25%
ФРГ	4,5%	Саудовская Аравия	17%
Франция	9,6%	Перу	58%
Швеция	10,2%	Гана	145%
Англия	16,6%	Израиль — около	40%
Италия	16,8%		

Таким образом, мировые цены для всех одинаковы, а инфляция резко различная.

Можно легко видеть, что даже полная ликвидация прибыли (с ужасными последствиями для жизни страны) может компенсировать (смотрите пример) не более 10-20% прибавки зарплаты. Нынче запросы на увеличение зарплаты на 30-40% не являются редкостью.

Годовой рост производительности труда в США (1978) составляет 2,2%. При таком малом росте она может скомпенсировать (смотрите пример) не более 5% повышения зарплаты.

Любопытно разобрать пример воздействия на инфляцию сокращения рабочей недели с 40 до, скажем, 32 часов. При сохранении прежней производительности труда и прежней зарплаты за более короткий день, расходы на зарплату в нашем примере возрастут на 25%, и цены на товары возрастут на 12,5% сразу же после перехода на укороченную неделю. Поскольку это коснется и материалов, то повышение цен составит 20%.

В моем примере налоги составляют 10% цены товара. Повышение такого налога, скажем, на 10% отражается на цене не очень сильно. Однако, совокупность всех налогов, скажем, в США, составляет около 35% народного дохода. Поскольку они все, в конечном итоге, войдут в цену, то их общее совокупное увеличение, скажем, на 10%, т.е. до 38,5% вызовет увеличение цен на 3,5%. В Англии же государство забирает в свою пользу 60% народного дохода. Потому увеличение совокупной цифры налога на 10%, т.е. до 66% вызовет увеличение цен на 6%.

Большинство экономистов часто утверждают, что рост зарплаты, не компенсируемой увеличением производительности труда, не вызывает инфляции. Такое абсурдное заявление можно делать только из страха перед профсоюзами и, так называемым, рабочим классом. Эти последние вполне могут поднять травлю и объявить смельчака фашистом, стремящимся разрушить профсоюзы и загнать население в нищету. Тогда как именно гонка зарплаты и приводит к нищете.

Поэтому среди экономистов наиболее популярно так называемое «монетаристское» объяснение инфляции. Это объяснение правильное, но оно, к сожалению, не единственное и не всегда главное. Дело в том, что, ощущая всегда нехватку доходов, или стремясь «оживить» хозяйство вспрыскиванием финансов, правительства вводят в обращение дополнительные деньги (печатают) или берут в долг от Международного Банка. Это увеличивает полную сумму денег в стране. При неизменном суммарном количестве произведенных в стране товаров и услуг такое действие прямо увеличивает цены и создает инфляцию. 10% дополнительных денег на «вспрыскивание» ведут к 10% инфляции. Правительство, конечно, расчитывает, что эти дополнительные деньги уйдут на вложения, повышающие производительность труда и понижающие безработицу. Однако, в нынешние времена это, как правило, уходит в дополнительную зарплату, лишь увеличивая инфляцию.

Следующим источником инфляции являются расходы государства, даже в пределах доходов, (без перерасхода) на такие вещи или услуги, которые не являются товарами и, следовательно, никем не покупаются. Так, затраты на сохранение природы, на повышение пожарной безопасности, на улучшение условий труда и т. д. и т. п., обращаются в инфляцию. Дело в том, что платить работникам за работу по осуществлению этих весьма полезных мер приходится, и это увеличивает количество денег в стране, а произведенные результаты никто не покупает и не тратит денег на их покупку. Таким образом, баланс между количеством покупаемых товаров и услуг и количеством денег в стране опять нарушается в сторону преобладания денег. Это и ведет к инфляции. Понимание этого факта управителями СССР привело к страшнейшим последствиям для природы в стране социализма. Чрезвычайная экономическая неэффективность социализма и естественная для него гонка вооружений приводят к необходимости экономить на всем, что не дает прямого экономического эффекта. Поэтому в СССР почти все меры по охране природы сводятся ко всем надоевшим газетным кампаниям и призывам. Воздух и реки загрязнены до предела. Леса истребляются без всякой жалости. В настоящее время СССР имеет наиболее загрязненную природу, наихудшие условия труда по сравнению с Западом. Однако, даже эта экономия не приводит к ликвидации инфляции в СССР. Инфляция растет. Причина заключается в том, что работники своими миллионами мозгов оставляют управителей в дураках. Управители имеют возможность строго контролировать зарплату, но трудящиеся за эту зарплату не выдают соответствующего количества и качества продукции. Средств же точно взвешивать количество и качество вложенного труда еще нигде в мире не существует. В результате даже при жестком контроле зарплаты баланс нарушается опять же в пользу зарплаты: ведь не понижать же зарплату!

Ясно, что в вопросе расходов на охрану природы и улучшение условий труда, СССР и социализм вообще не могут быть хорошим примером. Тем не менее, эти расходы должны очень тщательно продумываться и роскошествовать не следует. Хороший пейзаж и чистый воздух не всегда могут компенсировать недостаток и дороговизну жилища или слишком скудную и дорогую пищу.

Итак, если расположить в порядке уменьшения значения все источники инфляции, мы получим следующее:

1. Чрезмерная зарплата,

2. Дефицит государственного бюджета,

3. Рост цен на мировом рынке,
4. Чрезмерные расходы на охрану природы и т. п.

В основе же всех этих источников инфляции лежит одна фундаментальная причина — недостаточный рост производительности труда по сравнению с потребительскими ожиданиями. Люди хотят жить лучше, чем их производительность труда позволяет. Как известно, (плохо известно) с неба манна не сыплется, и все должно быть заработано соответствующим трудом.

За десять лет (с 1968 года) в Англии возросли:

Производительность труда на	20%,
Зарплата мужчин на	336%,
Зарплата женщин на	422%.

Соответственно повысились цены:

На хлеб на	331%,
На проезд по жел. дор. на	418%,
На бензин на	273%.

1978 год характеризуется некоторым улучшением положения с инфляцией в Англии в результате более строгого контроля зарплаты и бюджета. Однако, это улучшение является, безусловно, временным, так как производительность труда в стране почти не растет. В США же дело значительно ухудшилось: рост производительности стал даже меньше, чем в Англии (1978):

	Годовой рост производительности труда.	*Инфляция.*
США	2,2%	9,6%
Англия	2,5%	7,8%
ФРГ	5,3%	2,4%

Многочисленные «защитники интересов трудящихся» требуют все большей и большей зарплаты, перекрывающей инфляцию. Однако, если количество произведенных в стране товаров и услуг, как показано в таблице, возросло только на 2,2%, что могут получить трудящиеся от увеличения зарплаты на 10-20-30%? Только еще больший рост инфляции. Реальная действительность показывает, что даже в «производительно-передовых» США «защитники» уже «назащищали» так, что требуется защита от них самих. Иначе даже США могут превратиться в задворки мира. Недаром «незащищенные» пролетарии Южной Кореи, Гонконга, Тайваня и Сингапура начинают теснить передовой Запад и переживают настоящий расцвет под руководством своих «эксплоататоров».

В Новой России нужно иметь лекарство от инфляции с помощью:

1. Ограничения роста зарплаты ростом производительности труда, т.е. ростом Национального Продукта.

2. Запрещения дефицита бюджета.

3. Осторожного планирования расходов на «природу» и т. п.

БЕЗРАБОТИЦА

1. Машины и люди

Для многих людей машина всегда была дьявольским порождением. На протяжении многих сотен лет машины заставляли человека приспосабливаться и менять свой жизненный уклад «в угоду машине». «Машина похожа на дьявола. Она подкупает людей благами, создаваемыми ею, а затем, купив их души этими взятками, закабаляет их навечно, лишая духовной свободы. Заметьте, в природе нет машин. Машина, действительно, представляет собой нечто неестественное, нарушающее природное содержание. Мало того, Бог предписал человеку трудиться в поте лица, добывая хлеб свой, а человек с помощью машин уклоняется от этого труда». Такие представления о машине неоднократно приводили к убийствам изобретателей машин и к уничтожению самих машин.

Таким образом, никак нельзя сказать, что противопоставление машины человеку, столь модное сейчас, является чем-то новым. Оно старо, как человеческий мир. Больше того, это противопоставление в наше время так же неспособно привести к отказу от машин, как оно было неспособно это сделать многие сотни лет тому назад при появлении первых машин. Однако, нынешнее противопоставление уже не использует многовековые мистические представления о машине. Всем достаточно ясно, что изобретатели машин не являются посланниками сатаны, а сами машины — порождением Ада. Тем более, что без машин человечество не могло бы расплодиться до нынешних 4 миллиардов. Если уничтожить сегодня все машины, 90% населения нашей планеты пришлось бы погибнуть от холода и голода. Поэтому современные, высокопросвещенные прорицатели, вроде всемирно известного доктора Киссинджера, обрушиваются на машины, используя вполне рациональные, экономические доводы: «Машины и роботы лишают людей работы. Высокая безработица будет теперь постоянной и неустранимой». Социалисты всех мастей подхватывают мотив, указывая, что «Да, да, Мир болен, а единственное лекарство есть социализм. Только он один может поставить машины на службу добра человеку, а не злу безработицы». Последние годы этот мотив успешно разрабатывается на Западе прессой, радио, телевидением и в сотнях книг и брошюр. Государственные деятели Запада, неспособные справиться с экономическими трудностями, по понятным причинам, не опровергают эту антимашинную кампанию: суть дела кажется ясной и вполне объясняет их неудачи. Действительно, если машина заменяет собой 10 человек, то 10 человек становятся безработными. Ясно, «как апельсин».

Настолько ясно, что никто и не спросит у уважаемого доктора Киссинджера ни доказательств, ни объяснения, а как же без машин повышать уровень жизни населения или кормить дополнительные массы людей, появляющиеся на свет?

Между тем, факты совершенно бесспорно показывают, что непрерывно происходящая замена нудного человеческого труда машинным, совершенно не приводит к безработице. За последние 26 лет с 1950 по 1976 г. с помощью машин один средний работник в США стал производить в 1976 г. в 1,56 раза больше товаров. Таким образом, машины заменили собой 36% работников 1950 года. Следовательно, безработица, казалось бы, должна была достигнуть 36%. Никак нет! Число работающих в США не только не уменьшилось, а, наоборот, увеличилось в 1,52 раза: с 64 миллионов в 1950 году до 97 миллионов в 1976 году (на 33 миллиона). Больше того, даже доля работающих среди населения увеличилась с 42% в 1950 до 45% в 1976 году (остальные 55% приходятся на детей, пенсионеров, домашних хозяек и т. п.). Да и сами цифры безработицы в США никак не откликаются на непрерывный процесс замены человеческого труда машинным:

1950	1960	1970	1975	1976	1978 (июнь)
5,3%	5,5%	4,9%	8,5%	7,7%	5,7%

В то же время замена человеческого труда машинным весьма значительно отразилась в следующем:

1. Средний уровень жизни в США, как и полагается, повысился в 1,7 раза: продукция страны на душу населения возросла за 26 лет в 1,7 раза.

2. Условия и безопасность труда настолько улучшились, что, в совокупности по всем США, к 1976 году число смертей от несчастных случаев в домашней обстановке составило 2,7 смерти в час, а на работе — 1,4, т.е. жизнь дома теперь стала опаснее, чем на работе, почти в 2 раза. То же касается и ранений: дома — 6,7 в минуту, на работе — 4,3.

3. Продолжительность жизни людей в США увеличилась с 68,2 лет в 1950 году до 72,5 лет в 1975 году.

Можно сделать единственное верное заключение: замена человеческого труда машинным вызывает существенное улучшение жизни людей, отнюдь не вызывая безработицы. Почему же такая ясная, казалось бы, связь безработицы и машины оказывается мифом? Объяснить это не так и трудно:

1. Замена людей машинами и роботами удешевляет товары по отношению к заработку, что ведет к увеличению спроса и, следовательно, стимулирует создание новых рабочих мест.

2. Удовлетворение одних потребностей дешевыми (по отношению к заработку) товарами дает возможность удовлетворения, за счет высвободившехся денег, других потребностей. Это, в свою очередь, ведет к созданию новых производств и, следовательно, — новых рабочих мест.

3. Замена людей машинами и роботами требует создания и расширения промышленности новых машин и роботов, т.е. новых рабочих мест.

Автомобили, заменив извозчиков, потребовали создания такой колоссальной автомобильной промышленности, что число ее работников в десятки, если не в сотни, раз превысило число извозчиков и производителей экипажей, ставших временно безработными. Конечно, им пришлось переучиваться, но от этого они стали лучше жить. То же самое произошло с введением стиральных машин (стиральных роботов). Почти все прачки стали безработными, временно. Зато появилась огромная и многолюдная промышленность стиральных машин. Бывшие же прачки переучились и живут много лучше, чем раньше. То же касается и швей с иглой и многих, многих других людей устаревших профессий.

Кстати, без машин было бы невозможно освободить от ручного труда и миллионы людей, сейчас профессионально занимающихся созданием и развитием духовной культуры, включая, к сожалению, и социалистов, эту культуру разрушающих.

Замена нудного человеческого труда машинным соответствует естественному процессу повышения среднего интеллектуального уровня населения. Замена рабочего на конвейере роботом и компьютером позволяет людям, переучившись, заниматься более интеллектуальным трудом производства роботов и компьютеров.

Таким образом, сама по себе машина является для человека благом, которое трудно переоценить. Без машины человечество влачило бы жалкое и бездуховное существование.

2. Деловая активность и безработица

Однако, от чего же зависит безработица? Обратившись снова к фактам, легко установить прямую и бесспорную связь безработицы с тем, что называется уровнем деловой активности. В 1975 году произошел застой и понижение деловой активности и безработица резко выросла с 4,9% в 1970 году до 8,5% в 1975. Некоторое повышение деловой активности в последующие годы привело к июню 1978 года к снижению безработицы до 5,7%. А вот весьма длительный застой после кризиса 1929 года привел к тому, что в 1932 году безработица составила 23,6%.

В этой прямой связи безработицы с уровнем деловой активности усомниться невозможно. Удивительно, что уважаемый доктор Киссинджер и другие высокопросвещенные прорицатели не знают действительных фактов. А, может быть, они эти факты знают, но прорицают противоположное с определенной целью?

Итак, решающим является уровень деловой активности. Подъем этого уровня, по совокупности, характеризуется увеличением числа новых, появляющихся на свет фирм, уменьшением числа банкротств и ликвидаций, увеличением прибыли, увеличением вложений в обновление и расширение хозяйства.

Факторов, воздействующих на уровень деловой активности очень много, и далеко не все они известны.

На этот уровень определенно влияет политическая нестабильность и экономическая неопределенность, связанная с нею. Можно без ошибки утверждать, что Уотергейт и отставка Никсона, непосредственно предшествовавшие 1975 году, внесли свою долю в экономический застой и скачок безработицы 1975 года. 1975 год характеризуется увеличенным числом банкротств (11400) фирм и понижением вложений в новые фирмы почти на 10% по сравнению с 1973 годом. И то и другое — понятно. Неопределенность обстановки вызывает понижение желания рисковать вложениями капитала и кредитом. А нет кредита, нет новых фирм, а старые становятся банкротами.

3. Налоги, регламентации, профсоюзы

Другими факторами, непосредственно влияющими на уровень деловой активности, являются, конечно, налоги, непрерывно возрастающая экономическая и политическая мощь профсоюзов, а также всё возрастающее количество государственных регламентаций. Увеличение налогов и регламентаций автоматически увеличивает число банкротств и, следовательно, увеличивает безработицу. В составе Великобритании находится остров в проливе Ламанш, называемый Гёрнси (Guernsey). Однако, с незапамятных времен он сохранил значительную автономию. На острове подоходный налог в 4 раза меньше, чем в метрополии, а ряд других налогов совсем отсутствует. Застой и безработица в метрополии резко контрастируют с процветанием экономики и жизни на острове.

Независимо от любых других добрых намерений, основной и главный лозунг профсоюзов: «Меньше работы и больше зарплаты». Пока мощь профсоюзов была невелика, и они еще не обладали особыми привилегиями, ставящими их выше законов, действующих для всех остальных, баланс между производительными силами в стране и потребительской силой профсоюзов оставался удовлетворительным. Профсоюзы не могли и, ко-

162

нечно, не создавали для населения ни пищи, ни одежды, ни других товаров, но и не душили процесс создания этих благ, а с ним и повышение уровня жизни. Их роль в прежние времена лишь приводила к умеренному уменьшению капитальных вложений в развитие хозяйства страны и к умеренному увеличению доли потребления в виде зарплаты.

Таким образом, умеренная мощь профсоюзов лишь умеренно притормаживала развитие экономики и скорость повышения жизненного уровня населения, удовлетворяя за этот счет текущие нужды этого населения. Вероятно, что получаемый баланс между вложениями в будущее и уровнем текущего потребления оказался достаточно правильным. Сейчас мощь профсоюзов и их привилегии (отнюдь не демократические) колоссально выросли, и профсоюзы, вкупе с государством, буквально душат производительные силы страны. К регламентациям государства добавилась еще более разрушительная сила регламентаций со стороны профсоюзов. К гнету государственных налогов добавился разрушительный гнет экономических и политических требований профсоюзов. В результате, рост уровня жизни со «здоровых» 5-8% скатился в ряде стран почти до нуля. В Англии мощь профсоюзов и государства особенно велики, и в течение ряда лет произошло даже существенное снижение уровня жизни.

Удивительно, насколько живуча еще частная инициатива, насколько она умеет приспосабливаться к чрезвычайно неблагоприятным условиям! Только этому умению и можно приписать, что % безработицы еще не переваливает за двухзначную цифру, а уровень жизни все еще, если и падает, то не слишком.

Япония, где налоги, регламентация и мощь профсоюзов много меньше, демонстрирует собой, вызванные этим, процветание страны и огромную ее экономическую мощь на международном рынке. Даже сейчас в Японии безработица незначительна (2,2%). Следует иметь в виду, что Япония почти не имеет природных

163

ресурсов. Если налоги, регламентации и мощь профсоюзов в Японии возрастут, скажем, до уровня английских, полная экономическая катастрофа Японии будет обеспечена.

4. Устарелость некоторых оценок добра и зла

Существенно будет отметить, что эта ситуация, с высокой безработицей и экономическим (к сожалению, не политическим) застоем, вызвана устаревшими и ныне неверными оценками добра и зла. «Поменьше работы и побольше зарплаты» для людей означает добро, а, между тем, это добро давно превратилось в зло. Эта формула хорошо выражает интересы работника на работе, однако, она привела к значительному нарушению его же интересов вне работы и дома. А ведь на работе люди проводят теперь меньше времени, чем дома. В результате, людям приходится терпеть все больше и больше неприятностей в жизни. Инфляция, безработица, ухудшение качества товаров и услуг тем больше, чем привольнее становятся условия на работе.

Разве не добро — установленная законом минимальная зарплата, «не допускающая эксплуатации»? Между тем, из-за этого не один миллион неквалифицированных безработных (в основном, молодежи) остаются безработными, так как их неквалифицированный труд не может окупить эту минимальную зарплату. Я уже не говорю о многих последствиях безделия, вроде вандализма и других преступлений.

Разве не добро — запрещение увольнения работников без особо веских причин, требующих, однако, и в этом случае судебного разбирательства? Между тем, из-за этого никто не решается при улучшении дел принять дополнительных работников, поддерживая этим безработицу.

Разве не добро — разбрасываемые направо и налево пособия? Однако, они-то и приводят к росту налогов, а с ним — к росту безработицы и к ухудшению, а не улучшению, жизни.

Разве не добро — получить муниципальное, бесплатное жилище? Однако, это муниципальное жилище вовсе не бесплатное, оно построено за счет соответственно увеличенных налогов, что автоматически ведет к росту инфляции, а с ней к росту безработицы. Кроме того, это жилище одновременно приковывает человека к нему: вероятность получения такого же жилища в другой местности близка к нулю. Это, в свою очередь, приводит к невозможности переезда работников в местности с большим спросом на рабочую силу, что является очень важным фактором в сохранении безработицы.

Разве не добро — способность выдрать из горла у работодателя высокую зарплату без соответственного повышения производительности труда и увеличения продукции? Между тем, это вызывает инфляцию, а с ней рост нищеты людей, не обладающих этой способностью. Растет и количество банкротств и, следовательно, безработица.

5. Причины непрекращающегося экономического застоя и «неустранимой» безработицы

Легко сообразить, что существующая классификация «добра и зла» и есть главная причина непрерывного экономического застоя и «неустранимой» безработицы на Западе. Стоит людям понять, что прежнее добро есть нынешнее зло, застой прекратится, инфляция и безработица исчезнут, и наступит материальное и духовное процветание. Если эти оценки не изменятся, ожидать чудес не приходится, и застой, инфляция и безработица будут продолжаться нескончаемо, а могут еще и ухудшиться.

Многие, конечно, надеются на социализм. Однако, экономика социализма и того хуже. Не говоря уже о всеобщей нищете, очередях, дефиците самых насущных товаров и бесправии социализма, безработным тоже не поздоровится. В соответствии с важным принципом социализма — «кто не работает, тот не ест», в СССР вообще нет пособий по безработице. Что касается самой безработицы, то недавно одна югославская газета сообщила, что в СССР всего 1 миллион безработных. Это явное заблуждение. В советской провинции (а въезд и прописка провинциалов в большие города запрещены) безработица достигает 15%. Фактически, есть недостаток только квалифицированных и дисциплинированных работников. В столицах и других крупных городах имеет место колоссальная текучесть. На некоторых предприятиях за год сменяется почти весь состав работников.

Это значит, что «кочуют» в поисках подходящей работы многие миллионы людей. Представьте, как себя почувствуют 10 миллионов американских безработных, лишившись своих крезовских пособий и вынужденных ломать свои нежные горбы на принудительной работе, согласно принципу социализма, запечатленному в конституции СССР?

В будущей Новой России уроки Запада следует учесть:

1. Ограничить Конституцией любые налоги разумным пределом и запретить дефицит бюджета. По моим подсчетам можно иметь разумные социальное обеспечение, здравоохранение и образование, если ограничить всю сумму прямых налогов 15% национального (и личного) дохода, а сумму косвенных налогов — 20%.

2. Конституционно лишить профсоюзы любых привилегий, сделав их членов равными перед законом со всеми остальными гражданами.

3. Ограничить Конституцией государственные регламентации абсолютно необходимым и низким уровнем.

4. Не устанавливать никакой минимальной зарплаты, оставив величину зарплаты на усмотрение пары: наниматель — нанимающийся.

5. Записать в Конституцию принцип: «если хочешь хорошо жить (вне работы), изволь как следует и

качественно потрудиться на работе». Государство и профсоюзы могут ухудшить жизнь, но они бессильны ее улучшить. Это может сделать только само население — своим трудом, в соответствии с хорошо известной заповедью Христа.

НИЩЕТА

«Нищета есть порождение капитализма, и только социализм может ее ликвидировать». Это еще один боевой клич социалистов из их арсенала средств разрушения общества. Однако, нищета существовала тысячи лет до капитализма. За тысячи лет до капитализма множество людей не только влачило жалкое существование, но и умирало от голода и холода. Картины нищеты у Диккенса и у многих других авторов могли бы показаться картинами благополучия для многих людей древнего мира. Сравните, например, картины, описываемые Библией и Диккенсом.

Чем характерно различие между нищетой древности и нынешней на Западе? В древности нищета была массовым и обычным явлением. Египетские пирамиды и дворцы инков в Перу были построены сотнями тысяч нищих. Человечество, вообще, было нищим. На фоне массовой нищеты предельная роскошь фараонов и других правителей представляла ярчайший контраст. Такого чрезвычайного контраста между массовой нищетой и предельной роскошью немногих при капитализме уже не было, тем более, сейчас.

Другой важной характеристикой этого различия между тем, что было, и тем, что есть, является то, что нищета на Западе перестала быть таким массовым явлением, как это было в истории. Это не значит, что, в принципе, сейчас не может произойти смерти от голода, как это было раньше. Однако, такая смерть представляла бы собой на Западе экстраординарное, необычное явление.

Следовательно, и контраст стал меньше и нищих стало меньше, чем их было на протяжении тысячелетий.

Можем ли мы обвинить египетских фараонов в том, что они грабили массы людей и ввергая их в нищету, сами жили в роскоши? Конечно, по сравнению с нынешними богачами, египетские фараоны не страдали слишком уж чувствительной совестью. Однако, их поведение в те времена могло быть и прямой нормой в обществе.

Есть и еще один любопытный факт. Контраст показывал, я бы сказал, учил, чего и как можно, при известном умении и удаче, достигнуть. Для людей с энергией и честолюбием контраст предлагал рецепт преуспеяния и создавал движущую силу. Чем больше было таких людей, тем больше увеличивалось совокупное богатство человечества, и тем меньше становилось нищих. Недаром в большинстве человеческих племен в том или другом виде существовал (кое-где существует и сейчас) культ умелых и энергичных личностей. Племена часто сами отказывали себе во многом, чтобы не лишиться таких «умельцев», которые показывали своим умением дорогу к лучшему. Всего лишь лет 100-150 тому назад и в России нищая семья отдавала последний кусок хлеба, последнюю одежду кормильцу-отцу или кормильцу-сыну. Потеря кормильца была бы окончательной трагедией семьи. То же явление в западных условиях в те же времена многократно описано и многими авторами Запада.

Я не хочу сказать, что именно фараоны были такими кормильцами, показывавшими личным примером дорогу вперед, к лучшему. Однако, кормильцы и контраст в истории тесно связаны. Именно кормильцы стояли во главе новшеств и преобразований, которые увеличивали способность человечества лучше себя кормить и одевать. Именно так росла производительность труда людей и обеспечивала всем (не только кормильцам) всё более и более высокое благополучие. Таким образом, единственной причиной ослабления контраста и уменьшения числа нищих является рост производительности труда людей. История показывает, что «совесть» есть явление вторичное, сопутствующее росту производительности труда.

Капитализм сделал колоссальный вклад в рост производительности труда и в рост благополучия всех людей. Именно он поэтому привел к распространению и расцвету совести: люди могли теперь позволить себе обладать ею в большей степени, чем раньше. Обвинять капитализм в создании нищеты, значит лгать и лицемерить, что, конечно, является одним из главных свойств социалистической морали.

Попытки «измерить» нищету и следить за ее изменением привели к введению на Западе, так называемого, «порога нищеты», т.е. дохода, ниже которого начинается нищета. Вот цифры этого порога для США.

Год	Порог в долл. в год.	Количество «нищих» в %%	Национ. Продукт (НП) на душу в долл.	Рост произв. труда.	Порог в %% от НП на душу.
1959	1467	22,4	2600	100%	56%
1970	1954	12,6	4795	184%	46%
1976	2884	11,8	7864	302%	37%

Для сравнения, в Гонконге официальный порог нищеты — 648 долл. В Индии в 1975 году НП на душу составил 134 долл. Если считать, как в США, порог нищеты около 50% от НП на душу, то получим для Индии порог в 67 долл. В Танзании в 1976 году НП на душу составил 40 долл. в год и, следовательно, порог нищеты — 20 долл. в год.

Легко видеть эту прямую зависимость величины порога нищеты от величины производительности труда, определяемой цифрой НП на душу населения. Выше производительность труда — выше уровень порога нищеты. В Индии и Танзании производительность труда очень низкая и уровень порога очень низкий: танзанийский или индийский зажиточный гражданин, пожалуй, позавидует американскому официальному нищему.

Эти цифры одновременно показывают крайнюю относительность понятия нищеты. Богатый в одной стране является нищим по нормам другой страны.

Итак, для уменьшения нищеты по контрасту и по численности нищих нужно повышать производительность труда в стране. Именно в этом деле капитализм и частное предпринимательство являются наиболее эффективным средством. Опыт многих сотен миллионов людей под социализмом совершенно бесспорно показывает низкую экономическую эффективность социализма и его неспособность (вопреки заявлениям социалистов) обеспечить людям более высокое благополучие. Однако, не надо «ходить» за доказательствами на Восток. Англия, почти завершающая свой путь к социализму, превратилась в результате этого в одну из самых бедных стран Запада, с массами людей ниже порога нищеты. Можно даже видеть прямую закономерность на Западе: чем больше национализации, т.е. социализма, тем страна становится относительно беднее.

А вот реальные цифры для величайшей страны социализма, СССР. Согласно секретному обследованию, проведенному в СССР в 1977 году, прожиточный минимум составлял 150 рублей в месяц, а 56⁰/₀ населения получало существенно меньше, чем 150 рублей в месяц. Таким образом, 56⁰/₀ населения СССР находилось ниже порога нищеты. Больше того, около 33⁰/₀ населения получало меньше 100 рублей в месяц. (Конечно, цифры относятся ко всему СССР, а не к Москве и другим столичным городам, где средний уровень жизни выше). Так обстоит дело с нищетой при социализме. И это понятно: производительность труда при социализме всегда низка и даже имеет тенденцию понижаться. Единственное преимущество социализма перед капитализмом в том, что социализм может прятать свои контрасты, а капитализм этого делать не в состоянии: у него все — на виду. Во всех социалистических странах без исключения нищету организованно прячут в глухих углах и в провинции, а богатство — за высокими и толстыми стенами поместий, под бдительной вооруженной охраной.

Кроме того, если на Западе богачи являются богачами по праву собственности, то при социализме богачи являются богачами по праву власти. Лично я предпочел бы первое, а не второе.

Таким образом, единственный рецепт, реальный, а не социалистический, фиктивный, превращения абсолютной нищеты, скажем, Индии или Танзании в относительную нищету США, а затем просто в сравнительную бедность будущего, есть повышение производительности труда людей. Это можно сделать лишь свободным творчеством, предпринимательством и соревнованием многомиллионных масс людей, а никак не с помощью практического или теоретического социализма. Социалистическое царство равенства (в теории) есть царство нищеты. Если разделить всю продукцию мира, проектируемую на 1980 год, на всех людей поровну, то получится около 1000 долл. в год на каждого. Это будет почти в 3 раза ниже порога нищеты в США и лишь немного выше порога нищеты в Гонконге. Едва ли уважаемый нобелевский лауреат Генрих Белль, призывающий к равенству и братству, мог бы тогда продолжать творить свои романы: пришлось бы ему все время думать не о романах, а об еде.

Существующие различия в уровне жизни людей являются законом природы. Электрический ток или ток воды не могут появляться, если нет разницы потенциалов или уровней. Больше разница потенциалов или уровней, больше ток. Посмотрите на толпу бегунов до и после начала бега. В неподвижности толпа представляет собой компактную массу, и узнать по виду, кто лучший бегун, невозможно. Начался бег, и сразу же выделяются лидеры и отстающие. Чем с большей скоростью движется центральная масса толпы бегунов, тем больше дистанция между лидерами и последними отстающими. Прекратите бег, и все снова одинаковы в компактной толпе. Можно прямо сказать, что дистанция между первым лидером и последним отстающим является мерой скорости движения всей массы бегунов. Существенно и то, что самые отстающие тоже движутся вперед.

Так и в человеческом обществе. Чем оно скорее развивается, чем скорее растет общая производительность труда, тем больше разница в уровне жизни разных людей. Однако, уровень жизни и самых отстающих тем скорее поднимается. Выравняйте уровень жизни всех, и исчезнет все, что двигало общество вперед, к лучшей жизни. Все общество не только перестанет развиваться, оно просто начнет гнить. Практический социализм этого, конечно, допустить не может, и своей огромной властью обязательно создает контраст в уровнях жизни в качестве необходимого стимула, как это сделано в СССР, и, так или иначе, во всех социалистических странах. Однако, практика показывает, что в этом случае и контраст (еще больший, чем при капитализме) не помогает: нет возможности свободного творчества миллионов людей. Высокоорганизованное, совершенное общество имеет только один, «совершенный» рецепт деятельности для всех миллионов и этим выхолащивает все: и стимулы и возможности людей.

ПРЕСТУПНОСТЬ

Весь цивилизованный и полуцивилизованный Запад крайне озабочен повсеместным ростом преступности, особенно, среди детей и подростков.

Утверждение социалистов, что преступления вызваны нищетой, уже давно потерпело крушение, хотя продолжает оставаться весьма популярным среди плохо информированной публики. Действительно, рост уровня жизни в богатых США шел параллельно росту преступности. В США едва ли можно найти или представить себе такого человека, который бы совершал преступление из-за голода, отсутствия крова или одежды. Практически все преступления в США совершаются людьми, которых никак не заподозришь в отчаянной нищете.

Сотни лет тому назад безработица лишала человека вообще всяких средств жизни и могла привести к преступлению. Сейчас безработные в США живут получше многих работающих, например, в СССР. Верно, конечно, что статистика показывает определенную связь длительного безделия, даже обеспеченного, с преступлениями и, особенно, с вандализмом. Однако, по борьбе с этой частью преступности существуют вполне ясные и, на мой взгляд, эффективные предложения. Предлагается неквалифицированных (львиная часть) безработных направлять, вместо выдачи пособия, на общественные работы) весьма необходимые для поддержания чистоты и порядка в городах и поселках) за оплату, окупаемую их трудом. Другим предлагаемым вариантом является предоставление работы плюс обучение ходовым профессиям по контракту с определенными фирмами на базе оплаты, окупаемой ученическим трудом.

Однако, общий рост преступности все же не связан с уровнем безработицы. В США уровень безработицы много десятков лет колеблется около 5-7%, а преступность растет непрерывно. Давайте сначала рассмотрим преступления, которые совершаются в здравом уме и твердой памяти, т.е. вполне преднамеренно. Все их можно разделить на две группы: профессиональные, т.е. совершаемые в качестве доходной деятельности, и совершаемые спорадически на фоне другой деятельности. Значительное распространение профессиональной преступности, особенно в США, характеризуется миллионными доходами иных преступников, существованием определенной организации этого дела и привлечением к нему наемных работников, таких как юристы и даже управляющие. Эта профессиональная преступность по организации и структуре не отличается от любого легального предпринимательства. Мне кажется, трудно отрицать, что это превращение преступности в профессиональный бизнес, показывает слабость законодательства и слабость системы его реализации. Слабость законодательства США выражается, на мой взгляд, в его абсолютной жесткости и в том, что оно, практически, не расчитано на профессиональную и организованную преступность. И полиция, а часто и публика, великолепно знает профессионалов даже в лицо, знает где они живут и здравствуют, но не в силах их ликвидировать. Законы США требуют в этом частном случае неоправданно высокого уровня улик и отказывают в легальности новым средствам улик. Предусмотренные в законах наказания не лишают преступника или его друзей и близких возможности пользоваться плодами преступлений. Поэтому профессиональный преступник рассматривает риск наказания, как риск потери относительно небольшой части дохода. Поскольку доходы велики и регулярны, профессия преступника имеет большую привлекательность.

Большим подспорьем для профессиональных преступников является отсутствие системы удостоверений личности. Безусловно, система удостоверений личности могла бы существенно уменьшить для нормальных граждан риск стать жертвами преступления. Что касается возможности подделки, то с имеющимися в нынешней технике средствами можно свести вероятность подделки почти к нулю. Кстати, невероятный шум, поднимаемый социалистами по всякому пустяковому «ограничению свободы» или «нарушению демократии», сердечно поддерживается профессиональной преступной средой. Для социалистов это есть одно из средств разрушения порядка и законности капиталистического общества, что вполне способствует целям и организованной преступности.

Одновременно было бы важно придать законам некоторую направленность в отношении преступников.

Главной же целью законов и наказаний, на мой взгляд, должно быть создание невыгодности преступления для преступника, по сравнению с нормальной трудовой деятельностью, что в США полностью отсутствует. Преступник должен быть обязан возместить потери, причиненные им, полностью и неотвратимо. Наказание также должно осуществляться в полном объеме, без всяких поблажек, которые так распространены сейчас.

Любопытен рассказ одного профессионального грабителя и взломщика в английском суде. Он откровенно рассказал:

Что он занимается этим делом не один десяток лет и имеет от него устойчивый доход, превышающий все, что он смог бы заработать нормальным образом, трудясь во много раз тяжелее.

Что его неоднократно арестовывали и осуждали, а он довольно быстро, всякий раз, возвращался к прежней деятельности в результате примерного поведения в тюрьме и досрочного освобождения.

Что он гордится своим умением и тем, как быстро он его достиг.

Его откровенность была основана на том, что он превосходно знал английские законы, и что его рассказ не послужит для усиления ему наказания, а похвастаться ему хотелось.

Одна из профессиональных английских воровок, давая интервью по телевидению (!!), заявила, что, когда она устает от треволнений своей воровской профессии, она бывает рада попасть для отдыха в тюрьму. Нужно сказать, что на Западе чрезвычайно заботятся о том, чтобы преступники, не дай Бог, не пострадали бы в тюрьме. Англичане, например, расходуют на каждого заключенного сумму, равную 160% средней зарплаты по стране. Заключенные имеют разнообразную, питательную и регулярную пищу. Имеют радио, телевидение, газеты, любые книги и журналы. Они имеют полную возможность пополнить или получить образование, вплоть до получения диплома доктора наук. Имеют теплую, сухую камеру, обычно на двоих. Имеют регулярный спокойный сон. Конечно, имеют регулярные свидания и переписку с друзьями и близкими. Имеют развлечения, включая танцы, спектакли и кино. В немецких тюрьмах «строгого режима» заключенные (из банды Баадера) имеют даже стерео проигрыватели. Я намеренно перечислил все это для тех, кто пользовался советскими домами отдыха. Они о таком обслуживании и мечтать не могут.

Кстати, в Англии только 6% заключенных — новички: остальные не впервые пользуются заслуженным отдыхом в своей непрекращающейся профессиональной деятельности.

Таким образом, профессиональная преступность не только не подавляется, но еще и поощряется. Существует, кроме того, специальный Гражданский Комитет Защиты Прав Заключенных, а вот комитета защиты жертв от преступников — нет. В связи с этим, преступника за нарушение даже этого шикарного режима нельзя, во многих случаях, подвергнуть дисциплинарному наказанию: немедленно поднимается «шум и гром», несутся петиции, запросы в парламент и т. д. и т. п.

Такое положение проистекает в силу настроенности публики против государства и полиции. Социалистическая идея, что в преступлении виноват не преступник, а общество, является на Западе доминирующей, и именно она является главной причиной роста преступности. Любой человек, включая и преступника, ищет некоторой поддержки и одобрения других людей. На Западе в этом одобрении преступников нет недостатка. Такая ситуация особенно сказывается на детях и подростках. В школе многочисленные социалисты-учителя вдалбливают в мозги детям, что государство капитализма есть аппарат насилия и заслуживает сопротивления, а не поддержки. Им вдалбливают в голову, что полицейские — это свиньи, с которыми следует бороться и которых следует презирать. И вообще, капиталистическое общество следует крушить любыми доступными средствами.

Что касается норм морали, то они являются порождением капитализма, как и религия — опиумом для народа.

Имеются сведения, что в некоторых школах детей даже обучают методам сопротивления, включая вооруженное, и методам безнаказанного разрушения.

Любопытно, что когда социалисты захватят власть, они будут вынуждены повернуть всё на 180 градусов, так как с такими идеями социалистического общества не построить. Нынешние дети, став взрослыми, превратятся по своему мировоззрению в преступных разрушителей социалистического государства. Этому государству придется их либо уничтожать, либо изолировать в концентрационных лагерях. Но кто считает расходы для достижения торжества социализма?

Один школьник поджег свою школу и, сообща с другим, другую школу. Обе школы сгорели дотла. Отец этого школьника в телевизионном интервью заявил, что он своим мальчиком гордится: «он-де научился давать сдачи противнику», т.е. государству. Примерно так же высказывалась и присутствовавшая мамаша. Спрашивается, какую сдачу, за что? Вот этого родитель связно объяснить не мог, разглагольствуя о всяких социалистических идеях.

Таких случаев и по телевидению, и в кино, и в газетах, и в книгах живописуется огромное количество. Их действующие лица — преступники — воспеваются, как несчастные, невинные жертвы кровожадного капитализма, или как благородные борцы за поправную справедливость. Что удивляться, если на одного убитого террориста (в перестрелке с полицией) приходится от 7 до 10 убитых террористами жертв, а социалистическая общественность продолжает покровительствовать террористам.

Что можно ожидать от детей и подростков в таком общественном климате, да еще с таким образованием и воспитанием получаемым от родителей, кино, телевидения, прессы? Безусловно, только превращения в грабителей, поджигателей, террористов и убийц. Удивительно, что еще не на все 100%.

Под давлением гуманистической (читай: человеко-убийственной) идеи социализма, государства Запада одно за другим ликвидировали применение смертной казни за преднамеренное убийство, а те, которые еще не ликвидировали, ее не применяют. Социалисты, используя пример последних, запросто заявляют, что убийцу смертная казнь не запугает. Этот абсурд воспринимается с доверием задуренной социалистами публикой. Между тем, любой человек в здравом уме и твердой памяти всегда тщательно взвешивает последствия своего преступления по отношению к выгодам его совершения. Только сумасшедшие этого не делают.

Поэтому неотвратимость смертной казни за преднамеренное убийство, безусловно, в большинстве случаев заставит отказаться от убийства. Что касается объективной статистики воздействия наказания на число убийств, то исследователь, занявшийся этим, будет немедленно провозглашен фашистом или расистом. Поэтому статистика либо отсутствует, либо смешана с убийствами случайными или убийствами на почве потери умственного здоровья.

Что касается убийств, совершенных умственно больными, то и тут социалисты внесли свою лепту. В английской прессе часты сообщения о том, что такие убийцы выпускаются из мест их содержания до выздоровления и снова становятся убийцами. Опять удивляет слабость законодательства и власти государства именно в этом вопросе, несомненно связанных с распространением социалистической идеи, что «виноват не преступник, а общество». Любопытно, что в то же время, количество ежегодно выпускаемых законов в защиту публики от недобросовестных предпринимателей-производителей, составляет несколько толстенных томов. В защиту же от убийц новых, усовершенствованных законов нет ни одного. Это извращение человеческой морали, называемое гуманизмом, особенно заметно, когда, конечно прискорбная, гибель собачки вызывает бурю протестов, которых не появляется, когда террористы-убийцы убивают людей целыми пачками.

В стране социализма законы ориентированы, в первую очередь, против разрушителей социалистического государства и посягателей на социалистическую собственность. Уголовники же пользуются привилегиями на том основании, что они ближе к социализму, чем разрушители социализма. Можно наблюдать множество случаев сотрудничества социалистического государства с уголовниками, в его борьбе с разрушителями социализма. Это явление характерно и для тех социалистов, которые еще власть не захватили. Они тоже довольно охотно блокируются с уголовниками. На что не пойдешь для торжества социализма!? Сама система вскрытия и расследования преступлений, например, в СССР, больше расчитана и ориентирована на раскрытие антигосударственных, а не уголовных преступлений.

Поэтому в СССР кражи у населения или избиения граждан, пожалуй, более распространены, чем на Западе. Воровство, скажем, «дворников», шин и других частей от частных автомашин даже и воровством не считается. Все уже знают, что обращаться с этим в милицию не следует: хорошо, если посмеются, а то могут и отругать за беспокойство. Преступность детей и подростков в СССР неуклонно растет. Как и везде в мире, дети особенно чувствительны к общественному климату. Общественный же климат таков, что лицемерие и ложь социалистического кодекса морали становятся детям ясными чуть ли не с яслей. Если детей Запада восстанавливают против общества потому, что оно не социалистическое, то дети социализма восстают против несвободы, лицемерия и лжи социализма. Этот протест — в отсутствии человеческой (и присутствии гуманистической) морали — принимает, как и на Западе, самые дикие и опасные формы. Разница лишь в том, что у советских убийц и насильников нет такого совершенного оружия, как на Западе. Так, две радикально разные причины, но обе связанные с социализмом, приводят к удивительному подобию результатов.

В СССР все это засекречено и тщательно скрывалось до самого последнего времени. Даже секретная статистика значительное время не поощрялась. Однако, давление преступности на «совершенное» общество стало таким непереносимым, что, волей-неволей, пришлось не только вести статистику, но и мобилизовать открытую прессу на борьбу с преступностью в нарушение мифа об ее отсутствии в стране совершенного социализма. Секретная статистика тоже постепенно просачивается наружу.

По данным прокуратуры СССР (секретным, конечно) в 1941 году было 81 000 преступников в возрасте от 10 до 17 лет, а в 1971 году их стало 718 000. 14% мальчишек и 5% девчонок оказываются уголовными преступниками. Нужно еще иметь в виду неполноту статистики: в московском районе Чертаново было установлено, что 70% преступлений даже не были зарегистрированы. Милиция несклонна ухудшать свои «показатели»: минимум преступлений и максимум «раскрываемости».

Так или иначе, даже число зарегистрированных преступлений неудержимо растет: 1960 год — 3 млн, 1968 — 4 млн. 1972 — 5 млн. В 1972 году регистрировались: изнасилования каждые 10-30 минут и каждые 5 минут убийство (более 100.000 убийств в год).

В Новой России следует, на мой взгляд, учесть, что социализм должен быть разоблачен не только как строй, но и как идея. Он не должен просочиться в законодательство и в аппарат охраны порядка и законности. Истинно человеческая мораль должна заменить собой человеконенавистнический гуманизм, выросший на почве идеи всесильности человеческого разума.

ПРОФСОЮЗЫ

1. Болезнь общества

Экономическое и политическое загнивание, которое происходит сейчас в Европе, многие принимают за некий кризис человечества. Обнаружились, будто бы, ранее скрытые отвратительные черты человека. Его, мол, природная агрессивность и жестокость, стремление к разрушению. Утверждается, что мир Запада болен и его ожидает катастрофа, в которой он погибнет. В книгах, в газетах, по радио и телевидению, с кафедр многочисленных университетов раздается хор голосов, на все лады повторяющих: «мир болен, приближается катастрофа». Болен? Значит нужно лечиться? Нет, говорят нам, это бесполезно. Его нужно, как можно скорее, разрушить и построить новый мир. Какой? Ну, конечно же, мир социализма. Это будет и лекарство и предотвращение катастрофы. Действительно, это преднамеренное разрушение идет по всем линиям. Это явственно видно. Разрушаются финансы, разрушается экономика, разрушаются образование и воспитание, разрушаются здравствовавшие тысячи лет понятия добра и зла, разрушаются дисциплина и трудолюбие, разрушается с помощью политизации религия, отъявленные убийцы-террористы возводятся в сан святых-лекарей общества и т. д. и т. п.

Но, позвольте, почему же нужно остатки здоровья больного так безжалостно разрушать? Да и не странно ли, что столь долго и с такими усилиями приходится добивать больного? Ничего странного. «Больной» обладает превосходным здоровьем и, не будь социалистов и социалистической идеи, он мог продолжать жить и процветать.

Действительно, еще всего 100 лет тому назад в Европе не проходило дня без кровавой войны. Вся история полна непрерывных войн, уничтожения и истязания людей. Сейчас, вот уже более 30 лет, в Западной Европе нет ни одной войны. 400 миллионов уже не только не воюют между собой, но даже и не собираются этого делать. Перестаньте на время читать книги, газеты, слушать радио и смотреть телевидение и познакомтесь с повседневной деятельностью и жизнью обычных людей. Вы увидите, что в их массе нет никакой агрессии и жестокости. Наоборот, любая, даже малая жестокость, вызывает слезы женщин и протесты (не в прессе, конечно). Люди охотно помогают в беде. Фонды добровольной благотворительности исчисляются миллиардами ф. ст. И хоть много в их жизни забот, они остаются милосердными, деликатными, хорошими людьми. Единственное, в чем их можно упрекнуть, это в том, что, занимаясь своими насущными делами, они не находят времени, часто желания, а большей частью просто не в состоянии разобраться в том, чем им забивают головы социалисты. Отвлекшись хотя бы на время от идей социализма, можно установить, наблюдая нынешнюю жизнь людей и сопоставляя ее с прошлой, описанной у Диккенса, Золя, Гюго, Шиллера и многих других писателей прошлого, что люди живут во всех отношениях лучше, и сами стали лучше. Стали добрее, культурнее, отзывчивее и стали более человечными в лучшем смысле слова. Возьмите, например, приговор суда в передовой Англии в 1807 году: «повесить, но не до смерти, вырвать внутренности и сжечь их на глазах казнимого, затем отрубить голову и, наконец, четвертовать». Пожалуй, Иван Грозный и тот не поступил бы с большей и бессмысленной жестокостью. Разве теперь такое возможно?

Став более человечными, люди стали и жить более по-человечески, в большем соответствии со своей человеческой природой и, следовательно, много дольше: чуть ли не в 3 раза, по сравнению с двумя-тремя веками тому назад. Интересно, что есть довольно точные данные о том, что увеличение долголетия не есть следствие успехов медицины, хотя и они велики, а результат более подходящего людям образа жизни и ее качества.

Главная причина зла и разрушений — социалистическая элита, захватившая в свои руки всю прессу, радио, телевидение, университеты, школы. Это она и есть: и болезнь и носитель болезни, которые в свое время разрушили Россию.

Характерно страшное лицемерие социализма. Возможно, что об этом социалистическая элита Запада также не подозревает, как не подозревала российская элита, стремившаяся к социализму и получившая от него пулю в затылок.

Все понятия и действия, которыми социализм разрушает Запад, после торжества социализма будут перевернуты на 180 градусов. Все, что отрицалось при разрушении, станет подтверждаться при строительстве социализма. Все, что утверждалось при разрушении, станет отрицаться и изгоняться при строительстве социализма.

Совершенно понятно, почему. Потому, что иначе никакое человеческое общество существовать не может. Уберите из жизни Запада социализм и обнаружится, что человечество вполне здорово и его ожидает дальнейшее развитие и процветание. Конечно, не без неудач, но, в конечном итоге, положительное развитие в сторону, благоприятную для людей, а не для дьявола.

2. Профсоюзы — главная ударная армия социализма

Главный фактор, определяющий все развитие общества, есть исход противопоставления двух сил: производительной и потребительской. Сильнее производительная тенденция — общество развивается и двигается вперед. Сильнее потребительская, и общество съедает то, что нужно вложить в будущее, в развитие, и начинается застой, а с ним гниение.

Что бы кто ни говорил, вся человеческая история в среднем есть история положительного развития. Вся история, со всеми ее войнами, истреблениями, несправедливостями и т. д., совершалась, в конечном итоге, в польза человека. Это, в свою очередь, означает, что, в конечном итоге, производительные тенденции преобладали над потребительскими. Человечество в среднем всегда заботилось о будущем, о развитии, о перспективе.

Рождение около двух-трех столетий тому назад идеи всесильности человеческого разума и ее развитие в идею социализма явилось причиной подавления производительной тенденции и возобладания потребительской. Труд признан был необязательным, этические нормы — устаревшими и неверными, кооперация и общественная солидарность были заменены классовой борьбой, распределение продукции в соответствии с производственным, трудовым вкладом каждого было объявлено эксплуатацией и т. д.

Следует отметить еще раз, что строительство социализма неизбежно потребует восстановления преобладания производительной тенденции над потребительской со всеми вытекающими из этого последствиями. Это можно легко наблюдать и в СССР, и в Китае, и везде, где осуществляется социализм. Однако, и практика социализма, и его теория показывают, что социализм совершенно неприспособлен для развития человечества. Его производительная тенденция чрезвычайно слаба и преобладает потребительская тенденция в совокупности с простым расхищением и расточительством.

История профсоюзов Запада является ярким примером вполне успешной борьбы за социалистическую идею, т.е. за преобладание тенденции потребления. Почему именно профсоюзы, вольно или невольно, были главной армией социализма? Потому, что именно они воздействовали на умы через желудок, через кожу, через кости и мышцы, т.е. через телесные нужды. А язык телесных нужд ясен всякому человеку. Это не абстрактные рассуждения о будущем, о ценностях добра и зла, о необходимости труда и дисциплины. Все эти рассуждения были писком комара в грохоте орудийной канонады социализма.

Позднее, когда желудок и прочие телесные нужды

потеряли свое прежнее значение, профсоюзы политизировались и успели захватить у общества колосальные экономические и политические привилегии. Эти привилегии дали им возможность эффективного воздействия не только на желудок, но вообще на всю жизнь людей. Если не считать государственной власти, то все остальные объединения людей потеряли всякое значение. Профсоюзы, а не, например, партии, оказались вершителями судеб общества. То, что, по крайней мере, половина работников в профсоюзах не состояла и не состоит, только подчеркивает их мощь и значение. Апетит приходит во время еды, и профсоюзы (я, конечно, имею в виду их активную верхушку) постепенно, особенно в Англии, захватывали власть над Парламентом, прессой, государственным аппаратом, над партиями, превращая последние в марионеток. Социализм распространился, как лесной пожар. В Англии и Италии, в соответствии с основным положением социализма, уже национализирована наибольшая часть хозяйства. Нетрудно догадаться, что дальнейшее развитие мощи профсоюзов пойдет в направлении полного захвата власти в стране и концентрации ее в руках профсоюзных вождей и наследников их власти. Произйдет вполне мирное и «демократическое» вступление в социализм.

Как совершалось это победное шествие? Это хорошо видно на примере истории английских профсоюзов. Первые в мире профсоюзы — тредюнионы — были легализованы в Англии в 1825 году, а подпольно они существовали с конца 18-го века. Уже в 1868 году был создан Конгресс Тредюнионов, объединяющий ныне 13 миллионов членов. В %%% к населению Англии это составляет около 26%, тогда как КПСС составляет всего 6% населения. Английский парламент на протяжении последней сотни лет наградил тредюнионы следующими исключительными привилегиями:

Тредюнионам, их чиновникам и членам дано право нарушать их собственные трудовые соглашения. Их

185

нельзя за это привлечь к суду. Их нельзя привлечь к суду даже за нанесение оскорблений.

Им разрешено взимать с членов специальные взносы в пользу политической партии — их марионетки.

Им разрешено тратить членские взносы на проведение любых политических кампаний.

Они имеют право проводить любую деятельность, даже не связанную с их прямым назначением.

Они освобождены, практически, от всех налогов и ограничений их финансовой и коммерческой деятельности, которые существуют для всех остальных организаций.

Увольнение члена профсоюза без согласия профсоюза законом запрещено.

Закон, принятый совсем недавно, дает право профсоюзам лишать человека работы, если он отказывается вступить в профсоюз. Это закон о «клозд шоп».

Профсоюз имеет право устраивать забастовки по любому, включая и политический, поводу, организовывать пикеты не только из бастующих работников, но и из специально присланных в помощь посторонних людей.

Профсоюз может оштрафовать или даже лишить работы человека, отказавшегося принимать участие в забастовке.

При забастовке закон обязывает платить забастовщикам государственное пособие (семьям) даже, если они бастуют, как это есть в большинстве случаев, против государства.

Никакие разрушения имущества и потери, причиненные профсоюзами и их членами, не могут быть возмещены через суд. Пикетирование часто превращается в сцены избиения других работников и полиции, которая старается поддержать порядок, причем без всяких последствий для избивающих.

Закон о предприятиях, закрытых для не членов профсоюзов («клозд шоп»), дает возможность легкого контроля прессы, радио, телевидения и всех средств связи.

Профсоюз просто запрещает печатание или показ неугодных ему сведений. Доступ в прессу, радиовещание, телевидение, даже в театр, для не членов профсоюза запрещен.

Такова колоссальная и совершенно недемократическая власть профсоюзов.

Верхушка профсоюзов (Генеральный Исполнительный Совет Тредюнионов) превратилась в значительно более мощный и усовершенствованный вариант Политбюро КПСС в СССР. Она командует, а вся страна слушает и «благодарит за заботу».

Конечно, масса членов профсоюзов понимает, что их будущее прямо связано с будущим всей страны. Однако, рецепты, им подсовываемые для решения трудностей, резко отличаются от тех, которые следовало бы принять для истинного блага страны. Это объясняется следующим.

1. Главная цель профсоюзов: поменьше работы, побольше зарплаты, т.е. чисто потребительская. Профсоюзы никак нельзя представить в качестве организаторов эффективного производства. Они за это и не берутся. Они, например, хотят иметь 50% голосов в советах частных и государственных предприятий и фирм. Почему 50%, не 51%? Потому что тогда они явно потеряют право возлагать вину за неуспехи (совершенные под их давлением) на администрацию. Они прекрасно понимают, что из них (это естественно) организаторов производства не получится: они умеют только дезорганизовывать производство.

2. В силу их социалистической направленности: в программе тредюнионов черным по белому записана цель разрушения капитализма и построения социализма, без сомнения «с человеческим лицом».

Практика профсоюзов включает в себя, поэтому, следующие разрушительные для общества элементы и действия:

Создание скрытой безработицы. По данным экономистов, около 30% работников Англии получают зарплату только за присутствие. Это, понятно, делается под знаменем сохранения рабочих мест.

Наложение огромных штрафов на фирмы в виде резких повышений зарплаты за введение фирмами новых, эффективных машин и процессов. Так как и увольнение при этом запрещено, то экономическая ценность для общества нововведений часто превращается в экономические потери.

Создание открытой безработицы с помощью нанесения колоссальных разрушений экономике и всей жизни страны путем забастовок и пикетирования по самым непредсказуемым и нелепым поводам, путем выжимания экономически неоправданных ставок зарплаты и т.д.

Задуривание голов населению, чтобы оно не разобралось в ситуации и не поняло бы, что социализм есть смертельный враг людей, и профсоюзы из друга давно превратились в страшного врага людей.

Пока профсоюзы не будут лишены их недемократических привилегий и их мощь не будет резко сокращена, ожидать прекращения экономического и политического гниения Запада не приходится.

ЗАБАСТОВКИ

Право на забастовки рассматривается, как неотъемлемое право трудящихся. Сотни две-три лет тому назад, когда не было гигантских предприятий и монополий, забастовки носили местный характер и страдали от них, главным образом, владельцы забастовавших предприятий. Разделение труда было менее глубоким и, следовательно, взаимозависимость между элементами общественного хозяйства была менее тесной и всеобъемлющей. В настоящее время структура общественного хозяйства чрезвычайно изменилась. Общественное хозяйство превратилось в весьма сложный механизм, в котором нарушение действия даже незначительного элемента вызывает нарушение работы всего устройства.

На лондонском железнодорожном узле год тому назад забастовали стрелочники-сигнальщики, менее 100 человек. Весь узел встал. Огромное число людей не смогло добраться до контор и предприятий Лондона. Восьмимиллионный город заболел. Миллионы людей переживают множество неприятностей и потерь. Убытки населения, общественного и национализированного хозяйства исчисляются миллионами фунтов стерлингов. Что же требуют забастовщики? Увеличения зарплаты на общую сумму в 50 000 ф. ст. в год. Стоит ли с ними спорить? Явно, убытки неизмеримо больше. Однако, бастуют они уже не первый и, тем более, не последний раз. Годом позднее уже только три сигнальщика в том же лондонском узле решили каждый день в часы пик ставить сигналы на красное и уходить подкрепиться пивом. В результате более 20 000 ни в чем неповинных пассажиров каждый день в битком набитых поездах простаивали по часу перед красным светом.

В тот же период забастовали операторы радиолокаторов аэропортов Франции, регулирующие воздушный транспорт. Причина — недовольство зарплатой и радиолокаторами. Результат — 300 000 пассажиров в одной Англии надолго застряли в аэропортах. Так, несколько десятков человек приносят колоссальные убытки не только аэропортам, где они числятся на работе, но и всему европейскому хозяйству, а также создают колоссальные неудобства сотням тысяч безвинных пассажиров.

Зимой 1974 года забастовка английских шахтеров привела к сильнейшему кризису английского хозяйства и к настоящим страданиям безвинного английского населения от холода и отсутствия света. Нужно ли добавлять, что во всех случаях забастовщики выиграли.

Можно легко заметить следующие типичные черты современных забастовок:

1. Забастовки уже давно превратились из конфронтации «забастовщики — владелец предприятия» в конфронтацию «забастовщики — государство» с населением в качестве заложников.

2. Забастовки предпочтительно устраиваются на государственных предприятиях, так как шанс потери работы для забастовщиков почти равен нулю. Карман налогоплательщиков рассматривается бездонным и предприятие не закроется. Во вторую очередь, забастовки устраиваются в достаточно больших частных предприятиях (типа автомобильных заводов). Шанс потерять работу из-за банкротства фирмы очень невелик: государство скорее оплатит убытки, чем допустит банкротство и безработицу.

3. О забастовках в малых частных предприятиях почти не слышно, так как они очень неподходящая почва для забастовок: могут обанкротиться и лишить работы.

4. Убытки для государства и населения от забастовок исчисляются не одним миллиардом ф. ст. и, конечно, ни в коей мере не сводятся к сумме потерянных рабочих человеко-дней.

5. Забастовки, естественно, значительно способствуют инфляции, а также безработице, разоряя часто совершенно «посторонние» фирмы, страдающие в результате цепочки событий, вызванных забастовкой.

6. Забастовщики всегда тщательно выбирают время и способ забастовки, чтобы доставить именно населению максимум неприятностей.

7. Чем больше неприятностей населению может вызвать забастовка, чем больше других работников по всей стране не смогут продолжать свою работу, тем вероятнее эта забастовка и тем, конечно, вероятнее выигрыш для забастовщиков.

Таким образом, нынешние забастовки и не пахнут

демократией или справедливостью. Забастовка из демократического права на справедливость превратилась в право шантажа или террора с целью получения выкупа. В право сильного перед слабым, вооруженного перед невооруженным. Какие уж тут разговоры о борьбе с нищетой! Каждая выигранная забастовка постепенно погружает в нищету многих и многих людей, не имеющих достаточной экономической и политической силы для забастовок, обесценивая их средства к жизни через инфляцию. Пенсионерам и вдовам бастовать бесполезно. Больные и инвалиды тоже не забастуют.

Я уже отметил, что забастовка в одной стране может вызвать уйму неприятностей в другой. А недавно забастовали работники государственных баз атомных подводных лодок в Англии. Забастовщики, не имея в руках средств прямого воздействия на население, поставили под удар всю систему обороны Англии, а с ней и НАТО.

Представьте себе теперь вполне возможное совпадение забастовок на электростанциях, в газоснабжении и на транспорте. При этом забастовщикам не нужно будет блокировать все объекты, а только ключевые, т.е. бастовать будет не более нескольких процентов работников. Это вовсе не будет всеобщей забастовкой. Однако, вся жизнь в стране будет парализована. Население лишится света, тепла и пищи (транспорт). Промышленность и сельское хозяйство замрут. Все средства обороны выйдут из строя. Внутренний или внешний враг может захватить страну быстро и без усилий, почти мирно.

Этот вариант возможен сейчас. Однако, представьте себе будущее развитие компютеризации. Тенденция такова, что основные жизненные системы страны станут контролироваться всего из нескольких пунктов, с помощью компьютеров. В этом случае достаточно будет забастовать всего какой-нибудь сотне человек, чтобы парализовать, с одной стороны, всю страну, а с другой — предоставить всю систему управления страной для возможного переворота, если забастовщики еще и оказались под воздействием идей социализма. Население, проснувшись утром, уже окажется в «раю» социализма под властью диктатуры.

Недаром в любой социалистической стране с такой тщательностью охраняются транспортные артерии, мосты, электростанции, газоснабжение, телефонные узлы и т. д. Этим же объясняется чрезвычайно тщательная политическая проверка людей, обслуживающих или охраняющих ключевые объекты, контролирующие жизнь страны. Я имею в виду не только первоначальную проверку, а непрерывное скрытое и явное наблюдение органов безопасности государства за такими работниками. При таких контроле и системе вероятность обезвреживания любых саботажников против социализма весьма велика.

В демократических странах эти ключевые объекты либо не охраняются вовсе, либо охраняются очень слабо. Так как даже солдаты и полицейские могут быть членами профсоюзов или левых партий, вышеуказанный сценарий вполне вероятен и находится даже в пределах легальности, тем более, что лойяльности от забастовщика не требуется.

Самая большая нелепость всего этого заключается в том, что виноват в своих несчастиях сам народ. Создавая целую систему законов, раздувающих политическую и экономическую мощь профсоюзов и облегчающих забастовки, народ забыл, что у него есть два обличья. Одно — работника, а другое — потребителя товаров и услуг, создаваемых им же в первом обличьи.

Это английский народ милостиво разрешил профсоюзам законно не выполнять их собственных договоров. Это он ввел закон, снимающий с профсоюзов всякую ответственность за убытки и разрушения, происходящие в результате их действий.

Это он изъял из обложения налогами доходы профсоюзов, увеличив этим их финансовую мощь. Это он ввел закон о государственных пособиях семьям бастующих даже против государства, поощрив этим забастовки.

Это он ввел пособия по безработице, в ряде случаев превышающие зарплату, создав тем самым экономические стимулы к безделию и, пожалуй, привычку к нему, увеличивающую стремление к забастовкам по любому ничтожному поводу. Наконец, это он рядом законов и государственных регламентаций, подорвал всяческую способность у кого бы то ни было сопротивляться силе профсоюзов и забастовщиков. Однако, напрасно, конечно, ожидать, чтобы народ понял, что он делает, и то, что он сам виноват. Нет, он винит правительство, винит капитализм (это при национализированном-то на 60-70⁰/о английском хозяйстве), винит кого угодно, только не себя. Конечно, это можно понять. Народ занимается своими личными конкретными делами и у него нет ни времени, ни желания разбираться в сути «не его» дел. Больше всего виновата, конечно, уполномоченная им интеллектуальная элита: именно она пишет и проводит законы. К несчастью, эти уполномоченные деятели почти все находятся во власти социалистических идей, лишенных здравого смысла. В этом отношении очень характерен недавно происшедший случай. Забастовали работники парома между Ирландией и Англией. Большое число водителей грузовых автомашин, возвращавшихся в Англию, оказались в безвыходном положении. Ситуация была совершенно ясной. Водители без лишних слов отлупили и разогнали пикет забастовщиков и заставили прекратить забастовку. Водители и, в данном случае, забастовщики проявили довольно редкий в наше время здравый смысл.

В будущей Новой России нужно с самого начала учесть эти уроки:

1. Все трудовые конфликты должны разрешаться не мордобоем или террором забастовок, а в соответствующих независимых судах на основе разумных законов, одинаковых для всех.

2. Профсоюзы должны быть лишены всех привилегий, ставящих их выше законов.

3. Трудовой договор, как и любые другие договоры, должен быть обязателен к выполнению обеими сторонами, а невыполнение его любой из сторон должно сурово наказываться.

4. И, конечно, народу Новой России нужно не забывать оба свои обличья и понимать, что чем меньше и хуже он работает, тем хуже ему придется жить.

ПРОИЗВОДИТЕЛЬ И ПОТРЕБИТЕЛЬ

150-200 лет тому назад рабочий день мог достигать 14 и даже 16 часов в течение шести дней в неделю, а часто и по воскресеньям. Об отпусках не приходилось и говорить. Условия работы были тяжелейшими. Практически вся жизнь проходила в непрерывной и тяжелой работе и часто с риском для жизни. Нечего удивляться, что внимание общества было сосредоточено на улучшении условий труда и на высвобождении времени для отдыха и личных потребностей. Это было возможно только через рост производительности труда. С тех пор тяжелый труд людей позволил вложить значительную его часть в новые машины, в новые процессы, в лучшую организацию, в накопление опыта, в повышение квалификации. Таким образом, усилиями изобретателей, инженеров и предпринимателей этот вложенный добавочный труд не пропал даром и обеспечил чрезвычайное повышение производительности труда.

Это, в свою очередь, обеспечило резкое сокращение длительности и тяжести труда при одновременном повышении уровня жизни. К счастью для людей, профсоюзы тогда еще не успели превратиться в монополистов-диктаторов. В противном случае вложения в производство не состоялись бы и развитие производства резко бы замедлилось. Ситуация, хорошо описанная

Диккенсом, сохранилась бы в значительной степени и сейчас. Также, к счастью для людей, идеи социализма и национализации тоже еще не успели претвориться в жизнь. Если бы они претворились, легко догадаться, что люди не были бы избавлены от тяжелого и длительного труда и по сей день в результате чрезвычайной расточительности социализма и национализированного хозяйства.

Так или иначе, рабочая неделя к 1978 году сократилась с прежних 80-90 часов до 34,8 часов в Австрии, 35,8 — в Бельгии, 41,3 — в Голландии, 41,4 — во Франции, 41,7 — в Германии и 43,5 часов в Англии. Условия работы по сравнению с прежними временами облегчились настолько, что запас неизрасходованной энергии людей начинает создавать неприятности, как самим работникам (жиреют), так и полиции (приходится усмирять вспышки энергии в виде драк).

Таким образом, и по затраченному времени, и по затраченной энергии, работа людей занимает теперь менее значительную часть их жизни. Рабочее время теперь составляет меньше четверти всего времени. Если вычесть сон, то и тогда рабочее время составляет всего около трети. Свободное время людей превысило рабочее в 2 раза. Пожалуй, дальнейшее сокращение рабочей нагрузки может оказаться даже вредным для физического и духовного здоровья людей. Кстати, и опасность ранений и даже смерти в течение свободного времени, в том числе, дома ,стала (в США и в Англии, например) превышать таковую даже для работы в угольных шахтах (не советских).

Самое главное в этой ситуации то, что люди стали в большей степени потребителями, чем работниками. Действительно, все люди имеют два лица: одно лицо — лицо работника, а другое — потребителя. Раньше преобладало лицо работника. Теперь — лицо потребителя. В досоциалистические времена «ударение» все же было на удовлетворении интересов людей, как потребителей, хотя эта часть интересов была менее значительной. В настоящее время под давлением социализма и профсоюзов «ударение» резко изменилось на удовлетворение интересов человека не как потребителя, а как работника. В то же время интересы человека в его рабочем обличьи прямо противоположны его же интересам, когда он находится в своем обличьи потребителя. Создаваемое профсоюзами предпочтение к интересам людей в их рабочем обличьи ущемляет их интересы как потребителей. Забастовки, ухудшение качества и ассотимента товаров и услуг, повышение цен, безработица превращают все качества свободного времени во множество неприятностей. Больше того человек в свое свободное время превращается в социалистической атмосфере в существо, подвергающееся непрерывным унижениям, а иногда и оскорблениям. Прежняя формула, что потребитель всегда прав, превращается в нечто архаическое и недозволенное. Попробуйте намекнуть шоферу или кондуктору лондонского автобуса, что они нарушают расписание, и они обложат вас превосходным английским матом: как вы смели оскорбить Его Величество — рабочий класс! Те же шофер с кондуктором в качестве пассажиров опаздывающего поезда, несомненно, будут чувствовать свои интересы в этот момент ущемленными. Вероятно, это чувство ущемленного достоинства и ущемленных своих потребительских интересов трансформируется в чувство превосходства и мести, когда человек на короткое время превращается в уважаемый рабочий класс и «отыгрывается» на несчастных, презираемых потребителях, имевших несчастье попасть в сферу его труда.

Лондонские такси в марте 1977 года забастовали и перестали обслуживать три главнейших вокзала, в виде протеста против решения городского Совета закрыть движение по одной из улиц. Кто пострадал от этого действия? Только тысячи несчастных и безвинных пассажиров, т.е. таких же работников, как и таксисты, только находящихся в данный момент в их потребительском обличьи. Шоферы и кондукторы на юге Лондона забастовали в знак протеста против сокращения автобусных маршрутов (автобусный транспорт национализирован). Кто при этом пострадал? Опять те же работники, но в их потребительском обличьи или члены их семей.

Машинисты поездов на южном направлении в Англии забастовали в знак протеста против наказания одного из них за то, что он провел на красный свет поезд, переполненный пассажирами. В недавнем аналогичном случае проезда на красный свет произошло крушение, стоившее 90 убитых и 100 раненых. Кто были эти убитые и раненые? Работники в их потребительском обличьи.

200 пассажиров прождали полчаса следующий поезд потому, что машинисту показалась холодной его кабина и он отказался вести поезд. Кто эти 200 пассажиров? Те же трудящиеся, но в их, в данный момент, не трудящемся обличьи.

Вахтер охраны на автомобильном предприятии в Англии поймал в разное время 100 воров — рабочих, пытавшихся украсть, примерно, на 100 000 ф. ст. различных изделий. Профсоюзы потребовали увольнения вахтера и пригрозили забастовкой, если фирма его не уволит. Его уволили. Спрашивается, кто же, помимо вахтера, пострадает? Убытки от санкционированного профсоюзами воровства оплатят, конечно, те же трудящиеся, но в их потребительском обличьи в качестве покупателей автомобилей и автомобильных частей: на соответствующую сумму будут повышены цены. Кто же еще может покрыть или оплатить убытки? С неба ничто не свалится.

Рабочие одной из английских фирм забастовали в знак протеста против приказа нескольким из них прекратить игру в футбол в рабочее время и идти работать. Кто оплатит их футбол в рабочее время и потери от забастовки? Опять те же трудящиеся в их обличьи покупателей изделий или услуг фирмы.

Таких примеров бесчисленное множество.

Социалистическая идея, разрушая трудовую дисциплину, покрывая массовое воровство, вызывая брак продукции, «облегчает» жизнь человека в его обличьи трудящегося и заставляет в полной и даже в большей мере их же, но в их потребительском обличьи, страдать от недоброкачественной продукции, от плохих и недостаточных услуг, от повышающихся цен.

Закон жизни таков (и при социализме и при капитализме): «все, что «нагрешил» на работе, отзовется на тебе же в твое свободное время».

Свободное время стало в два раза продолжительнее рабочего. Именно для жизни в свободное время человек работает. Спрашивается, не лучше ли вернуться к мудрому правилу: потребитель всегда прав? Не лучше ли честно и без излишних претензий потрудиться в течение четверти жизни, чтобы в остальные три четверти жить, как подобает человеку? Мне кажется, что в Новой России законы должны предусматривать максимум уважения и обеспечения человека именно в его потребительском обличьи. Для этого необходимо, чтобы законы предусматривали обязательность строгого выполнения трудовых обязанностей и договоров. В своей жизни человек должен быть максимально свободен и жить широко развитой духовной жизнью, основанной на высоком уровне ее материального обеспечения. Для этого его свобода в рабочее время должна быть строго ограничена интересами дела.

МЯГКОЕ РЕГУЛИРОВАНИЕ

Неуспех регулирования на Западе и в СССР

Советский национальный план является примером абсолютно жесткого регулирования и его чрезвычайной неэффективности. Западное государственное регулирование в форме бюджета, налогов, субсидий и различной формы уговоров со стороны правительств является не столько мягким, сколько просто неэффективным. Западное регулирование произошло из смеси двух идей:

Экономика свободного рынка должна реагировать на государственные экономические меры в виде государственных заказов, государственных субсидий и налогов.

Экономическое государственное регулирование, следовательно, может реализовать и социалистические идеи равенства и братства.

Однако, свободный рынок уже давно не существует и заменен монополиями, включая огромные монополии государственной власти и профсоюзов. Когда методы свободного рынка в применении к монополизму отказываются действовать, правительствам ничего не остается, как действовать административными мерами с помощью контроля цен или зарплаты, или обоих вместе.

Контроль и замораживание цен — любимое средство профсоюзов против инфляции, в принципе, не может достигнуть цели, если зарплата или налоги повышаются. Спрашивается, за счет какой манны небесной можно удержать цены, если зарплата или налоги, входящие в состав цен, как их главная составляющая, повышаются? Сокращать прибыли, которые в наше время уже не обеспечивают необходимых вложений в развитие, или разоряться? Или вы предпочтете за те же цены получить худшее качество? Поэтому объявленный контроль цен обычно остается фикцией или приводит через короткое время к настоящему взрыву цен. Контроль зарплаты правительства, опасаясь гнева всесильных профсоюзов, ведут с помощью нежного уговаривания профсоюзов и с помощью административного нажима на фирмы. Однако, уговоры на профсоюзы мало действуют, а фирмы не в состоянии противостоять тем же профсоюзам. Так и контроль зарплаты превращается в фикцию.

Тогда применяют замораживание (административное) и цен и зарплаты. Однако, опыт показывает, что и такая мера не достигает цели. В США, впрочем, она применялась очень часто.

1962-1966 (Кеннеди-Джонсон) — добровольное ограничение роста зарплаты и цен в указанных правительством пределах.

1966-1973 (Никсон) — замораживание цен и зарплат.

1974-1978 (Форд, Картер)—моральное воздействие.

Какой эффект имели эти меры? Практически, на длительном отрезке времени — никакого. Несмотря на меры, покупательная способность доллара за то же время снизилась на 55%, до 45 центов. Таким образом, экономика чудес не производит и заклинаниям не подвержена. Она выдает только то, что в нее вложили трудом. Социалистические идеи для экономики есть пустой звук. Потому и жесткое регулирование в СССР не действует: инфляция свирепствует, а уровень жизни имеет тенденцию не расти, а снижаться.

Мягкое регулирование в условиях свободного рынка

В Новой России, при условии конституционно закрепленного баланса между силой профсоюзов и силой организаторов производства и при отсутствии политических, экономических и профессиональных монополий, мягкое регулирование экономики может производиться, я бы сказал, правильными мерами.

Вложения в экономику (и, следовательно, и культуру) определяются суммой прибыли в стране. Потребление же определяется суммой зарплаты. Поэтому соотношение между производительной и потребительской тенденциями определяется соотношением суммы прибыли к сумме зарплаты, а, значит, и соотношениями того и другого для каждого отдельного предприятия, тогда как зарплата в отдельности и прибыли в отдельности в этом отношении не являются определяющими. Англия потому находится на грани экономического банкротства, что в совокупности по стране сумма зарплаты составляет 90%, а сумма прибыли всего 10%.

Учитывая, что нужно платить дивиденды держателям акций (иначе будет разорение), на вложения практически ничего не остается. В США это соотношение составляет около 80% и 20%, но довольно быстро ухудшается в сторону английского. Этим и объясняется потеря конкурентноспособности США на международном рынке, нарастающая инфляция и нарастающая опасность полного экономического застоя. Если эту тенденцию не остановить, то превращение США во второстепенную державу, что произошло с Англией, неизбежно.

В Германии это соотношение около 70% к 30%, а в Японии даже, может быть, 60% к 40%. Однако, и у них дела ухудшаются под давлением тех же сил. Тем, что это соотношение благоприятно для преобладания производительной тенденции, объясняется выдвижение Гонконга, Сингапура, Южной Кореи и Тайваня, как мощных конкурентов Западу на международном рынке, и как превосходного места вложения капиталов, а этим, в свою очередь, объясняется резкое повышение уровня жизни их населения.

Желательно, чтобы Конституция Новой России давала правительству право устанавливать рекомендацию этого соотношения в качестве средства регулирования развития страны в сторону ускорения или замедления. Достаточно именно рекомендации, так как трудовые конфликты должны решаться не мордобоем, а разбирательством в судах, которые будут обязаны эту рекомендацию иметь в виду при разборе конфликтов. В то же время, и организаторы производства и работники фирмы будут ревниво следить за соотношением, каждые в свою сторону. Точно так же должны быть обеспечены Конституцией права правительства и еще на несколько важнейших средств регулирования (обязательные для судов). Соотношение прибыли и зарплаты не исключает совместного желания работников и администрации фирмы чрезмерно увеличить прибыль при том же ее соотношении с зарплатой за счет выжимания более высоких цен. Это в определенных случаях может оказаться возможным, скажем, при наличии патента на новое изделие или случайной монополии. Поэтому следует иметь право рекомендации максимального процента прибыли по отношению к выручке от продажи.

Банки товаров не производят, но могут получать явно чрезмерные прибыли (как и страховые компании). Посмотрите, какие шикарные конторы-небоскребы они для себя строят! Следует предусмотреть в Конституции право правительства устанавливать максимальный процент на ссуженые деньги.

Наконец, во избежания краха кредитной системы страны, следует дать правительству право устанавливать обязательное соотношение между резервом наличности в банках и суммой ссуд. В США это соотношение сейчас составляет 15% и опыт показывает, что оно довольно эффективно предотвращает повторение кризиса 1929 года. Любой банк США обязан из любого вклада 15% вложить в Федеральный Резервный Банк. Это автоматически приводит к соотношению суммы ссуд к сумме наличности, как 7 к 1. До этого банки могли иметь настолько незначительную наличность, что случайное совпадение желания, скажем, у полсотни вкладчиков забрать свои вклады могло вызвать банкротство банка.

Это, в свою очередь, могло вызвать банкротство другого банка и затем, по цепочке, многих банков и фирм. Такой крах кредитной системы страны означает массовые банкротства фирм, массовую безработицу и нищету. Именно крах кредитной системы сначала в США, а затем на всем Западе и произошел в 1929 году. Этот кризис не был никаким кризисом перепроизводства, как утверждают марксисты-социалисты. Именно поэтому указанные выше 15% и предотвращают повторение кризиса 1929 года. Еще один социалистический миф неизбежных капиталистических кризисов перепроизводства провалился.

Другой очень важный фактор здоровой экономики и жизни страны: обязательность для всех сторон соблюдения договорных обязательств. Государственная власть и суды Новой России должны очень ревниво заботиться о соблюдении всеми договорных обязательств. Иначе хозяйство превратится в хаос, как это и можно наблюдать на Западе, где договоры, в особенности профсоюзами, запросто нарушаются. Под договором я понимаю не только письменное соглашение сторон, но и такие документы, как расписания поездов и другого транспорта, прейскуранты, рекламу товаров и услуг и т. п. Если реклама утверждает, что данное пиво (фирма Хейнекен) дает дополнительную силу и бодрость, то потребитель в праве этого потребовать. Если реклама не подтверждается, взыскать по суду компенсацию за ложь или издержки, причем, в чувствительном для фирмы размере. Конечно, реклама станет менее цветистой, но зато будет более правдивой.

Говоря о рекламе и о ее назойливости (одна из неприятностей Запада), следует ограничить ее назойливость, запретив устраивать перерывы в тематических передачах по радио и TV специально для навязывания рекламы. Мне кажется, к пользе Новой России будет и запретить рекламу горячительных напитков, табака и табачных изделий.

Предлагаемые средства мягкого регулирования, мне кажется, обеспечивают хозяйству свободные действия, ограничивая лишь крайности, и в то же время обещают приемлемую степень регулирования. Эта степень регулирования, на мой взгляд, создает меньше несвободы, чем нынешнее западное регулирование. Во всяком случае, я пытался учесть существующий опыт и Запада и СССР в этом вопросе, чтобы избежать в Новой России трудностей того и другого.

НАЛОГИ

Пожалуй, в течение всей истории человеческого общества не было ни одного государства, легко сводившего концы с концами в своем бюджете. Все государства всегда испытывали недостаток финансов и всегда изыскивали новые и новые способы выжать из населения достаточно средств. Каких только не было налогов! На дымовые трубы, на соль, на мыло ,на окна, на этажи, на женатых, на холостых и т.д. и т.п. Любопытно, что до подоходного налога додумались впервые лишь в 1799 году в Англии, введя такой налог, как и полагается, «временно». Однако, с тех пор он так укоренился, что никто и помыслить не может жизни без подоходного налога.

Государственные чиновники всегда без всякой жалости рвали изо рта кусок и «черного хлеба» и «хлеба с маслом». Налоги всегда были средством удовлетворения самых насущных нужд нищего государства за счет нищего населения. Однако, с течением времени люди становились богаче, разорительных войн становилось меньше, и налоги по своей относительной величине постепенно уменьшались. Как на грех, теперь появились модные идеи социализма и налоги из средства удовлетворения насущных нужд общества стали превращаться в средства для создания социальных и идеологических утопий. В общегосударственных (федеральных) налогах в США можно наблюдать некий минимум, когда первый период (не до жиру, быть бы живу), видимо, кончался и начинался нынешний период (осуществления идей социализма). В первый период налоги, в зависимости от обстоятельств (война, бедствия), могли не только увеличиваться, но и уменьшаться. Второй период является периодом неуклонного роста налогов, пределом которому будет только 100%. Государство будет от населения забирать всё, и затем государственные чиновники будут справедливо эти 100% распределять между всеми.

В 1866 году налоги в США на душу населения составили 8.49 долл. в год. Эта цифра затем уменьшалась, достигнув минимума («водораздел» между двумя периодами) в 1,89 долл. в 1885 году. С 1885 года происходит неуклонный рост налогов вплоть до 1978 года и далее, в будущее. Налог достиг двухзначной цифры 35,38 долл. в год в 1918 году, трехзначной 163,00 долл. в 1943 году и четырехзначной 1004,83 долл. в 1972 году. В 1976 году налог на душу населения достиг 1406,30 долл. Нужно иметь в виду, что кроме федеральных налогов, о которых шла речь, существуют еще и всякие местные, достигающие в наше время, в сумме, около 50% федеральных. Таким образом, фактически, на душу населения США приходилось в 1976 году 2109 долл. Следует отметить, что кампания против налогов, проводимая в 1978 году разными группами и президентом, пока даже не прекратила роста налогов. Он продолжается, но лишь перераспределяется: уменьшение одного вида налогов заменяется увеличением другого.

Существенно также отметить, что налоги, конечно, росли не только по абсолютной величине, но и по отношению к доходам населения. В 1929 году федеральные налоги составили всего 2,8% от национального дохода, в 1976 году уже 17,9%. Вся же сумма, и федеральных и местных налогов, достигла в 1976 году около 27% национального дохода. В 1977-1978 году государство уже распоряжалось примерно 30-35% национального дохода. В самое ближайшее время эта цифра, несмотря на все кампании, может достигнуть 40%: социалистические идеи расточительны и неисчерпаемы. Другие государства Запада отнюдь не отстают: в Англии — около 60%, а в Швеции — около 70%, если не больше.

Несмотря на огромные средства, которыми «ворочают» ныне западные государства, требования к государству об удовлетворении «социальных» нужд значительно опережают доходы. В 1977 году долги федерального правительства США достигли 716,7 миллиардов долл., превысив в 1,74 раза весь федеральный бюджет. Одни лишь проценты, выплачиваемые по долгам, составили в 1977 году около 43 миллиардов долл., т.е. около 10% бюджета. Понятно, что это положение отнюдь не способствует либеральности налоговых инспекторов, зато приводит к распространению всяких слухов об успешном ускользывании от налогов, об обманах государства и т.п. Государство вынуждено все время изыскивать новые и новые приемы в налоговой системе для выжимания средств из населения. Каждому, впрочем, приходит в голову мысль, что государство уж слишком «разбрасывает» средства направо и налево без вполне отчетливых обоснований, одновременно слишком затягивая налоговый пресс. Между прочим, следует вспомнить, что разрушение цивилизации древнего Рима произошло в результате чрезмерно раздутых налогов и государственной бюрократии. Последняя всегда самым прямым образом связана с налогами. Точно по этой же причине погибла и прославленная китайская цивилизация уже в последнее тысячелетие. Теперь Китай — страна на задворках цивилизации. Социализм СССР отбросил цивилизацию России значительно по сравнению с нынешним Западом. Не ожидает ли социалистически настроенный Запад, если не социализм СССР, то судьба древнего Рима?

1. Подоходный налог

Мало кто догадывается, что прямой подоходный налог взимается с населения дважды: один раз в виде налога, а второй раз в виде повышенных этим налогом цен на товары и услуги. Ведь вся зарплата входит в цену товаров и услуг, а люди договариваются о той зарплате, которую они получают в чистом виде. Именно за повышение этой части зарплаты они и борются. Именно различия в этой части зарплаты интересуют людей. Эти различия имеют даже специальное название — дифференциалы. Высококвалифицированный работник никогда не примирится с тем, чтобы получать в чистом виде столько же, сколько получает неквалифицированный работник, или только незначительно больше. Таких ступеней в чистой зарплате, в зависимости от ступеней в качестве и количестве труда, может быть и всегда бывает много. Разница самой высокой зарплаты по отношению к самой низкой обычно составляет 50 крат, но может быть и значительно выше. Часто эти разницы не достаточно многочисленны или велики и вызывают недовольство и забастовки.

Под давлением социалистических идей «равенства и братства» по всему миру распространилась система «прогрессивного» подоходного налога. Этот налог увеличивается прогрессивно с увеличением зарплаты и, так сказать, старается зарплату сравнять. Однако, работникам, как показывает опыт, на это выравнивание ровным счетом наплевать: их интересуют дифференциалы в чистой зарплате, а не фикция. Поэтому любая «прогрессивность» налога не может ликвидировать эти истинные дифференциалы. Таким образом, прогрессивность налога только прогрессивно увеличивает цены товаров и услуг и прогрессивно удовлетворяет «жадность» государства. Ничего прогрессивного она не достигает.

В то же время, «прогрессивность» вызывает ряд весьма существенных неприятностей для населения, государства и для налоговых инспекторов, а также весьма подрывает развитие хозяйства страны.

Система взимания налогов становится чрезвычайно сложной. Ни вы сами, ни налоговый инспектор не знают, какой налог должен быть уплачен с той или иной суммы денег, получаемой вами сегодня. Налог выяснится только по окончании года и подсчете всей суммы годового дохода.

И сам по себе, и в совокупности со сложнейшей системой всяких скидок, налог становится настолько непредсказуемым, что в конце года вы можете оказаться неожиданно для себя в огромном долгу. Эта неприятность особенно касается артистов, профессиональных спортсменов, писателей и т. п., т.е. людей с непостоянным и неединственным источником заработка. Может неожиданно выясниться, что вы уплатили несколько лет тому назад налога меньше, чем следует. Так происходят довольно частые банкротства людей, зарабатывавших в свое время миллионы (в значительной части фиктивные — до вычета налогов), а теперь превратившиеся в нищих, благодаря «прогрессивности» налога.

Эта сложность приводит к появлению сонма профессионалов-счетоводов, подсчитывающих для вас суммы налогов и защищающих вас от «жадности» налоговых инспекторов. Естественно, оплата такого счетовода ложится дополнительным бременем на ваш бюджет и вызывает желание требовать повышения зарплаты, которая, в свою очередь, будет срезана «прогрессивным» налогом, оставив вас опять «в дураках».

Эта сложность и дает возможность при умении уходить от налогов.

Таким образом, «прогрессивная» система чрезвычайно дорога, так как требует огромного штата высококвалифицированных налоговых инспекторов. В 1976 году стоимость сбора только федеральных наголов в США составила 1,7 миллиарда долл. в год. На эту сумму могли бы прожить 200 000 человек. Содержание армии личных счетоводов стоит еще дополнительно несколько миллиардов долларов.

Таковы социальные и экономические «выгоды» прогрессивного налога. Если в эти «выгоды» вдуматься, то станет ясно, что, чем скорее прогрессивный налог будет заменен на нормальный — просто в жестком проценте от заработка, тем будет лучше для всех и для страны в целом. Абсурд «прогрессивной» налоговой системы есть, конечно, следствие социалистических идей, как всегда, оборачивающихся противоположным против задуманного результатом

В социалистическом СССР тоже действует, правда, менее «прогрессивный» налог с максимумом всего в 13%. Вожди СССР в «выгодах прогрессивности», конечно, давно разобрались, но не могут не следовать моде. Кроме того, СССР мог бы великолепно вообще не иметь налогов. Все оклады устанавливаются и платятся государством. Государство же собирает налоги. Вполне можно было бы установить чистую зарплату и выплачивать ее, «не облагая налогом». Это было бы дешевле для государства и не вызвало бы никаких потрясений. К тому же основную массу налога, с помощью занижения зарплаты, государство именно так и взыскивает. Причем ни один гражданин СССР не знает, сколько с него «содрали». Сохраняя еще и открытый налог, государство получает пропагандный эффект: вот, мол, какие у нас низкие налоги! Этому все верят, а отсутствию налога не поверили бы.

2. Косвенный налог — налог на товары и услуги

Наиболее ясным по своему действию должен был бы быть налог на товары и услуги. Однако, стремясь «выжать средства», государство не ограничивается одним косвенным налогом, а вводит другие с разными правилами взимания. Усложнения же, не меняя дела для населения, удорожают систему и затрудняют расчеты и сбор. Если «прогрессивный» налог не является ни в какой степени прогрессивным, то налог на товары и услуги дает в некоторой степени возможность осуществлять пресловутую «прогрессивность». Можно не взимать или уменьшить косвенный налог на предметы насущной необходимости и увеличить косвенный налог на предметы роскоши.

3. Налог на недвижимое имущество

Казалось бы, что этот налог отличает имущих от неимущих. Фактически, этого не происходит. Владельцев домов вынуждают, так или иначе, повышать соответственно квартплату, а владельцев отелей — плату с постояльцев. Владельцы фабрик и заводов не могут иначе поступить, как включать расходы на этот налог в цену производимых товаров и услуг. Таким образом, этот налог, в конечном итоге, взимается опять со всего населения, а не с владельца недвижимости. Да и как это может быть иначе? Ведь владельцы своих денег не печатают. Мелкий же владелец недвижимости платит налог из своей зарплаты, получаемой по месту работы. Для него этот налог является дополнительным налогом на его зарплату.

4. Налог на прибыль и на корпорации

Опять-таки бессмыслица этих налогов маскируется только социалистическими идеями. Эти налоги заранее вводятся в цены товаров и услуг, т.е. превращаются в своего рода косвенный налог, который может даже иметь селективное воздействие в обратном направлении обычному косвенному налогу. Если прибыль получается при производстве хлеба или предметов первой необходимости, то этот налог повышает цену именно на них. Также действуют налог на землю и налог на наследство.

5. Причина множественности налогов и дороговизны налоговой системы

Любые налоги оборачиваются либо прямыми налогами на личный доход или налогами на товары и услуги. Во всех случаях их платит все население. Множественность и сложность налоговой системы является следствием следующих факторов:

Исторического фактора. Налоги существуют тысячелетия. Одни исчезают, другие появляются, и многие представляют собой отражение традиционных или модных представлений о справедливости.

Государству, особенно в наше время, всегда не хватает средств. Ему приходится пользоваться любым поводом, любой уловкой для выжимания средств из населения. Неизбежное из-за этого усложнение системы дает хорошую возможность государству замаскировать «свою» жадность и выжимать еще больше. Государство поэтому никогда не стремится упростить систему.

Социалистических и, так называемых, гуманистических идей, связанных с полным непониманием экономики либо пропагандистами идей, либо пропагандируемыми, либо и теми, и другими.

6. Что следует предложить для Новой России?

1. Конституцией ограничить расходы и доходы государства определенным потолком. 35-40% национального дохода должно быть максимальным пределом.

2. Запретить дефицит бюджета.

3. Иметь по Конституции только один прямой налог — подоходный, пропорциональный, для всех в одном «жестком» проценте. По моему расчету, следует запретить изымание у кого бы то ни было более, чем 15% дохода и запретить какие бы то ни было обязательные сборы.

4. Установить максимальную в стране (на каждые 5 лет) цифру годового дохода. Излишки конфискуются государством или могут быть переданы собственником дохода на благотворительные цели.

5. Установить единственный косвенный налог на товары и услуги, не взимаемый с предметов насущной необходимости. По моему расчету, можно установить предельную величину налога в среднем в 20%.

6. Запретить все другие налоги и обязательные сборы.

7. Установить предельный срок взыскания налога в 1 год по истечении отчетного года.

8. Если требуется облегчение налогов для лиц с малыми доходами, то выдавать таковым государственное пособие, не облагаемое налогом, в качестве компенсации всего или части налога.

ПОСУЛЫ И РЕАЛЬНОСТЬ

Восьмой съезд «Союза Борьбы За Освобождение Народов России» (к которому я, лично, отношусь с уважением) в 1977 году, если я не ошибаюсь, постановил в будущей Новой России, кроме всего прочего:

1. Сохранение в руках государства ведущих и имеющих общественное значение отраслей промышленности, транспорта и связи (т.е. «командные высоты» хозяйства).
2. Оплата труда на уровне передовых стран мира.
3. Право на бесплатное образование.
4. Государственные пенсии для престарелых, обеспечивающие достойный уровень жизни.
5. Достойное обеспечение инвалидов, вдов и сирот.

В 1976 году на съезде партии «Молодых Социалистов» Англии (которых я, лично, не уважаю), постановили требовать от государства:

1. Бесплатного образования, включая высшее.
2. Бесплатного транспорта.
3. Бесплатного питания.
4. Бесплатного отопления и освещения.
5. Бесплатных жилищ.
6. Бесплатной одежды. И т. д.

В бесплатном питании, как видно, имелось в виду и мороженое!

Советский рабочий производит (по действительным данным) в 4-5 раз меньше товаров и услуг, чем американский. Спрашивается, как он может получать этих товаров и услуг столько же, сколько американец? Ведь деньги и зарплата — просто средство распределения произведенных товаров и услуг. Повысив произвольно в 4-5 раз зарплату, нельзя увеличить даже на 1% получаемую за эту зарплату долю произведенных товаров и услуг. Просто произойдет 400-500% инфляции. Спрашивается, на какие чудеса рассчитывает уважаемый «Союз Борьбы», декларируя пункт 2 программы?

Даже «невинный» пункт о сохранении «командных высот» хозяйства в руках государства означает в Новой России неизбежное движение в сторону того же старого советского тоталитаризма, который сами же составители программы ненавидят. Таким способом они просто начнут не с 1917 года, а с НЭПа, который представлял собой точное выражение их нынешней, современной программы, но незамедлительно превратился в тоталитаризм, так как государство иначе не могло планировать и конкурировать с частником. Тот же процесс трансформации государственного владения «командными высотами» хозяйства в тоталитаризм происходит сейчас в Англии, хотя и медленно, но пока все в одном и том же направлении. Программа «Молодых Социалистов» Англии представляет собой, конечно, явный вздор. Однако и кроме этой программы имеется достаточно много программ различных партий с посулами, которые экономически ни при каком государственном строе выполнены быть не могут. Ниже я постараюсь объяснить, почему это так.

Налоги

Здесь и далее я не буду рассматривать прямые и косвенные налоги раздельно. Прямо ,или через наценки на товары и услуги, косвенно, налоги собираются из одного и того же источника — зарплат и доходов работающей части населения страны. Во Франции, как известно, предпочитают косвенные налоги. В Англии предпочитают те и другие. В СССР же главным способом покрытия расходов государства, включая и огромные военные расходы, является назначение соответственно заниженных окладов. Этот способ, естественно, возможен только в социалистических странах, где государство является единственным, монопольным работодателем. Теоретически, этот способ позволяет облагать работников налогами в любых размерах, так как при этом способе никто не знает, сколько с него «содрали».

Теоретически, нет, следовательно, никакой необходимости в обычных прямых или косвенных налогах. Однако, расходы социалистического государства столь велики, что ставки зарплаты стали бы абсурдно малы. Поэтому приходится пользоваться, главным образом, косвенными налогами с помощью наценок на товары и услуги, не пренебрегая, однако, и прямыми налогами, но в меньшей степени, чтобы иметь мощное средство пропаганды, вызывая зависть неосведомленных жителей Запада низкими прямыми налогами.

В связи с налогами я хотел бы отметить, что налоги на прибыль, имущество (средства производства), на землю (под фабриками и заводами), на корпорации и т. д. и т. п. незамедлительно трансформируются в увеличенные цены на товары и услуги, т.е. являются формой косвенных налогов. Действительно, все эти налоги любой фабрикант или директор государственного предприятия немедленно включает в стоимость продаваемых товаров и услуг. Поэтому и эти налоги, столь любезные социалистам, идут из того же источника — кармана работающего населения страны. Разумеется, что работниками страны я называю всех людей, зарабатывающих себе на жизнь любым способом и облагаемых теми или другими налогами. Точно то же явление имеет место и с, так называемыми, прогрессивными налогами. Ведь все равно, нельзя платить разносчику газет столько же, сколько директору фирмы, или неквалифицированному работнику — столько же, сколько квалифицированному. Поэтому, какими бы прогрессивно увеличивающимися налоги ни были (эти, так называемые, — дифференциалы) — разница в зарплате должна остаться. Фабрикант или директор государственного предприятия всегда платит основную зарплату плюс налог, а если он прогрессивный, то плюс тем больший налог, чем он прогрессивнее. Вся эта разница и основная зарплата, т.е. в сумме то, что просто называется зарплатой, войдет в стоимость продаваемых товаров и услуг. Таким образом, прогрессивный налог, как и прямой налог, взимается, по существу, дважды: один раз в виде прямого налога, а второй раз в виде наценки на товары.

Словом, какие бы налоги ни были, все они собираются из одного кармана работников страны. Поэтому я с полным основанием буду рассматривать все налоги, как один суммарный налог.

Налоги и возрастной состав населения

Таблица возрастного состава населения, предсказанного для Англии на 2000 год

80	лет и больше —	2,4% от всего населения страны.
75-79	—	2,5%
70-74	—	3,0%
65-69	—	3,6%
60-64	—	3,9%
55-59	—	4,6%
50-54	—	5,8%
45-49	—	5,4%
40-44	—	5,8%
35-39	—	6,7%
30-34	—	6,7%
25-29	—	7,2%
20-24	—	7,6%
15-19	—	7,9%
10-14	—	8,4%
5- 9	—	9,0%
5	лет и меньше —	9,5%
		100,0%

Я буду считать, что пенсионеры и другие группы населения, получающие государственные пенсии или пособия, налогов не платят, т.е. буду считать эти пособия и пенсии в «чистом» виде. Понятно так же, что величина налогов прямо связана с тем, сколько человек среди населения страны работают и сколько не работают. Таким образом, имеется прямая связь с возрастным составом населения. С возрастным составом населения связано и очень много, если не все, других характеристик экономики страны и ее потенциала. Мои расчеты будут основаны на возрастном составе населения не СССР, которого у меня нет, а на известном мне предсказании для Англии на 2000 год, сделанном в 1970 году.

Однако, можно вполне обоснованно утверждать, что указанный возрастной состав является вполне типичным для промышленно развитой страны.

По этой таблице подсчитаем, сколько человек в стране (считаем, что женщины трудятся наравне с мужчинами) работают. При этом будем считать, что часть подростков и молодежи тоже работают: 50% в возрасте от 15 до 19 лет и 80% в возрасте от 20 до 24 лет, что довольно типично. Получаем:

При пенсионном возрасте —	65	60	55	50 лет
Число работников —	56,1	52,2	47,6	41,8%% от всего населения.

Пенсии по старости и налог

Подсчитаем по возрастной таблице число пенсионеров:

При пенсионном возрасте —	65	60	55	50 лет
Число пенсионеров —	11,5	15,4	20,0	25,8%% от всего населения.

Подсчитаем, сколько пенсионеров приходится на каждого работающего:

При пенсионном возрасте —	65	60	55	50 лет
Пенсионеров на одного раб. —	0,20	0,30	0,42	0,62 человек.

Теперь, если мы помножим число пенсионеров, приходящееся на одного работающего, на размер пенсии в $^0/_0^0$ от зарплаты, мы получим цифру налога в $^0/_0^0$, приходящуюся в среднем на каждого работника для обеспечения выплаты пенсий:

При пенсионном возрасте —	65	60	55	50 лет	
При размере пенсии в $^0/_0^0$ от зарплаты					
100$^0/_0$	20,0$^0/_0$	30,0$^0/_0$	42,0$^0/_0$	62,0$^0/_0$	налог.
80$^0/_0$	16,0$^0/_0$	24,0$^0/_0$	33,6$^0/_0$	49,6$^0/_0$	,,
50$^0/_0$	10,0$^0/_0$	15,0$^0/_0$	22,0$^0/_0$	31,0$^0/_0$	,,
30$^0/_0$	8,0$^0/_0$	9,0$^0/_0$	12,5$^0/_0$	18,6$^0/_0$	,,

Из этой таблицы можно узнать, какая часть налога должна быть затрачена на выплату пенсий в приведенных выше случаях. Многие социалисты обещают (до захвата власти) пенсию в размере 80$^0/_0$ от зарплаты, причем начиная с 50 лет. В этом случае, как легко видеть, 49,6$^0/_0$ налога пойдет только на покрытие пенсионных расходов.

Образование и налог

Посмотрим теперь, сколько будет стоить работникам страны «бесплатное» образование их детей. Прежде всего, подсчитаем по возрастной таблице, сколько будет детей в возрасте от 5 до 19 лет, которым нужны детские сады и школы. Будем считать, что в возрасте от 15 до 19 лет 50$^0/_0$ будут учиться, а 50$^0/_0$ будут работать. Как легко подсчитать, детей в детских садах и школах будет 21,4$^0/_0$ от всего населения.

Теперь подсчитаем, сколько этих детей придется на одного работника:

При пенсионном возрасте —	65	60	55	50 лет
Число этих детей на одного работника —	0,38	0,41	0,45	0,51 человек.

Стоимость содержания детей в детских садах и школах будем считать, как это имеет место в Англии, 15% от средней зарплаты. Это — при условии 30 учащихся на одного учителя. При 15 затраты возрастут, грубо, в 2 раза. Не будем увлекаться модной тенденцией сокращения числа учеников на одного учителя и оставим 30.

При пенсионном возрасте —	65	60	55	50	лет
Налог	5,7	6,2	6,8	7,7	%%.

Также подсчитаем число учащихся в ВУЗах и получим (20% молодежи в возрасте от 19 до 24 лет) 1,5% от всего населения. Стоимость обучения в ВУЗах при, примерно, 20 студентах в группе составляет около 80% средней зарплаты в стране. Получаем:

При пенсионном возрасте	—	65	60	55	50	лет
Число студентов на одного работника	—	0,027	0,029	0,032	0,036	человек
Налог	—	2,2	2,3	2,6	2,9	%%

Таким образом, все «бесплатное» обучение будет стоить:

При пенсионном возрасте —	65	60	55	50	лет
Налог	—	7,9	8,5	9,4	10,6	%%

Желание улучшить качество обучения с помощью существенного уменьшения числа учащихся в группах или классах приведет к существенному увеличению налога.

Медицинское обслуживание и налог

Расчитать стоимость «бесплатного» медицинского обслуживания очень трудно, но можно руководствоваться довольно типичной сейчас цифрой в 10% от Национального Дохода, т.е. 10% среднего налога.

Пособия по безработице и налог

Таким же способом получим:

Число безработных в %% от числа работников	3	5	8	%%
Размер пособия в %% от зарплаты:				
100%	3,0	5,0	8,0	Налог в %%
80%	2,4	4,0	6,4	,, ,, ,,
50%	1,5	2,5	4,0	,, ,, ,,

Содержание госаппарата и налог

Если полагать, что государство не имеет национализированного хозяйства, тогда можно считать, что на каждые 250 человек населения приходится 1 работник аппарата государства, т.е. 0,4% от всего населения. При «командных высотах» в руках государства эта цифра, как показывает опыт Англии, может возрасти более, чем в 4 раза, и достигнуть 1,7% от всего населения. Сосчитаем сначала без национализации. Средняя зарплата работника госаппарата составляет около двух средних зарплат по стране. Получим:

При пенсионном возрасте —	65	60	55	50 лет
Налог —	1,4	1,5	1,7	1,9 %%

С национализацией в объеме английской (не очень «заржавевшей», как в СССР) получим:

При пенсионном возрасте —	65	60	55	50 лет
Налог —	6,0	6,4	7,2	8,1 %%

Если судить по Англии, к этим цифрам нужно добавить покрытие убытков национализированной промышленности, примерно, в 4% Национального Дохода, т.е. 4% налога. В сумме:

При пенсионном возрасте —	65	60	55	50 лет
Налог —	10	10,4	11,2	12,1 %%

Охрана порядка и налог

Для поддержания порядка и законности по данным Японии, где это дело довольно хорошо поставлено, на примерно 250 жителей нужен 1 полицейский, т.е. 0,4% от всего населения. Зарплата полицейских составляет, примерно, 1,3 средней зарплаты по стране. Получаем:

При пенсионном возрасте —	65	60	55	50 лет
Налог —	0,9	1,0	1,1	1,2 %%

Содержание заключенных и налог

Обычно в тюрьмах (не социалистических стран) находится около 0,1% от всего населения, а содержание заключенного стоит порядка 1,6 средней зарплаты по стране, а часто и существенно больше. Получаем:

При пенсионном возрасте —	65	60	55	50 лет
Налог —	0,30	0,31	0,34	0,48 %%

Оборона страны и налог

Рассчитать затраты на оборону, практически, невозможно. Придется руководствоваться типичной цифрой в 6% от национального дохода, т.е. в 6% налога.

Жилищные субсидии и налог

В Англии при умеренно тяжелом положении с жильем эти субсидии составляют 5,4% от национального дохода, т.е. 5,4% налога.

Строительство дорог и остальные нужды

Строительство дорог и остальные неучтенные нужды государства, по опыту той же Англии, добавляют еще около 10% налога.

Совокупная цифра налога

Подсчитаем теперь сумму налогов для трех случаев:

А. В соответствии с несколько уменьшенными мной посулами социалистов:

Пенсионный возраст 50 лет. Пенсия в 80% зарплаты.

Безработица 3%. Пособие в 80% от зарплаты.

«Командные высоты» национализированы.

Б. Для нынешней, с социалистическими склонностями, Англии:

Пенсионный возраст 65 лет. Пенсия в 50% от зарплаты.

Безработица 5%. Пособие в 50% от зарплаты.

«Командные высоты» национализированы.

В. Моя рекомендация:

Пенсионный возраст 65 лет. Пенсия в 50% от зарплаты.

Безработица 3%. Пособие в 50% от зарплаты только квалифицированным работникам на 3-4 месяца. Неквалифицированным работникам или работникам неходовых профессий предоставляются, на условиях самоокупаемости их зарплаты, либо общественные работы, либо обучение и переобучение ходовым профессиям по контракту с определенными фирмами.

Высшее образование обеспечивается низкопроцентной долгосрочной ссудой.

Медицинское обслуживание не государственное и субсидируется на 50%.

Национализации не производится.

Жилищные субсидии заменяются долгосрочным низкопроцентным кредитом.

	А	Б	В
1. Пенсии	49,6%	10,0%	10,0%
2. Образование	10,6%	7,9%	5,7%
3. Медобслуживание	10,0%	10,0%	5,0%
4. Пособия по безработице	6,4%	2,5%	0,5%
5. Содержание госаппарата	12,1%	10,0%	1,4%
6. Охрана порядка	1,2%	0,9%	0,9%
7. Содержание заключенных	0,4%	0,4%	0,2%
8. Жилищные субсидии	5,4%	5,4%	0,0%
9. Оборона	6,0%	6,0%	6,0%
10. Строительство дорог и проч.	10,0%	10,0%	6,0%*
Сумма налогов	111,7%	63,1%	35,7%

Таким образом, в случае А. (еще далеко до выполнения всех посулов «Молодых Социалистов») страна уже будет банкротом.

Цифра, полученная для Англии, близка к тому, что уже имеет место: Англия расходует на государственные нужды 60% Национального Дохода, т.е. суммарный налог составляет 60%. Похоже, что моя цифра в ближайшие 2-3 года тоже осуществится.

Интересно отметить, что в 1914 году английское государство тратило только 13% Национального Дохода и сумма налогов составляла лишь 13%.

Легко видеть, как социалистические склонности Англии приводят ее на грань банкротства.

В рекомендованном мною случае резонно-умеренного обеспечения нужд страны можно ограничиться изъятием у работников всего 35,7% их заработков в виде налогов. При этом прямой налог может быть не больше 15%, сумма косвенных налогов может не превышать 20,7%. Думаю, что и эту цифру косвенных налогов можно будет существенно уменьшить.

Пожалуй, следует дать еще один маленький пример. Замечательно и гуманно содержать беспомощных стариков в специальных домах и клиниках на полном,

---

*) Можно сэкономить и в этой статье расхода.

включая медицинское, обслуживании, как это делают лучше всего в Швеции. Однако, содержание (по-шведски) одного старика обходится в 37 ф. ст. в день, т.е. 13 505 ф. ст. в год и, следовательно, 5,2 средней по стране английской зарплаты.

Добавление этого весьма гуманного мероприятия приведет к следующему увеличению суммы налогов, которое мы сейчас подсчитаем. Будем считать, что такое обслуживание будет необходимо для всех людей 80 лет или старше, что, безусловно, близко к истине. По возрастной таблице найдем, что их число будет 2,4% от всего населения. Легко подсчитать:

При пенсионном возрасте —	65	60	55	50 лет
Дополнительный налог —	22	24	26	30 %%

Социалисты этого уже не смогут сделать: у них и без того перерасход. Англия превратится в банкрота тоже: сумма налога составит 85%. Англичане перестанут работать. Будет полная разруха. В рекомендованном мною случае налог составит 57,7%.

После этих элементарных подсчетов, пожалуй, можно понять назойливых налоговых инспекторов, копающихся в вашей жизни и пытающихся выжать из вас лишний грош. Они действуют по поручению государства, а государство вдохновляется экономически безграмотным гуманизмом жителей.

Следует подчеркнуть, что приведенные расчеты, в принципе (с другими %%, скажем, на оборону или медобслуживание), справедливы для любого государственного устройства, включая социализм. При социализме только не будут нужны мучения налоговых инспекторов. Инспекторов просто не будет. Налог, без ведома работников, в плановом порядке может быть вычтен заранее перед назначением трудящимся их зарплаты.

Даже если деньги будут ликвидированы и заменены плановым распределением продукции, ничего не изменится. Дело в том, что деньги лишь эквивалент затраченного труда (его количества и качества). В случае безденежного распределения вместо зарплаты, в деньгах, будет представлена та доля труда работников, которую они могут использовать на свои и своей семьи нужды, а вместо налога в деньгах — та доля труда работников, которая должна тратиться ими на общественные нужды. Поскольку работник не может существовать, не затрачивая на свои и своей семьи нужды своего же труда, то ясно, что налог, выраженный в деньгах или в доле труда, не может быть равен 100%. Даже 60% представляют собой чрезмерную тягость.

Из этих элементарных расчетов, мне кажется, достаточно ясны и трудности финансирования государств, и ясна вся абсурдность социалистических посулов.

ОБРАЗОВАНИЕ

«Бесплатное» и обязательное обучение практикуется во всех развитых странах мира. Затраты на него, например, в Англии составляют около 8% Национального Дохода и, следовательно, стоят населению около 8% его средней зарплаты.

Главное различие в системе бесплатного образования заключается в том, кому принадлежат школы и ВУЗы: в СССР — государству, в Англии — и государству и частным организациям. Как и во всех случаях «бесплатного», бесплатное образование обходится населению значительно дороже платного ,в силу необходимости оплаты соответствующего и дорогого государственного аппарата, занимающегося этим делом. Кроме дороговизны оно и менее качественно, в силу отсутствия у родителей возможности экономического воздействия на государственный аппарат и персонал государственных школ. В Англии, например, практикуется принудительное размещение учащихся по государственным школам, лишающее родителей права выбора школы. В США, как я понимаю, под флагом десегрегации (совместного обучения белых и черных) тоже практикуется принудительное размещение учащихся по школам. Таким образом, «бесплатное» образование превращается в обязательность, в его выборе следовать направлению государственной политики. Преобладание государственных школ совместно с государственным их управлением, является путем к полной регламентации и к ухудшению образования. В СССР, где вообще нет частных школ, «бесплатное» образование означает, что, по крайней мере, 50% его состоит из пропаганды марксизма-ленинизма и социалистической идеологии. В связи с этим, подавляющее большинство населения СССР не знает ни родной истории, ни истории мира, не имеет никакого представления об истинных законах экономики и общества и, конечно, никакого представления об истинной жизни зарубежных стран. Образование в СССР преследует, кроме пропаганды, только чисто практические цели «удовлетворения потребностей народного хозяйства». Однако, и в этом вопросе система образования в СССР не достигает цели. Из года в год повторяется все та же история: перепроизводство одних и недопроизводство других специальностей.

Как и во всем, ограниченное количество мозгов, управляющих образованием, не может компенсировать исключения из этого дела миллионов мозгов самих учащихся и их родителей. В то же время, высшее образование в СССР привлекает молодежь, как некая возможность получить некоторую, хотя и очень ограниченную, творческую свободу. Диплом привлекает также, как некоторая возможность ограниченной свободы действий вообще. Тем более, что государственная система не в состоянии различать качества отдельных людей, и «весит» не столько сам человек, сколько его диплом. Это явление начинает процветать и на Западе, но по другой причине. Невозможность уволить принятого работника приводит к невозможности отобрать людей по их истинному качеству с помощью проверки на опыте.

Это приводит к необходимости придавать дипломам не свойственное им значение.

Борьба за ВУЗ и диплом выливается в СССР в широкое и почти открытое распространение взяточничества и покупки мест в ВУЗе или даже просто дипломов. По той же причине, многие студенты не столько участся, сколько, за взятку, приобретают хорошие оценки и возможность «досидеть» до диплома. Вследствие этого качество высшего образования в СССР определяется, в первую очередь, желанием конкретного студента получить образование, а не только диплом, и его личными способностями.

Мне много приходилось иметь дела с подбором окончивших ВУЗ для моего подразделения Исследовательского Института. Нетрудно было убедиться, что уровень образования значительной части окончивших был очень низким. В то же время, с помощью тщательного отбора, путем длительного собеседования, удавалось, в конце концов, отобрать подходящих, которые впоследствии себя оправдали. Негодные, с помощью некоторых приемов при собеседовании, доводились до того, что отказывались сами.

Колоссальное население СССР, естественно, включает в себя большое число способных и заинтересованных людей, наряду с массами безразличных и бесталанных.

Хотелось бы подчеркнуть, что «бесплатное» и государственное образование везде по своим свойствам одинаково, всегда приближаясь к своему «пределу» в СССР.

Впрочем, есть и существенная разница. Эта разница заключается в том, что задача социалистов на Западе состоит в разрушении системы образования и воспитания, как систем, определяющих будущее «капитализма». Поэтому, в зависимости от их успехов, образование на Западе может быть даже хуже, чем в СССР.

Одним из главных разрушительных средств социалистов на Западе является их проникновение в учительские, административные и государственные кадры, организация в школах и ВУЗах самой оголтелой пропаганды против государства, полиции, суда, против человеческих норм морали (буржуазные, устаревшие). Эта пропаганда, конечно, распространяется и на родителей.

Другим их средством разрушения является модная идея, что учащиеся сами должны выбирать чему и как учиться с самых первых классов школы. Дело же учителей заключается лишь в поощрении соответствующих успехов детей. В укрепление этой идеи они стараются внедрить профсоюзы школьников в школы для «защиты прав школьников».

Нужно сказать, что в деле «задуривания» голов, как родителей, так и учеников, социалисты Запада достигли огромных успехов, характеризирующихся ростом безграмотности, ростом преступности детей и почти полным поражением сил законности и порядка в обществе. Этот успех социалистов в цифрах характеризуется следующими данными. 40% ограблений и 36% насилий происходят в самих школах. В 1976 году было совершено 61 000 нападений на учителей. В 1977 году в школах было совершено 100 убийств и 12 000 вооруженных ограблений. Эти цифры относятся к США, но и в других государствах Запада дело обстоит не лучше.

Нужно отметить, однако, что здравый смысл большинства родителей на Западе мог бы повернуть развитие событий к лучшему, но, к сожалению, родители лишены выбора и права экономического воздействия на «бесплатное» образование.

В Новой России все эти обстоятельства следует учесть.

Ни в коем случае не следует монополизировать образование в руках государства. Образование лучше всего иметь в руках частных (не монопольных) или родительских организаций. В любом случае ,нужно иметь свободное соревнование всяких (не преступных, конечно) форм и способов образования.

Родители, посылая своих детей в ту или другую школу, дают право этой школе получать от государства определенную, одинаковую для всех сумму денег на каждого ученика.

Имея в виду дороговизну «бесплатного» образования, не следует эту «бесплатность» распространять больше, чем до 16 лет.

Высшее образование должно осуществляться с помощью долгосрочного государственного кредита под минимальные проценты.

Возраст при поступлении в ВУЗ не должен иметь значения, если претендент выдержал экзамены в ВУЗ и показал определенные способности при собеседовании. Конкретные правила приема в ВУЗ должны быть компетенцией администрации ВУЗа.

Политическая и профсоюзная деятельность в школах и ВУЗах, как обучающихся, так и обучающих и администрации, должна быть запрещена. Занятие ею должно служить основанием для увольнения или исключения из школы или ВУЗа.

ЗДРАВООХРАНЕНИЕ

Безусловно, здоровье имеет большое значение в развитии общества. В результате нездоровья люди не только теряют рабочее время, но и успех во многих других своих жизненных задачах и функциях, а с ним — равновесие духа и уверенность в своих силах и достоинстве. Это, естественно, отражается и на всем обществе. Этим объясняется значение, которое придается здравоохранению в любом государстве.

Имеются две главных системы здравоохранения: «бесплатная» и платная. Однако, ни та, ни другая в чистом виде не существуют. В наиболее «чистом» виде «бесплатная» практикуется в СССР и в Англии, а «платная» в США.

В США основная часть здравоохранения осуществляется с помощью частного и государственного страхования по болезни. Существует, однако, и «бесплатная» часть для низкооплачиваемых и малоимущих граждан (и даже иностранцев) за счет налогоплательщиков.

В 1976 году расходы в США на платную медицину составили около 75 миллиардов долл., а на «бесплатную» — 52 миллиарда долл.

В СССР, как и везде в этом случае, «бесплатная» система существует за счет населения с помощью пониженной шкалы окладов, назначаемых государством, и лишь в небольшой степени — за счет прямых и косвенных налогов. В Англии такая же система существует — за счет прямых и косвенных налогов.

Бесплатная система, в особенности, в СССР характеризуется и бюрократичностью, и неэффективностью и постоянным недостатком финансов и самих медицинских услуг.

В Англии, например, расходы государства на «бесплатное» медицинское обслуживание возросли в 12 раз с 500 млн. ф. ст. до 6 млр. ф. ст. в 1976 году. Число административных и канцелярских работников в «бесплатном» медицинском обслуживании возросло с 36 761 чел. до 71 616 чел. За то же время число коек в больницах сократилось с 451 000 до 400 000. Очередь на койку (в случае операции) выросла до невероятной величины в 600 000 чел. За один 1976 год прирост очереди составил 70 000 чел. Вот несколько примеров того, чем эта очередь является для людей в ней ожидающих.

Женщина ждала операции рака груди в течение нескольких месяцев и, наконец, умерла, так и не дождавшись операции. Она была, конечно, не единственная.

Больные с обычно оперируемым и излечиваемым раком желудка часто умирают в ожидании операции.

Отмечается много случаев длительного ожидания операции детьми с болезнями, не дающими им возможности видеть, ходить или нормально дышать.

Множество людей ждет операции по поводу очень болезненных ревматизма, грыжи или катаракты.

Довольно обычным является ожидать по несколько

лет операции очень болезненного ревматического тазобедренного сустава, превращающего людей в полных инвалидов.

Мужчина вывихнул тазобедренный сустав. Его не принимают на операцию, но ему говорят, что задержка с операцией приведет к тому, что он станет полным калекой.

Одним из критериев эффективности медобслуживания являются цифры потерь по стране рабочего времени по болезни. Эти потери, после введения в 1947 году «бесплатной» медицины в Англии, возросли на 24%. Это вместо того, чтобы уменьшиться.

Мне, практически хорошо знакомому со здравоохранением в СССР, многочисленные в газетах, радио, телевидении жалобы англичан на свое медобслуживание все больше и больше напоминают советскую действительность. В Англии, как и в СССР, пациентов постепенно вынуждают к взяткам, к покупке лекарств и услуг. Качество обслуживания постепенно падает, приближаясь к советскому. Правда, оно здесь все еще значительно лучше.

Очень многие англичане обращаются за помощью к платной частной медицине. Причина, как и в СССР, та же: государственный аппарат и персонал государственного медобслуживания не зависит от населения. Эта зависимость возникает только при взяточничестве. В СССР, как хорошо известно всем советским людям, «бесплатное» обслуживание настолько отвратительно, что само государство ввело, так называемое, коммерческое медобслуживание, т.е. несколько лучшее, но платное, которому, однако, очень и очень далеко до качества частного, как в Англии, так, в особенности, в США.

Тем не менее, это официальное советское коммерческое обслуживание совершенно не исключает огромных дополнительных личных денежных вложений населения в свое медобслуживание. Эти вложения заключаются в том, что ни один больной не может получить даже и ту мизерную помощь, которая ему полагается, без взяток санитаркам, гардеробщикам, медсестрам, врачам, директорам больниц. Ему приходится, уже будучи в больнице, покупать не только лекарства, но и такие вещи, как сосуды — «утки», кислородные подушки и т. д. Эти траты самих больных достигают не менее 30% всех расходов на них. И, учтите, если больной не будет платить и притом щедро, его здоровье, да и сама жизнь будут в большой опасности. Получить инфекцию в больнице, в дополнение к болезни, представляет собой обычное явление.

Необходимость обеспечить при такой системе здоровье верхушки советского общества, очень важное для функционирования социализма, привела к тому, что имеется несколько ступеней закрытого, недоступного населению медобслуживания более высокого класса. Что касается драгоценного здоровья вождей, то класс их обслуживания имеет тенденцию конкурировать с частным обслуживанием даже в США. Эта система закрытого и, конечно бесплатного обслуживания привилегированных слоев общества в СССР, питаясь опять-таки за счет низкой зарплаты населения, захватывает львиную долю финансовых, лекарственных и прочих средств, отпускаемых на «все» здравоохранение.

Пример Англии и СССР прекрасно показывает, что «бесплатное» медицинское обслуживание обходится населению страны существенно дороже, чем платное, но главной цели — повышения общего здоровья населения страны не достигает. В 1976 году расходы Англии только на «бесплатное» здравоохранение составили почти 10%, а в США, на совокупность платного и «бесплатного» — около 8% Национального Дохода. Это, конечно, не мешает американцам непрерывно жаловаться на дороговизну медобслуживания, а англичанам не мешает мечтать об американском медобслуживании и, одновременно, хвастаться бесплатностью своего. «Дороговизна» платного медобслуживания в США объясняется, в первую очередь, тем, что оно обеспечивается страховыми компаниями. Люди, платя страховые взносы, не заботятся даже о проверке счетов, так как они их сами не оплачивают. Если бы человек платил хотя бы малую часть расходов на свое медобслуживание, а не просто страховые взносы, расходы на платную медицину, несомненно, снизились бы. Во Франции, если я не ошибаюсь, граждане (не из разряда бедных) платят 30% расходов, а 70% расходов возвращается им государством.

В США все время поднимается вопрос о переходе на полное «бесплатное» медобслуживание. Однако, экономисты и чиновники государства оценивают, что это приведет не только к резкому увеличению расходов государства, но и вообще к увеличению затрат с 8% до 10% и даже до 12% Национального Дохода. Не говоря уже о том, что это потребует увеличения тех или иных налогов или введения новых; а это, безусловно, понизит уровень жизни в США и может затормозить ее развитие, не говоря уже об ухудшении самого медобслуживания.

«Бесплатное» медобслуживание показывает в ярком свете абсурдность очень популярных заблуждений:

Государство должно и может лучше заботиться о нуждах населения, чем корыстный частник.

Государственная забота дешевле и лучше частного обслуживания.

Государство может руководствоваться, так называемой, социальной стоимостью, а не обычной коммерческой. Коммерческая сторона оказывается для государства не менее важной, чем для частника, а расходы, без нужды, выше.

В будущей Новой России все это следует учесть.

Медицинское обслуживание должно быть преимущественно частным, а соответствующая часть затрат должна компенсироваться государством.

Страховые компании должны оплачивать часть, скажем, 80% расходов и брать, соответственно, меньше страховых взносов.

В определенных случаях государство должно оплачивать весь расход или почти весь.

В Новой России нужно иметь в виду, что «бесплатное» медобслуживание может съедать 10% и больше Национального Дохода. Это значит, что только за его содержание придется платить 10% налога. Имея в виду необходимость пенсий и пособий по старости, инвалидности, безработице, а также необходимость бесплатного школьного образования, сумма налогов может достигнуть 60%. Такой огромный налог не только затормозит развитие страны, но повернет его вспять. Судьба Древнего Рима будет стране обеспечена.

Следует, в связи с этим, отметить очень важное и только сейчас раскрытое обстоятельство. Оказалось, что здоровье населения и продолжительность активной жизни в гораздо большей степени зависит от каждого из нас самих и от условий жизни, чем от медицины. Таким образом, в саркастическом замечании Гоголя, что «русский человек, если выздоровеет, то и сам выздоровеет», есть зерно истины. Всем уже теперь известен вред табака и алкоголя. Однако, мало кому известно, что заболевания тифом стали редкими еще до введения эффективных лекарств, благодаря хлорированию воды, санитарной инспекции и благодаря улучшению личной гигиены. Мало кто знает, что смертность от туберкулеза уже снизилась от 200 на 100 000 в 1900 году до 20 на 100 000 в 1950 году, когда только в 1950 году начали появляться первые эффективные противотуберкулезные лекарства: ПАСК, антибиотики. Это снижение было результатом лучшего питания и меньшей скученности населения, достигнутых в ту пору, когда налоги государства и профсоюзы еще не успели подавить экономику стран. В частности, противотуберкулезным лекарствам и стрептомицину приписывают только 3% в общем уменьшении смертности от туберкулеза.

Другие исследования также показывают, что львиная доля улучшения здоровья и долголетия зависит от образа жизни самих людей и от экономического процветания страны. Известно, например, что заболевания определенными видами рака в одних странах редки, а в других часты, и зависят от привычек и образа жизни населения. Таким образом, медицинское и санитарное просвещение населения и личная профилактика (предупреждение болезни, вместо ее лечения) являются еще более мощным средством укрепления здоровья, чем мощная, но дорогая медицина. Профессиональные общества и профсоюзы и в этом вопросе вносят свою «лепту». Защищая заработки и работу профессионалов, профсоюзы препятствуют тому, что они называют вредным «самолечением» и, буквально, заставляют людей обращаться к врачам по любому поводу. Врачи же, нужно и не нужно, прописывают огромное количество часто очень вредных лекарств. Даже самые элементарные и безвредные аспирин, нитроглицерин, витамины и т. п. очень часто нельзя получить без рецепта. Между тем оказывается, что, например, в Англии ежегодно ставится до 30 000 неправильных диагнозов и прописывается столько же неправильных лекарств. Некоторые случаи оканчиваются смертью пациента.

Нужно сказать, что и в этом случае личная забота человека о самом себе при соответствующем медицинском просвещении может быть гораздо лучшим средством улучшения здоровья населения, чем забота врача. Тем более, что врачам платят не за здоровье, а за болезнь. Если не говорить о моральных качествах врачей, которые в среднем довольно высоки, они, профессионально, мало заинтересованы в здоровье пациентов (тем более, государственные врачи). Недаром в древнем Китае врачам платили до тех пор, пока человек был здоровым и переставали платить, когда он заболевал.

О ЗЕМЛЕ

Сама по себе земля не есть продукт рук человеческих, как и воздух, которым мы дышим. Человек не может жить иначе, как на земле. Поэтому право жить на земле, ходить по земле, обрабатывать землю является естественным правом человека. Земля, следовательно, не может принадлежать одним людям и не принадлежать другим. Все люди имеют одинаковое право на землю. Таким образом, земля должна быть общей и находиться под контролем государства, которое является в этом случае нашим уполномоченным, но, конечно, не собственником земли.

Однако, земля с помощью обработки, внесения удобрений, мелиорации, посадок леса и фруктовых деревьев делается людьми более ценной за счет вложенного ими труда и мысли. Безусловно, нельзя отрицать, что эти улучшенные свойства земли являются продуктом человеческих рук и, следовательно, кому-то принадлежат. Точно также, построив дом или предприятие на земле, человек наделяет землю свойствами, которых она до этого не имела. Естественно, что все эти дополнительные, созданные человеком свойства земли, являются продуктом и, следовательно, могут быть товаром.

Если лишить людей свободного распоряжения этими дополнительными свойствами земли, никто не захочет трудиться над их созданием. В результате земля наша превратится в бесплодную пустыню. Это не пустые слова. Именно так было в эпоху, когда люди не обрабатывали землю, а кочевали по ней. Истощив ее в одном месте, они передвигались в другое. Большая часть Среднего Востока и Африки так была превращена в пустыню.

Это же видно и на примере СССР, где вся земля принадлежит государству. Земля плохо обрабатывается, плохо родит и часто вообще забрасывается. Пищу приходится ввозить, хотя земли для полного обеспечения пищей более, чем достаточно.

С течением времени и развитием науки и техники

происходит непрерывное изменение качества земли, ее распределения и распределения населения на ней. Эти естественные процессы связаны с развитием общества. В США в связи с этим, скажем, размеры отдельной фермы выросли с 1930 года по 1976 с 60 га. до 160 га. Доля населения, обрабатывающего землю, чрезвычайно сократилась. Резко выросли города. Резкое повышение производительности сельского хозяйства в США, связанное с механизацией, удобрениями, гербицидами и ростом размера ферм, сделало США житницей всего мира. Размеры некоторых хозяйств достигли 10 000 га. Однако, это чрезмерное укрупнение ведет к некоторым неприятным последствиям. Производительность слишком крупных хозяйств на 1 га. начинает падать. Чрезмерная концентрация земли в одних руках приводит к повышению устойчивости против банкротств, но к понижению общественной эффективности за счет монопольных цен и монопольного давления на органы власти. Следовательно, нужно иметь ограничение размеров земельных участков. Для США размер крупного хозяйства, еще не перешедшего за оптимум и не превратившегося в монополию, около 700 га.

Так или иначе, каждый гражданин должен иметь право на участок земли для обработки и проживания. В нынешнем СССР (на 1975 год) имеется посевных площадей по официальным данным 218 миллионов гектар. (В США — 187 млн. га). Этой площади с лихвой хватит для всех. Кстати, общая площадь земли, пригодной для жизни человека, в СССР около 1,4 млрд. га.

Право любого гражданина на участок земли для обработки и прокормления семьи, на мой взгляд, решает также проблемы застойной безработицы и излишней нищеты. Любой гражданин может обрабатывать участок земли и тем кормить себя и свою семью. Такое полунатуральное хозяйство может послужить хорошим буфером для происходящих в стране изменений в ее хозяйственной жизни. Что касается жилища и обзаведения хозяйством, то следует предусмотреть возможность получения кредита под умеренные проценты. Между прочим, в настоящее время утверждается, что для прокормления одного человека достаточно всего лишь 0,4 га земли. В солнечном Израиле оказывается возможным кормить одного человека даже с 0,1 га.

О СОБСТВЕННОСТИ

Есть универсальный способ отличить социалиста (или коммуниста). Если человек любой партийной принадлежности, или даже беспартийный, является противником частной собственности и сторонником национализации, он, конечно, является социалистом, независимо от того, к кому он себя причисляет. Если он, не отрицая в полной мере частной собственности, является сторонником хорошего организованного и планируемого государства, обладающего достаточной степенью воздействия на всю экономику, он тоже социалист. Социалист потому, что государство всегда будет стремиться к расширению своей власти, страдая от недостатка мер воздействия на хозяйство страны. В конечном итоге, оно добивается тотальной власти, т.е. социализма, и поглощения частного хозяйства.

Таким образом, частная собственность, безусловно, является препятствием любому типу социализма и, конечно, любому типу концентрации власти, если она сама не превращается в монополию. Любая же монополия всегда стремится расширить свою власть опять-таки до полного тоталитаризма-социализма. Как государственная собственность есть основа социализма, так и монопольная частная собственность есть путь к социализму и завершается им.

Характерно, что, стараясь ликвидировать частную собственность, социалисты не полагаются на экономическую победу желаемого типа собственности. После многих горьких разочарований они уже знают, что в свободном соревновании общественная собственность не победит. Поэтому они хотят насадить общественную собственность насильно, с помощью соответствующих законов. Факт этого насилия оправдывается ими тем, что частная собственность выгодна частнику и не выгодна народу. Заявляя так, социалисты, конечно, лицемерно лгут. Если бы народу было выгоднее и полезнее государственное, социализированное или кооперативное предприятие, так он не стал бы иметь дела с частником, и частники обанкротились бы. Суть дела, конечно, не в пользе для народа, а в необходимости для высокоорганизованного общества социализма высокой же концентрации управляющей обществом власти. Важно иметь в виду и то, что сами управители социализированными или национализированными предприятиями остаются все теми же грешными людьми. Только в случае социализма они не рискуют собственным имуществом, меньше работают, а их грехи выражаются уже не в виде «выжимания» прибыли (для блага же страны), а в халатности, чинопочитании, очковтирательстве, бюрократии, взяточничестве и пренебрежении к людям, которых они призваны обслуживать. Согласитесь, что халатность, чинопочитание, очковтирательство, бюрократия, взяточничество и пренебрежение к потребителю для частника невозможны. Конечно, нужно подчеркнуть, что я имею в виду частника — не монополиста. Монополист, какой угодно, частный, государственный, социализированный, кооперативный, всегда одинаков. Следовательно, частная, но не монопольная собственность, является гарантией свободы, экономического и духовного процветания и здоровья страны. Больше того, этика не монопольного частника неизмеримо более человечна, чем безличная этика кооперативной, социализированной, государственной или монопольной собственности. «Паук-капиталист» (если он не монополист) является таким же мифом, как и миф, что социализм является истинной демократией, а не тоталитарной диктатурой.

В новой России все виды собственности должны иметь равное право на существование. Однако, ни один из видов не должен иметь права на какие бы то ни было привилегии и, тем более, на монополию. Свободное их соревнование и свобода их выбора людьми дожны быть в полной мере обеспечены. Пусть каждый человек сам свободно решает, услугами какого конкретного предприятия ему пользоваться: государственного, социализированного, кооперативного или частного, и в какое из таких конкретных предприятий ему идти работать. В этом случае, конечно, всякие субсидии должны быть запрещены.

Однако, частная собственность, обладая большими экономическими преимуществами и выгодами для обслуживаемого населения, имеет тенденцию расти и превращаться в монополии — гиганты. При этом, их более высокая устойчивость против банкротства, компенсирует понижение экономической эффективности и общественной выгоды. Кроме того, это означает концентрацию власти над людьми. В Новой России должны быть предусмотрены законодательные меры против монополизации и концентрации власти:

Ограничение численности штата любых фирм.

Ограничение имущества определенным верхним пределом.

Ограничение торгового оборота фирм.

Запрещение картелей.

Ограничение времени действия патентов 5 годами.

Ограничение объема рынка фирм.

Ограничение личных доходов определенным верхним пределом.

Обеспечение, таким образом, полной и свободной конкуренции.

ОДНОПАРТИЙНАЯ ИЛИ МНОГОПАРТИЙНАЯ СИСТЕМА?

Существует довольно странный парадокс: многие граждане и общественные деятели Запада, не одобряя советской диктатуры, в то же время посматривают на советское общество с некоторой завистью. Действительно, стабильности и порядку в СССР можно позавидовать. Конечно, эти стабильность и порядок являются стабильностью и порядком огромной и суровой (не западной) тюрьмы. Тем не менее, в условиях не прекращающихся экономических и политических бурь Запада, даже этот тюремный порядок становится привлекательным для многих свободных граждан, не испытавших его на собственной шкуре. В свое время, например, англичане прямо заявляли, что они рассматривают самым важным качеством режима его постоянство, стабильность, неизменность. К даже плохому постоянству, мол, легче приспособиться, привыкнуть. Любопытно, однако, что в то же время англичане не удосужились создать записанную конституцию для защиты этого постоянства. Общественных деятелей Запада очень привлекает советский режим также легкостью управления массами населения и безусловной целесообразностью (с точки зрения управителей, конечно), этого управления. Как и указанные выше свободные граждане, эти деятели Запада не имели возможности на личном опыте познакомиться с этой «легкостью», требующей неусыпной бдительности КГБ и всего правящего аппарата КПСС.

Так или иначе, однопартийная система СССР дает очко вперед многопартийным системам Запада в смысле стабильности и порядка.

Это положение в последнее время настолько проявилось, что даже некоторые убежденные консерваторы Англии прямо заявляют о непригодности многопартийной системы для разумного управления обществом.

Основанием для таких заявлений служит не только различие в программах партий и, следовательно, бессмысленное и разрушительное «дергание» экономики и законов страны то в одну, то в другую сторону. Этому служит и то, что, фактически, ни одна из партийных программ не соответствует нуждам избирателей и страны. Ведь, любые *принципы*, положенные в основу любых программ, никак не могут отразить конкретные, непрерывно изменяющиеся и многообразные нужды населения. Жизнь не укладывается в принципы.

Имеется и еще важное обстоятельство: неравенство партий перед избирателями. Любая партия держит руль управления слишком короткое время, чтобы достаточно ясно проявились желательность или нежелательность для избирателей ее линии. Поэтому почти единственным критерием для выбора партии становятся эти самые, фактически, никому не нужные принципы, т.е. идеология. Согласно знаменитому мастеру пропаганды, доктору Геббельсу, чем примитивнее и демагогичнее идеология, чем более и более в неизменном виде повторяются и рекламируются ее принципы, тем больше шансы на выигрыш и даже на полный захват власти. Именно в этом вопросе идеологии и проявляется неравенство партий. Партии социалистического типа имеют эту идеологию, дающую им программу, расчитанную на все обозримое будущее и позволяющую не терять никогда перспективы. У других же партий ее нет. На «старых» же идеологиях анархизма, монархизма, капитализма далеко «не уедешь». Поэтому партии, противостоящие социализму, не имеют никаких ясных или даже не совсем ясных дальних целей и вынуждены довольствоваться лишь частностями и задачами сегодняшнего дня.

В результате этой идеологической пустоты, противопоставляемой каменной идеологии социализма, эти партии все время находятся в более или менее безуспешной обороне и вынуждены идти на компромиссы и уступки. Больше того, успех социалистической идеологии создает в рядах несоциалистических партий множество тайных и явных ренегатов, сеющих сомнения и неуверенность. Очень характерна в этом смысле борьба в консервативной партии Англии между умной и энергичной антисоциалистской Тэтчер и замаскированным социалистом Хитом. К сожалению, антисоциализм не является идеологией и не дает перспективы долговременных целей. Поэтому Хит имеет значительное влияние и иногда довольно успешно дезорганизует ряды консерваторов.

Огромная выгода долговременной идеологии у социалистических партий по сравнению с идеологическим вакуумом у их соперников приводит к «эффекту храповика». Социалисты, появившись у власти даже на короткое время, поворачивают «приводную шестеренку» законов хотя бы на один зубец в одну и ту же, социалистическую сторону. Другие же партии даже и не пытаются повернуть шестеренку обратно. Так, «шестерня», способная вращаться в обе стороны, превращается в «храповик» с защелкой, не допускающий вращения в противоположную, антисоциалистическую сторону.

Этот эффект сползания к социализму особенно проявляется в государствах, не имеющих записанной Конституции и Верховного Суда для наблюдения за ее соблюдением. Как я уже говорил, одним из таких государств является Англия, к которой, в первую очередь, относится содержание данного раздела.

Социалистические партии, стремясь к новому общественному строю, естественно, стараются разрушить и существующее общество и поддерживающую его мораль. Имея на своей стороне значительные преимущества, социалистические партии Запада постепенно привели и материальную и духовную жизнь многих стран в состояние непрерывного хаоса и неустойчивости.

Понятно, что этот хаос и разрушения будут продолжаться до тех пор, пока социалистическая партия не установит единовластия. С однопартийным единовластием, конечно, воцарятся такие же стабильность и порядок, как в СССР.

Таким образом любые многопартийные системы в

242

наше время стремятся превратиться в однопартийные, социалистические.

Однако, если даже считать, что у Запада есть шанс сохранить многопартийную систему, она, эта система, все равно ничего хорошего не сулит. Можно перечислить ее главные недостатки, едва ли компенсируемые в настоящее время исчезающим призраком демократии. (Не удивительно, что многие и многие деятели начинают утрачивать веру в демократию).

1. В условиях колоссально возросшей власти государства (и правительства) над людьми и хозяйством страны междупартийная драка приносит непрерывные бедствия типа: «господа дерутся, а у холопов чубы трясутся».

2. По мере дальнейшего возрастания этой государственной власти непрерывная смена партий у руля государства приводит к прекращению развития общества в положительную сторону, приводит к экономическому и духовному застою, вызывающим разложение общественной морали и духовное гниение.

3. Трудность ощутить практическую выгоду политической линии той или другой партии из-за быстрой смены их у руля государства приводит к тому, что голосует на выборах все меньшая и меньшая часть избирателей. По той же причине голоса избирателей, участвующих в голосовании, делятся почти поровну между двумя главными партиями, усугубляя неустойчивость правительства и их политической и экономической линии.

Между тем, по причине — ломать легче, чем строить, совершается больше разрушений, чем созиданий, т.е. торжествует опять-таки социализм.

4. Какие бы ни были партийные программы, ни одна из них, в принципе, не отражает и не может отражать интересы страны и ее населения. В противном случае эти программы должны были бы быть одинаковыми. Это положение еще увеличивает равнодушие избирателей и их неспособность решительно предпочесть одну партию.

5. Партии не дают своим членам ни экономических, ни служебных привилегий (пока, конечно, нет единовластия). В то же время другие объединения граждан и, в особенности, профсоюзы обладают средствами экономического и социального воздействия. Это обстоятельство приводит к отсутствию у партий их собственной силы и к необходимости иметь сильных «хозяев». Практически партии везде превращаются в платных марионеток в руках лидеров тех или других мощных объединений и, в первую очередь, профсоюзов. Понятно, что хозяевами правительств становятся не избиратели, а лидеры этих мощных объединений. Демократия начинает превращаться в призрак.

Таким образом многопартийный хрен оказывается не слаще однопартийной редьки.

В нашей будущей России этот урок следует учесть и избрать не однопартийную и не многопартийную, а, если так можно выразиться, беспартийную систему плюс, конечно, записанную Конституцию с Верховным Судом для сохранения последней.

Характеристику этой «беспартийной системы» можно сформулировать следующим образом:

1. Кандидаты во все ступени управления страны выбираются обязательным, прямым, равным, тайным и пропорциональным голосованием.

2. Кандидаты выдвигаются любыми временными или постоянными объединениями, а не только партиями.

3. Каждый кандидат обязан иметь свою личную программу, за которую он отвечает перед избирателями, персонально.

4. Голосование происходит отдельно за каждого кандидата. Голосование по спискам не допускается.

5. Переизбрание одного и того же кандидата на третий срок не разрешается.

6. Избирательная кампания ограничивается публикацией в газетах и на уличных плакатах фотографии, биографии и программы кандидатов, а также определенным и небольшим числом личных встреч с избира-

телями каждого кандидата. Любые другие формы избирательной кампании не разрешаются.

Такая «беспартийная» система представляет, на мой взгляд, большие преимущества перед «партийными» системами. Безусловно, при такой «беспартийной» системе лихорадка идеологических преобразований едва ли будет возможна и, следовательно, не будет места политико-экономическому хаосу. Суверенность избирателей и, следовательно, демократия будут защищены.

ИЗБИРАТЕЛЬНОЕ ПРАВО

Почему не наделять избирательным правом, скажем, восьмилетних детей? Ведь их судьба тоже зависит от решений парламента или местного самоуправления. Почему бы им не участвовать в принятии этих решений? Ведь создают же органы самоуправления в школах. Мало того, социалистические авторитеты Запада утверждают, что школьников нет необходимости учить: дайте им опыт, и они сами научатся. Воля же учителя может подавить творческие способности школьников.

Я намеренно поставил вопрос о восьмилетнем ребенке потому, что в этом случае, без сомнения, все ответят, что восьмилетный ребенок не имеет необходимого жизненного опыта для принятия ответственных решений. Скажем, восьмилетние, получив большинство (их много), проведут закон о бесплатном мороженом и убавят пенсии старикам.

Однако, когда же можно считать, что этот жизненный опыт достаточен? В 10, 14, 16, 18, 20, 22, 24 года? По-моему, этот жизненный опыт редко приходит ранее 24-30 лет и уж, во всяком случае, не в 18 лет. Ведь к 18 годам многие даже еще и не понюхали, как жить полностью за свой, а не родительский счет. Конечно, нет правил без исключений.

В то же время, молодость, с ее энергией и свежим взглядом на вещи, может быть очень полезна для обсуждения и принятия решений. Взвешивая «за» и «против», пожалуй, следует высказаться за избирательный возраст, где-нибудь в начале третьего десятка лет. Мне кажется, что наши предки, считая избирательный возраст с 21 года, если несколько и занижали его, то не очень сильно. Кроме того, наши предки разграничивали возраст для голосования и для возможности быть избранным. Последний мог быть отнесен даже и на четвертый десяток. Принятый ныне на Западе возраст, 18 лет, безусловно, является данью модным идеям социализма, а не определен практическими соображениями. Если мы хотим торжества творчества и созидания, а не потребления и мотовства, если мы хотим разумных и обоснованных решений и действий от правительства, то снижать избирательный возраст ниже 21 года просто недопустимо. Что касается советских или западных примеров, то не всякий пример заслуживает повторения.

Следует отвергнуть и пример ступенчатых, не прямых выборов. Они нарушают непосредственную связь избранников с избирателями и их прямую ответственность за свои действия. Так же следует отвергнуть непропорциональность выборов. Она всегда и везде вела к избирательным махинациям и к значительным расхождениям в программах избранников с тем, чего хотели бы избиратели. Это очень заметно в Англии, где действует непропорциональная система.

Участие в выборах должно быть обязательным, а большинство должно означать большинство по списочному составу, а не по числу участников, явившихся на выборы. Отсутствие этих правил в Англии и в США приводит к тому, что результаты выборов опять-таки не отражают воли всех избирателей.

Очень важна система выдвижения кандидатов. Не следует ограничивать право выдвижения кандидатов лишь политическими партиями и, тем более, — по спискам. Любые группы населения должны иметь право выставить кандидата, независимо от его партийной или профессиональной принадлежности, и независимо от их собственной партийной или профессиональной принадлежности. Боязнь, что это приведет к хаосу в парламенте и к невозможности принятия решений совершенно не обоснована. Кроме того, возможное замедление в принятии решений даже желательно, имея в виду, что в существующих парламентах объем и скорость «законотворчества» превосходит всякое воображение. Существенно, что радикальное ограничение права правительства вмешиваться в дела населения, резко уменьшит и необходимость в срочном и объемистом «законотворчестве».

Следует также всемерно ограничить минимумом чрезвычайно дорогостоящие и трудоемкие избирательные кампании. Шум и гром избирательных кампаний только отвлекает избирателей от их насущных нужд и запутывает их. Дороговизна же не дает практически никаких шансов на избрание кандидатам, которые не обладают финансовой поддержкой тех или других монополий. Такая система проведения шумных и дорогих избирательных кампаний заранее определяет, кто имеет шансы на избрание. Воля избирателей не распространяется на выдвижение кандидатов и, следовательно, она не распространяется и на результаты выборов. Потому, скажем, в парламенте Англии, да и в Конгрессе и Сенате США, сидят десятками лет одни и те же лица, часто потерявшие всякую связь с населением. Система выдвижения кандидатов так же важна, как и система самых выборов.

Что касается притеснения меньшинства большинством через парламент, то это исключается не самой избирательной системой, а ограничением власти государства и свободой деятельности граждан.

О ЗАКОНОДАТЕЛЬСТВЕ

Охрана прав граждан и обеспечение законности и порядка являются важнейшей обязанностью и главной функцией государства, его законодательства и его судебной власти.

В СССР граждане, практически, никаких прав, кроме права и обязанности работать и действовать на пользу социалистическому государству, не имеют. Законность, поэтому, является фикцией для граждан и опорой для государства. Порядок хорошо обеспечивается на улицах крупных городов и не существует в глухой провинции. Что касается охраны домашней жизни, то и здесь порядок определяется интересами государства, а не самих граждан.

Государство не может быть привлечено к суду. Продавая бракованную продукцию, лишая граждан самых необходимых услуг, государство всегда право, а гражданин всегда не прав.

Жаловаться на государство и его хозяина — КПСС — в любом вопросе, все равно, что плевать против сильного ветра: все попадет обратно, в физиономию. Можно, формально, привлечь только некоторых должностных лиц не слишком высокого положения, и то не к суду, а лишь к некоторой ответственности через отделы писем в газетах. Однако, это тоже не рекомендуется во избежание горького разочарования и опасности потери собственного «благополучия», скажем, места работы, зарплаты и т. п.

В СССР нет разделения властей на законодательную, исполнительную и судебную: все находится в одних руках КПСС и его слуги — государства. Главный принцип, как и у фашиста-социалиста Муссолини: государство (и Муссолини) есть все, а человек — ничто. То же самое было и у национал-социалиста Гитлера: немецкий народ, т.е. то же государство, есть все, а человек — ничто. В этом отношении в СССР нет ничего нового для обсуждения.

Что касается законодательства и судебной власти на Западе, то они переживают жесточайший кризис, вызванный опять-таки социалистической идеей. Кризис этот выражается в следующем:

Законодательство приняло совершенно фантастические размеры. В США в иной год появляется до 100 000 новых законов. Да, именно, сто тысяч! В Англии за 10 лет появляется 20 толстенных томов новых законов. В соответствии с социалистической идеей высокоорганизованного общества, законы начинают диктовать гражданам не только правила общежития, а вообще каждый их шаг. В совокупности с правилами, налагаемыми на граждан профсоюзами, банковскими и промышленными монополиями, получается система предписаний, оставляющая самую незначительную свободу действий.

Для того, чтобы начать, скажем, строительное дело, гражданин, например, Англии обязан с затратой труда и денег получить 7 различного сорта разрешений, 5 регистраций и 3 сертификата от государства, местных Советов и, конечно, от ряда профсоюзов. Законы, регулирующие его деятельность, занимают книжную полку длиной 3,5 метра. В США деятельность частной фирмы требует обязательного заполнения в 3 экземплярах 12 422 форм. Для того, чтобы построить себе дом, нужно тоже получить множество разрешений от различных организаций и выполнить огромное количество обязательных правил, определяющих и внешний вид, и планировку участка, и внутреннюю планировку и устройство дома. Дома все время становятся дороже не только из-за инфляции, но и из-за необходимости выполнять ненужные регламентации. Кроме того, они становятся и хуже по той же причине.

Для того, чтобы разделить перегородкой, скажем, комнату в собственном доме или сделать на собственном участке земли пристройку к собственному дому, также нужно получать разрешения.

К этому нужно добавить огромное количество вообще

абсурдных законов и правил. В Англии мотоциклист был недавно оштрафован за то, что вез свою кошку на заднем сидении: «подверг кошку бесчеловечному обращению». Другой человек был оштрафован за то, что убил тарантула. Конечно, и первый и второй даже не подозревали, что нарушают законы.

Незаконно, например, приручать сокола в Англии. Каждый таксист в Вашингтоне по закону обязан иметь щетку-сметку и совок. В штате Минесотта запрещается развешивать на веревке мужское и женское белье вместе.

Количество законов превышает всякую возможность их знать и учитывать. Фактически, совокупность действующих законов и правил во многих странах Запада превращает каждого гражданина в потенциального преступника. В законах часто не могут разобраться не только неискушенные граждане, но и специалисты-юристы. Это, естественно, приводит к обходу одних законов с помощью других и к уйме всяких злоупотреблений.

Ни одна организация, ни один гражданин не могут предстать перед судом, не пользуясь услугами юристов. Законы, как правило, излагаются таким языком, что даже не все юристы его понимают.

Одной из существенных причин экономического застоя на Западе является законодательство, превратившееся в чрезвычайно жесткий корсет для порядочных людей и для полезного дела, в раздолье — для профессиональных преступников, и в источник огромных доходов для многих юристов. Недаром президент Картер обвинил юристов в нанесении вреда обществу и призвал их к удешевлению юридического обслуживания граждан и к необходимости повышения морального уровня их профессии.

Законодательство стоит населению огромных денег. Регламентация законами и правилами такова, что только отчетность по их выполнению в масштабе США, по весьма авторитетным оценкам, стоит 103 миллиарда долл. в год. Сравните эту сумму с суммой всей прибыли США в 201 миллиард долл. в год. «Законотворчество» все возрастает, а с ним все больше людей становятся зависимыми от закона. Естественно, что приходится тщательно следить за «законотворчеством» и, по крайней мере, направлять его в свою пользу. На эту деятельность 1500 человек в различных группах давления в Вашингтоне истратили в 1977 году 2 миллиарда долл. с целью повернуть законы в свою пользу.

Многочисленность, сложность и запутанность системы законов резко повышают стоимость любой судебной процедуры и время, на нее затрачиваемое. В результате, повсеместно на Западе создались огромные очереди для рассмотрения дел в судах. В Англии в 1978 году ждали очереди 16 000 дел. В США в середине 1978 года тоже было 16 000 дел, ожидающих рассмотрения. Причем 10% из них ожидают рассмотрения уже 3 года и более.

Охрана преступников от наказания настолько в законах усовершенствовалась, что полиция не в состоянии предъявить требуемые улики и большая часть преступников отпускается, не доходя до суда.

Для граждан доступ в суд становится сопряженным с затратами такого количества сил, времени и денег, что большинство не может защитить себя от различных незаконных посягательств. Эту ситуацию, безусловно, нужно учесть в Новой России.

НАЦИОНАЛЬНЫЙ ВОПРОС

Одной из причин возникновения, так называемого, национального вопроса является та или другая дискриминация национальностей в законах и Конституции страны. Другая может заключаться в том, что между национальностями, жизнь которых отличается укладами и поведением, иногда существуют личные неприязненные отношения. Эта вторая причина не может быть устранена никакими законами. Ее может устранить лишь появление взаимного уважения при общении друг с другом. Безусловно, без устранения первой не может быть устранена и вторая. В Конституции Новой России, безусловно, все граждане должны иметь равные права и обязанности без каких бы то ни было исключений. Национальностям, имеющим национальную территорию, должно быть предоставлено полное политико-экономическое самоуправление. Мне кажется, Новая Россия должна быть федерацией равноправных национальных государств. Эти национальные государства должны иметь право, гарантированное Конституцией, на самоопределение вплоть до отделения.

Можно, на мой взгляд, предложить следующую процедуру осуществления самоопределения.

Объявляется полная самостоятельность и независимость от Российской Федерации таких государств, как Грузия, Армения, Молдавия, Литва, Латвия, Украина, Эстония и др.

Производится в этих государствах референдум по вопросу: «Хотите ли вы объединения с Российской Федерацией? Да или нет?»

При 51% от списочного состава имеющих право голоса, проголосовавших за отделение, государство остается отдельным. При 51% от списочного состава, проголосовавших за объединение, Российская Федерация рассматривает вопрос о включении данного государства в Федерацию.

ГРАНИЦЫ И ИММИГРАЦИЯ

Социалисты на Западе носятся с идеей полностью раскрытых границ и беспрепятственного въезда любого жителя земли в любую страну. По закону передвижения населения из мест более тяжелой жизни в места с более легкой, все население перемещается. Не станет высокоразвитых стран и слаборазвитых. Стран с высокой цивилизацией и культурой, и с низкой. Все превратится в одинаковую серость, нищету и бескультурье. Поможет ли это населению неразвитых стран? Не только не поможет, но еще и ухудшит их положение. Это ухудшение произойдет из-за того, что перемешивание приведет ко всеобщей деградации. Это неизбежно, так как исчезнет стимул к усовершенствованию и к вложению максимума личного труда и культуры в дело. Безусловно, это один из эффективных способов возвращения в пещерный век.

Возможность для каждого государства сохранять достигнутый своим трудом уровень жизни и свои особенные материальную и духовную культуры является чрезвычайно важной как для здоровья данного государства, так и для здоровья мира вообще. Ликвидация границ между отдельными государствами, конечно, может происходить, если уровни их жизни близки, а материальная и духовная культуры взаимно сильны и не антагонистичны по содержанию. Тогда возможно и обогащение культур при слиянии. В противном случае, я не думаю, что слияние будет в интересах человечества. Границы между государствами имеют очень глубокий смысл; они существуют не напрасно, а для пользы человечества. Каждый человек имеет естественное, неотъемлемое право выезда из страны (социализм это право отнимает). Однако, правом каждого государства является впускать или не впускать любого иностранца в страну, руководствуясь при этом лишь интересами собственного населения. Многие государства Европы нарушили это право или правило по тем или иным причинам: недостаток дешевой рабочей силы, потребность в рабах (в прошлом веке), исторически принятые обязанности (как обязанности Англии перед «Содружеством») и т. п. И все эти государства теперь переживают весьма неприятные последствия, как в экономическом, так и в социальном и культурном плане.

В Новой России не рекомендуется пренебречь этим правом суверенного государства. Допуск в страну на постоянное жительство должен быть строго ограничен возможностью безболезненной ассимиляции и, не в меньшей степени, желательными или нежелательными свойствами иммигрантов. Сажем, впускать в страну террористов и преступников, безусловно, безрассудно. В любом случае, интересы населения должны быть соблюдены. Решение о дозволении или не дозволении въезда в страну не должно требовать никаких объяснений.

Гражданство в Новой России должно предоставляться на тех же указанных выше основаниях после, скажем, пятилетнего испытательного срока. В течение этого срока иммигрант за противозаконные поступки может быть выслан из страны.

Право политического убежища, конечно, должно предоставляться, если человек не представляет опасности для граждан Новой России.

В любых взаимодействиях с внешним миром Российская Федерация должна руководствоваться практическими интересами населения Федерации, а не какими-либо идеологиями или модными идеями, включая социалистическую. Именно такое поведение всех держав мира, складываясь в некоторую совокупность, может служить интересам всего человечества на путях его развития и кооперации в мировом масштабе. Жертвовать интересами населения во имя так называемых общечеловеческих интересов, значит действовать, фактически, против них. Общечеловеческие интересы не могут быть отделены от интересов самих людей. Первое является статистическим выражением второго, а не наоборот.

ОХРАНА ДУХОВНОГО ЗДОРОВЬЯ

Социалистическая идея, основанная на идее всемогущества человеческого разума, провозгласила религию опиумом для народа. Миллионы людей потеряли в результате распространения идеи социализма то, что можно назвать компасом нашей духовной жизни. Человеческая мораль, человечность были заменены, так называемым, гуманизмом. Смысл гуманизма заключался в том, что все, что содействует разрушению капитализма и торжеству социализма, допустимо и хорошо: цель оправдывает средства. Лицемерие и ложь гуманизма не могли быть видны людям, не познакомившимся с социализмом на опыте. Эти лицемерие и ложь немедленно становятся очевидными после победы социализма. Гуманизм отрицает до победы социализма именно то, что после этого утверждает в качестве высшей истины. «Человек, который звучал гордо» превращается в системе победившего социализма в ничтожество: в материал, в удобрение, во все, что угодно, кроме человеческой личности.

Социалист Муссолини осуществлял идею: «государство — всё, а человек — ничто». Социалист Гитлер осуществлял идею: «немецкий народ (т.е. то же государство) — всё, а человек — ничто». Социалисты Ленин и Сталин провозглашают и осуществляют: «социалистическое общество (государство) — всё, а человек — ничто». Так же поступали и поступают Мао, Хо-Ши-Мин и все остальные лидеры социализма без исключения. Такие «мораль» и «человечность» социализма имеют известное преимущество простоты и очевидности, а также убедительность пистолета, приставленного к затылку. Однако, они ничего не имеют общего с истинными человечностью и человеческой моралью.

Социализм, полностью закрепощая человека после своей победы, яростно атакует капитализм на Западе за нарушения свобод человека, включая свободу террора. Осуждая полную несвободу человека при социализме, можно ли, однако, отрицать необходимость определенных границ и самой человеческой свободе? Можно ли допускать свободу человека единолично судить других людей, осуждать и наказывать их? Может ли человек иметь те или иные права и не иметь обязанности не мешать и не препятствовать другим людям эти права осуществлять? Может ли человек быть свободен разрушать то, что им самим не создано? Может ли человек по своему произволу применять насилие над другими людьми в качестве средства убеждения или осуществления желаемого им? Я думаю, что ответ на эти вопросы может быть только отрицательным. Полной свободе гуманизма разрушать любыми средствами общество во имя будущего общества социализма необходимо противопоставить безусловное ограничение свободы рядом недвусмысленных обязанностей в дополнение к правам.

Это ограничение свободы, естественно, не имеет ничего общего с ограничением необходимой человеку свободы творческой деятельности. Безусловно, в Новой России должно существовать «ограничение свободы» убивать людей, «свободы» развращать людей и особенно детей показом и возвеличением насилия, а также порнографией и т. д. и т. п.

Понятно, что эти ограничения должны вводиться демократическим порядком. В этом заключается назначение Конституции и законов.

БУДУЩИЕ ГОРОДА НОВОЙ РОССИИ

Лично мне очень нравится Нью-Йорк с его многочисленными небоскребами, с его сложной и многообразной жизнью. Он демонстрирует собой и величие (не всесильного, но очень мощного) человеческого разума и, конечно, его грехи.

Однако, небоскребы Нью-Йорка очень неподходящее место для семьи и воспитания детей. Вообще, многонаселенные высокие дома для этого совсем не подходят. Дело в ступенях правильного развития ребенка. **Как и у взрослых, возможности мозга ребенка ограничены.** Когда возможности ребенка понимать ситуацию и находить вариант соответствующего поведения исчерпываются в данный момент, он начинает капризничать, не слушается и ведет себя неуправляемо. Поэтому воспитание ребенка требует мягкого и постепенного наращивания трудностей понимания окружающей обстановки. Сначала ребенок естественным образом знакомится с матерью. Затем с отцом, с братьями, сестрами, с домашними кошкой, собакой. Затем со всей квартирой, где он живет. Постепенно он со всем этим осваивается и **знает**, как вести себя в этой обстановке для выполнения своих маленьких задач. И вот наступает момент, когда он, с матерью, спускается (под ее надежной защитой) с 10-го этажа на улицу, на тротуар, в мир ревущих автомашин, незнакомых людей и совершенно незнакомой и сложной обстановки. Мать есть единственная его опора в этом, в сущности, враждебном мире. Но ребенок быстро растет и скоро наступает необходимость ему одному, без опоры матери, отважиться и выйти из квартиры.

Происходит крайне неприятный и страшный скачок из хорошо известной и защищенной квартиры в пространство глубокого и страшного колодца лестничной клетки с ее многочисленными дверями в незнакомые миры с незнакомыми существами. Затем улица и все ее чудища. Эксперименты показывают, что будущий человек, как правило, травмируется этим скачком. На эту травму он реагирует и страхом, который ему приходится пересиливать, и враждебностью к окружающему. Эта враждебность может проявиться в мести ребенка, а теперь подростка, ко всему, что находится за пределами его квартиры. (Конечно, это не есть единственная причина вандализма, но одна из главных). Еще большая беда заключается в том, что эта травма может сохраниться на всю жизнь и превратить человека в антиобщественный элемент.

Между тем, наши русские избы с палисадничком, английские и американские двухэтажные домики на одну семью представляют огромные преимущества в воспитании нетравмированных, уравновешенных людей, будущих строителей общества. Действительно, в этом случае квартирой ребенка является весь дом, который он может спокойно и безопасно изучать. Затем он так же имеет время изучить в своем защищенном палисадничке соседние домики и палисаднички, улицу, поведение других детей в других палисадничках и на улице. Дальнейший выход на улицу уже не будет для ребенка страшным скачком в неизвестное. Он уже будет готов и к школе, где он встретит, вероятно, тех детей, с которыми он познакомился через палисадничек. Эксперименты и статистика показывают, что в таких условиях вандализма и детской преступности либо нет, либо они минимальны.

В США начали было повсеместно строить многоэтажные жилые блоки, а потом разрушения и вандализм заставили многие из них пустить под бульдозер. В Англии городские Советы построили множество жилых небоскребов, а теперь пытаются их с огромным убытком продавать под конторы или университеты.

Любопытно, что особой экономии площади земли и денег не получается. Приходится предусматривать достаточно большие общие детские площадки, необходимую зелень, корты, бассейны и т. п. Кроме того, требуется высокого давления водопровод, лифты, мусоропроводы и т. п., обслуживание которых и дорого и, как правило, оставляет желать много лучшего. Насколько можно судить, в Англии начали возвращаться к прежним схемам жилищного строительства. В СССР, как известно, строительство жилых небоскребов продолжается с теми же результатами, что и везде: разрушения и вандализм процветают.

Очень важно, чтобы этот печальный опыт был в Новой России учтен, иначе целые поколения вандалов и разрушителей сделают жизнь очень неприятной.

Конечно, при строительстве городов приходится учитывать все, что необходимо для транспорта, электрических кабелей, водопроводов, канализации и других коммуникаций. Однако, эти потребности не приходят в обязательное столкновение с идеей правильных ступеней в воспитании детей.

Следует сказать несколько слов о планировке городов. Имеются в настоящее время две основных школы планировки городов: английская и американская. Американская планировка — это планировка прямоугольной сети улиц, как транспортных каналов. При этом, необходимая прямизна улиц и переулков просматривается от горизонта до горизонта, вызывая чувство однообразия и скуки.

Английские города имеют чрезвычайно запутанную (нарочно) планировку так, что ни одну улицу нельзя видеть во всем ее протяжении. Больше того, замысловатая кривизна улиц, часто заканчивающаяся неожиданными тупиками, приводит к полной невозможности ориентироваться без длительного и часто трудоемкого опыта. Зато нет однообразия и скуки. Однако, такая планировка создает огромные трудности в прокладке коммуникаций и для транспорта. Автомобилисты Лондона и других крупных городов Англии это хорошо знают.

В новых городах Новой России можно к нашей выгоде примирить ту и другую планировки. Представьте себе, что в основе планировки лежит крупная прямоугольная сетка транспортных каналов и коммуникаций. Сетка с ячейкой, скажем, размером 1-2 километра. Тогда до общественного транспорта в середине сторон ячеек сетки будет не дальше 0,5-1 км. В то же время, планировка внутри ячеек может быть сделана английской. Это позволит совместить «интересы» и транспорта, и коммуникаций, и разнообразия пейзажа, и требования воспитания детей, если, конечно, жилища будут построены либо на одну, либо, максимум, на 2-4 семьи.

ЖИЛИЩНАЯ ПРОБЛЕМА

В СССР стандартные жилые здания имеют по оценке всего 20 лет службы без капитального ремонта плюс весьма низкое качество исполнения. Вандализм и полная незаинтересованность жителей в ремонте своими средствами привели к тому, что здания хрущевской эпохи уже стали приходить в полную негодность. Недостаток средств в советском государстве уже привел к резкому сокращению жилстроительства (на душу населения) по сравнению с хрущевскими временами. Поэтому и по многим другим, чисто советским причинам, профилактический ремонт почти не производится. В результате, вместо разрешения жилкризиса (в Москве все еще не ставят на очередь, если есть около 5 кв. м. на человека), надвигается страшный следующий жилкризис и уже без всякой надежды на разрешение. Конечно, за эту ситуацию полностью ответственна социалистическая система с ее низкой экономической эффективностью. Система муниципальных жилищ на Западе и особенно в Англии, испытывает буквально те же трудности, присущие обобществленным жилищам. В Лондоне около 50% жилого фонда является собственностью государства в лице местных городских Советов — муниципалитетов. Арендная плата в этих жилых домах покрывает не более 50% расходов, а остальное покрывается за счет государственных субсидий, т.е. за счет налогов. Несмотря на огромные в Англии налоги, у городских Советов на производство необходимого ремонта денег не хватает, и тысячи домов приведены в состояние полной непригодности для жилья. Целые районы превратились в государственные трущобы по причине плохой эксплуатации домов жителями и отсутствия ремонта. Многие деятели приводят расчеты, из которых следует, что дешевле обойдется дома отдать бесплатно в собственность жильцам, чем продолжать их сдавать в аренду и непрерывно терпеть убытки, которые нечем покрывать.

ЧЕМ ЖЕ ПЛОХ СТАЛ ЧЕЛОВЕК?

На Западе очень распространено осуждение человека, как последней твари, не заслуживающей существования. Человек обвиняется во всех смертных грехах. При этом имеются в виду не преступники, а человек вообще. Он, мол, агрессивен и жесток больше зверя. Он эгоист, каких в природе, кроме него, почти нет. Он жаден, как хорек. Он вероломен. Он лжец и лицемер. Для него нет ничего святого. И т. д. и т. п.

Кто же эти обвинители? Неземные существа? Ангелы Небесные? Да нет же. Те же люди, те же человеки. Может быть, эти обвинители — лучшая часть человечества? Никак нет.

Конечно, в течение многих тысячелетий религии тоже обличали несовершенство и грехи человека и призывали к улучшению, к совершенствованию. Однако, за пределами религии, люди не были склонны укорять себя в своих смертных грехах. Совершая военные набеги, истребляя женщин и детей вместе с противником, разграбляя города, они считали свое поведение вполне респектабельным и достойным. Вплоть до самых последних двух столетий было нормальным и необходимым укрываться за толстыми и высокими крепостными стенами, ежедневно ожидая нападения и готовясь к нему. Ужаснейшие пытки людей во всем мире никого не удивляли и считались нормальным явлением. Вырвать язык, выколоть глаза, сжечь на костре, четвертовать по самому необоснованному обвинению было нормой. На всех морях и океанах пираты грабили и топили тысячи кораблей. Удачный грабеж был уважаем. В своей социальной жизни люди тоже были далеко не святыми. По сведениям английских историков взятки и вымогательство со стороны государственных чиновников и даже судей были весьма распространены и не считались слишком зазорными самим обществом. И люди так жили и даже бывали счастливы, не чувствуя особых угрызений совести, как будто ее и не было.

Может быть, пещерный наш предок был более совестливым? Нет, он был еще ближе к хищному и коварному животному. Так что описанное мной состояние человечества было явно значительно лучше по сравнению с более глубокой историей.

Дело в том, что, параллельно грабежам и зверствам, совершался другой, менее драматический процесс: процесс умножения человеческого богатства, человеческих благ и доли в них (разной) каждого. Разум человеческий и опыт тоже росли и развивались, позволяя человечеству добывать средства к жизни во все большем масштабе. Все меньше и меньше становилось искушение убивать и грабить, чтобы самому жить лучше. Это даже перестало «окупаться». Стало более полезным прибегать к кооперации и к взаимной помощи. Человек даже мог позволить себе милосердие и великодушие уже не в качестве исключения из общего правила, а в соответствии с усовершенствованными человеческими нормами.

Именно рост производительности труда людей лежал в самой основе превращения грубого животного в невиданного ранее деликатного и милосердного нынешнего человека.

Ужасы человеческой (наивной) жестокости и страданий, описанные в Библии, кажутся теперь далекой легендой, а ведь они были, может быть, смягченным описанием реальной жизни.

Стоит отметить и следующее. Большинство думает, что последние мировые войны были более истребительными, чем все более ранние в истории. Это зависит, однако, от способа оценки. По абсолютному числу жертв — да. Но ведь когда всё население земли насчитывало какой-нибудь миллион, уничтожить, скажем, 100 миллионов, как это сделал Мао, было невозможно. Поэтому более объективной мерой жестокости войн и истреблений является число жертв в %% ко всему населению земли. По этой, более объективной мере, даже Мао, Сталин и Гитлер бледнеют перед истреблением людей в глубокой истории. В свое время римляне, при подавлении восстания евреев, истребили около миллиона евреев. Эта цифра, вероятно, составляла существенно больше половины всего еврейского населения мира в те времена и значительную долю всего населения земли.

Итак, по всем объективным данным, человечество стало лучше. Спрашивается, почему же факты и весь исторический процесс сбрасываются со счетов нынешними обвинителями? Какими эталонами они пользуются для такого осуждения не преступного меньшинства людей, а всего человечества в целом? Казалось бы, люди должны быть довольны своими успехами и своим моральным совершенствованием. История даже показывает, что в человечестве есть скрытый инстинкт к улучшению и существенная доля критического к себе отношения. Однако, нынешняя критика человечества «обвинителями» не имеет ничего общего с самокритикой человечества. Больше того, они начисто отрицают у человечества и инстинкт совершенствования.

Суть дела в том, что уважаемые мыслители-обвинители, восприняв и развив недавнюю идею всемогущества человеческого разума, пришли к идее совершенного человека в его совершенном обществе социализма. Какой же может быть еще способ «продать» идею, как не объявить, что люди становятся не лучше, а хуже. Что мир заболел, что его нужно лечить. Лекарством является, конечно, социализм.

Больше того, даже ту самую науку и технику, которая и их самих создала, и дала человечеству подняться от пещер к нынешнему, невиданному ранее, материальному и духовному процветанию, мыслители-социалисты объявили опасной, уродующей, якобы, человека, подчиняющей человека себе. Чтобы скрыть свое лицемерие и ложь (сознательную или несознательную), мыслители-социалисты утверждают, что уже реализованный социализм не есть социализм, а некий коммунизм и, вообще, черт знает, что.

Между тем, люди, как при социализме, так и до него, остаются такими же людьми, лишь проявляя себя при социализме со своей худшей стороны.

Люди, вы не стали с веками хуже. Вы стали лучше, много лучше. И мера этому лучшему есть вы же сами, а не какой-нибудь социализм. Интересы человечества складываются из интересов отдельных конкретных людей, а не наоборот. Нет такой меры, как человечество вообще. Это фикция. Человеческая религия в гораздо большей мере чем социализм, отражает и меру лучшего и потребность людей в лучшем.

ФАЛЬСИФИКАЦИЯ ИСТОРИИ И ЖИЗНИ

Хорошо известно, что вожди социализма в СССР заставляют переписывать историю заново, по-социалистически, по-советски. И не только историю заставляют служить социализму, но и наука начинает терять свою объективность под давлением приспособления ее к нуждам социализма. Это явление свойственно всем социалистическим странам, когда «до этого руки дойдут». Однако, это свойственно не только СССР или социалистическим странам, но всей социалистической эпохе во всем мире. Это началось с самого зарождения социализма около 300 лет тому назад. С тех пор целые когорты социалистически настроенных литераторов, историков и даже многих ученых вполне добровольно занимаются подгонкой истории, философии и других наук так, чтобы они подкрепляли идею социализма. Вся история, оказывается, есть история классов и классовой борьбы. Государства преследуют с помощью насилия только цели наживы и корысти отдельных лиц или слоев общества. Человек рисуется, как низкое и злобное животное, способное к самоуничтожению. Мир представляется, как переживающий непрерывные кризисы отвратительный больной, которому давно пора в могилу. Человечество, в целом, рисуется, как расхититель природных богатств, как животное, которое, где живет, там и гадит, отравляя все окружающее. Мировые катастрофы предсказываются ежедневно.

Спрашивается, как же люди в таком чудовищном мире доживают массами до 80-100 лет? Как же они могут быть хотя бы на секунду счастливыми? Как, наконец, человечество поднялось от пещер до нынешнего высочайшего уровня материальной и духовной культуры? Каким чудом мы все живем и здравствуем? Ответ очень простой. Всё это социалисты выдумали, чтобы заставить нас поверить в их рай на земле. Заманить в западню социализма. Они фальсифицируют историю, науку, нашу современную жизнь. Это они есть наши кризисы и болезни.

Давайте же освободимся от социалистического кошмара. Жизнь без социалистов очень хороша. И природа вокруг нас изумительна. И мир, весь мир, прекрасен. И нет ничего удивительного и противоестественного, что наряду с добром есть и зло. Вместе с красотой — уродство, со счастьем — несчастье. А как же иначе? Разве можно было бы чувствовать добро, красоту, счастье, если бы не было зла, уродства и несчастья? Жизнь, замечательная, прекрасная жизнь в том и заключается, что мы боремся со злом, стремимся к счастью, к красоте. Чем же это плохо? Зачем нам этот фиктивный, уродливый социалистический «рай», превращающий нас, людей, в бессловесные винтики социализма?

Через 100-200 лет, когда последний социалист испустит дух с последним проклятием на губах, наши потомки будут удивляться нашему легковерию и потере объективного мышления и им придется очищать авгиевы конюшни социализма, заново изучать и писать истинную историю человечества по-человечески, а не по-социалистически. Давайте им поможем, как это делает сейчас Солженицын.

ПРОЕКТ КОНСТИТУЦИИ НОВОЙ РОССИИ

ПРОЕКТ КОНСТИТУЦИИ НОВОЙ РОССИИ

1. ПРАВА И ОБЯЗАННОСТИ ГРАЖДАН

1. 1   Все граждане любого пола равны перед законом. Ни один гражданин не имеет права претендовать на специальные привилегии или специальные оценки по сравнению с другими гражданами на основании того, что он принадлежит к определенному классу или слою населения, к определенной расе или национальности, к определенной профессии и т. д.

1. 2   Все граждане имеют право на любую, не преступную деятельность.

1. 3   Все граждане имеют право на свою собственность, охраняемую законом.

1. 4   Все граждане имеют право на сохранение, по крайней мере, 85% своего дохода в личном распоряжении.

1. 5   Все граждане имеют право передвижения по территории Российской Федерации и проживания в избранном ими месте.

1. 6   Все граждане имеют право выезда из Российской Федерации и обратного въезда в нее.

1. 7   Все граждане имеют право вывоза из Российской Федерации и ввоза своего личного имущества.

1. 8   Все граждане имеют право на критику любых действий государства или его конкретных представителей и обязанность не наносить личных оскорблений, не призывать к насилию и не устраивать беспорядков.

1. 9   Все граждане имеют право на организацию и участие в шествиях, демонстрациях и собраниях. И обязанность не устраивать беспорядки, не производить разрушения, не совершать насилия, не препятствовать осуществлению этого права другими гражданами.

1.10   Все граждане имеют право на создание, пользование и распространение (не принудительное) любой информации, любой литературы, любых мыслей, идей или учений. И обязанность не создавать и не распространять порнографию, призывы к насилию или возвеличению насилия.

1.11   Все граждане имеют право исповедовать и распространять (не принудительно) любое вероучение. И обязанность уважать вероучения других граждан.

1.12   Все граждане имеют право на постройку храмов и других зданий для исповедания своего вероучения, а также для религиозных учебных заведений для детей и взрослых.

1.13   Все граждане имеют право на публикацию своих мыслей (за исключением порнографии, призывов к насилию и возвеличения насилия). В частности, право поместить свою статью или сочинение в специальных витринах на улицах и площадях для всеобщего ознакомления.

1.14   Все граждане имеют право на выступления в прессе, радио, телевидении наравне с профессиональными авторами. Пресса, радио и телевидение обязаны обеспечивать возможность осуществления этого права.

1.15   Граждане, в совокупности, в виде Специальной Комиссии Государственного Собрания, имеют право осуществления общественной цензуры.

1.16   Все граждане имеют право пользоваться любым языком и обучать ему.

1.17   Все граждане имеют право доступа к любой государственной информации за исключением той, которая представляет собой установленную государственную или военную тайну. И обязанность уважать необходимость государственной тайны.

1.18   Все граждане имеют право на личную неприкосновенность, неприкосновенность жилища и имущества. И обязанность кооперации и помощи официальным

270

представителям полиции в их борьбе с преступлениями, без которой их право не может быть осуществлено и защищено от посягательства преступников.

Все граждане обязаны по требованию официальных представителей полиции предъявлять свое удостоверение личности.

1.19   Все граждане имеют право обращаться в суд, для возбуждения дела как против частных лиц, так и против государственных учреждений и их представителей.

1.20   Все граждане имеют право на ассоциации (в законных размерах).

1.21   Каждый гражданин, достигший 65 летнего возраста, имеет право на государственную пенсию (наниматели пенсий не выдают). Величина государственной пенсии для всех граждан одинакова. Увеличение Национального Дохода страны сопровождается соответствующим увеличением пенсий. Пенсии и любые другие государственные пособия налогом не облагаются.

Получение пенсии по старости не лишает гражданина возможности дополнительного заработка или других источников дохода, включая дополнительную пенсию по страховому полису.

Пенсия при любых переездах гражданина сохраняется и пересылается ему по почте в установленные даты.

1.22   Любой гражданин имеет право передать свое имущество или земельную аренду по наследству любому другому гражданину или родственнику посредством завещания с собственноручной подписью, заверенной двумя свидетелями, не ознакомляемыми с содержанием завещания. Наследство никакими налогами не облагается.

1.23   Все граждане, достигшие 21 года, имеют право избирать и быть избранными.

1.24   Действия любых лиц или организаций, направленные к намеренному противодействию осуществлению гражданами своих прав, являются преступлением и наказываются по закону.

1.25 Все граждане-избиратели обязаны участвовать в выборах.

1.26 Все граждане имеют право и обязанность защищать от врага свою страну. Каждый гражданин может быть призван к прохождению военной службы и военного обучения на срок до двух лет.

1.27 Каждый гражданин обязан знать, что его личное благосостояние зависит от благосостояния всей страны. Он обязан стремиться не к вражде и борьбе с другими, а к кооперации и общественной солидарности. Он обязан знать, что уважение его собственных прав, его собственной личности, его собственного труда, его собственного имущества, его собственного здоровья и счастья не могут осуществляться без уважения им самим таких же прав других граждан.

2. О ЗЕМЛЕ

2. 1 Земля и воды принадлежат обществу, в целом.

2. 2 Использование земли и вод регулируется государством — юридическим представителем общества.

2. 3 Государство осуществляет учет всех ресурсов земли и вод и оценку их свойств.

2. 4 Государство осуществляет планировку земли и вод с целью охраны природы и с целью выделения участков для общего и частного пользования.

2. 5 Каждый совершеннолетний гражданин имеет право на получение в бесплатную, пожизненную и наследственную аренду за разовый (безвозвратный) взнос в размере, доступном для всех граждан:

2. 5.1 в городской местности для себя или для своей семьи 150 кв. м. земли с целью устройства жилища.

2. 5.2 в сельской местности для себя или для своей семьи до 3 га с целью устройства жилища и для сельскохозяйственной обработки.

2. 5.3 в дальних, необжитых местностях до 3 га на себя и на каждого члена семьи.

2. 6 Аренда может быть прервана решением суда по причинам:

2. 6.1 неиспользование всей или значительной части земли по назначению (проживание или обработка) в течение 2-3 лет.

2. 6.2 отравление природы и порча земли.

2. 6.3 использование аренды в преступных целях.

2. 7 Каждый совершеннолетний гражданин имеет право получить в платную аренду участок земли размером до 1000 га для промышленных или сельскохозяйственных целей. Эта аренда так же является пожизненной и наследственной, или может быть прервана по желанию арендатора или по решению суда (п. 2.6). При получении платной аренды гражданин уплачивает разовый, безвозвратный взнос, пропорциональный качеству земли. Состояние земли отмечается в договоре.

2. 8 Арендная плата после заключения договора может изменяться только в результате изменения ценности денег и не чаще одного раза в 25 лет.

2. 9 Каждый гражданин имеет право на бесплатную или платную аренду только одного участка земли. При переезде гражданина в другое место в пределах государства, аренда на прежнем месте может быть по желанию гражданина прервана (без возвращения разового взноса), и он имеет право (на общих основаниях) на получение в аренду свободного участка в другой местности.

2.10 Земельная аренда предоставляется в порядке очереди поступления заявлений, из имеющихся свободных участков земли на выбор.

2.11   Если в данном городе или сельской местности свободных участков земли уже нет, гражданин имеет право на получение свободного участка земли в других местах Российской Федерации, где они есть. Государство обязано предоставить гражданину информацию о местах, где имеются свободные участки. Государство не имеет права отказать гражданину в земельной аренде под предлогом отсутствия свободных участков в стране, в целом.

2.12   Улучшение качества земли (ирригация, внесение удобрений, применение техники, повышающей урожайность, насаждение садов или леса на ранее голой земле и т. п.) является вложением арендатора. Результаты этого улучшения принадлежат арендатору. Такой же собственностью является и все недвижимое имущество на земле. Все это имущество арендатора может быть им по желанию продано при передаче аренды другому гражданину. Гражданин имеет право произвести эту передачу-продажу любому другому гражданину, который предложит ему удовлетворительную цену.

2.13   Государственные органы имеют право препятствовать передаче только при условиях п. 2.6.

2.14   Двукратный перерыв аренды по приговору суда (п. 2.6) влечет за собой лишение права на дальнейшую аренду земли.

2.15   Арендатор имеет право на эксплуатацию недр земли или вод на арендуемой территории при условии, что для этой цели используется не более 20% площади участка. Государство в определенных случаях для пользы страны может разрешить использовать до 100% площади земли для этой цели.

3. ОБРАЗОВАНИЕ

3. 1   Каждый гражданин имеет право на образование.

274

3. 2   Образование до 16 лет является бесплатным.

3. 3   Любые школы, ВУЗы и воспитательные заведения могут быть частными, кооперативными или государственными.

3. 4   Образование каждого ученика в государственных, частных, кооперативных школах оплачивается государством в одинаковой сумме. Родители учащихся имеют право выбора школы и дополнительного ее финансирования по соглашению.

3. 5   Независимо от типа школы, учащиеся до 16 лет обучаются наряду с другими предметами также следующим, в обязательном порядке:

3. 5. 1 Национальному языку,

3. 5. 2 Общегосударственному языку Федерации,

3. 5. 3 Международному языку,

3. 5. 4 Смыслу и значению Конституции,

3. 5. 5 Основам законодательства страны,

3. 5. 6 Основам экономики общественного хозяйства,

3. 5. 7 Вероучению,

3. 5. 8 Арифметике,

3. 5. 9 Основам личной и общественной гигиены,

3. 5.10 Правилам уличного движения.

3. 6   По окончании курса общеобразовательной школы учащиеся должны показать достаточные знания на экзамене, по крайней мере, по предметам п. 3.5.

3. 7   После экзаменов все учащиеся получают аттестат об завершении среднего образования с указанием успешности или неуспешности прохождения экзаменов.

3. 8   Кроме нормальных общеобразовательных школ государство, кооперативы или частные лица содержат на условиях п. 3.4 школы со специальным режимом для обучения и воспитания детей с физическими или психическими отклонениями от нормы и, в том числе, с отклонениями, опасными для других детей. Эти школы (дифференцированные) имеют также задачу лечения детей.

3. 9   Учащиеся   общеобразовательных   школ   не имеют права вести какую-либо политическую деятельность.

Учащиеся, повинные в насилии, в распространении порнографии, употреблении наркотиков переводятся в вышеуказанные специальные школы.

3.10   Преподаватели и весь штат общеобразовательных школ не имеют права заниматься какой-либо политической деятельностью. Нарушение этого должно вести к немедленному увольнению и запрету заниматься преподавательской или воспитательной деятельностью.

3.11   Дальнейшее   обучение   в   профессиональных школах или ВУЗах (включая и содержание учащихся) производится на основе долгосрочной и низкопроцентной ссуды государства учащимся. Ссуда после окончания обучения или его прекращения выплачивается государству ежемесячными взносами в течение срока до 20 лет.

Лица, завершившие обучение с отличием, по рекомендации учебного заведения, освобождаются от выплаты ссуды.

3.12   Прием в профессиональную школу или ВУЗ происходит в соответствии с правилами этих школ или ВУЗов. Эти правила являются полной компетенцией этих школ или ВУЗов.

3.13   В течение обучения в профессиональной школе или в ВУЗе учащиеся не имеют права вести какую-либо политическую деятельность, участвовать в беспорядках или демонстрациях, а также заниматься порнографией или наркотиками. Нарушение этого ведет к лишению права на обучение и к взысканию полученной ссуды.

Весь штат профессиональных школ и ВУЗов не имеет права раниматься какой-либо политической деятельностью. Нарушение этого должно вести к увольнению.

4. ЗДРАВООХРАНЕНИЕ

4. 1   Каждый гражданин имеет право на медицинскую помощь.

4. 2   Медицинская помощь и основные лекарства и витамины оплачиваются на 50% государством и на 50% самим гражданином.

4. 3   При насущной необходимости граждане имеют право на получение низкопроцентного кредита на остальные 50%. Основанием для кредита является превышение медицинских расходов гражданина 8% его месячного дохода.

4. 4   Особо нуждающиеся граждане, по их письменной просьбе, могут быть освобождены от платы вообще.

4. 5   Медицинские учреждения могут быть государственными, кооперативными или частными. Граждане имеют право выбора любого из них.

4. 6   При лечении в кооперативных или частных медицинских учреждениях гражданин имеет право на возмещение расходов в сумме, предусмотренной на аналогичную помощь в государственных медицинских учреждениях, в соответствии с п.п. 4.2, 4.3 и 4.4.

4. 7   При несчастных случаях медицинская помощь (независимо от типа учреждения, ее оказавшего) оплачивается государством по расценкам учреждения, ее оказавшего, полностью, если пострадавший не был застрахован.

4. 8   Инвалиды имеют право на государственное пособие в соответствии с заключением медицинской комиссии о степени нетрудоспособности.

4. 9   Каждый гражданин имеет право на получение пособия по болезни в течение периода его нетрудоспособности.

4.10   Каждая женщина имеет право на аборт без специального объяснения причин и в соответствии с п.п. 4.2, 4.3, 4.4.

4.11 Противозачаточные средства находятся в свободной продаже и субсидируются на 50% государством.

4.12 Система медицинской помощи должна максимально способствовать непрерывности и преемственности личной связи между пациентом и лечащим врачом.

4.13 Страхование по болезни должно предусматривать выплату 80% расходов. 20% расходов должны оплачиваться самим застрахованным.
Страхование от несчастных случаев должно предусматривать выплату 100% расходов.

4.14 Государством должны быть приняты все меры для распространения простейших медицинских навыков, навыков профилактики, навыков личной и общественной гигиены.

4.15 Забота о здоровье населения не должна быть монополией дипломированных докторов. Каждый может вложить свою лепту в обеспечение собственного здоровья и здоровья всей страны.

5. УСТРОЙСТВО ГОСУДАРСТВА

5. 1 Название государства — Российская Федерация.

5. 2 Российская Федерация состоит из автономных государств.

5. 3 Границы и разделение на автономные государства определяется в соответствии с границами и разделением СССР на 1. 1. 1946 года.

5. 4 Автономные государства, в свою очередь, состоят из самоуправляющихся городских или сельских Общин.

5. 5 Столица Российской Федерации — Москва.

Столицы автономных государств находятся на их территории, а не в Москве.

5. 6   Местными органами власти являются избираемые на 5 лет городскике или сельские Управы, действующие на территории городских или сельских Общин.

5. 7   Высшим органом власти автономного государства (скажем, Украина, Грузия, Литва и т.д.) является Государственное Собрание (ГС), избираемое на 5 лет. Главой государства является Председатель ГС, избираемый ГС. Его полномочия длятся 1 год.

5. 8   Высшим органом власти Российской Федерации является Федеральное Собрание (ФС), состоящее из избираемых на 5 лет отдельными ГС полномочных делегаций. Число членов отдельной делегации избирается пропорционально численности населения автономного государства, но не свыше 30% всего списочного состава членов ФС (во избежание господства той или другой делегации). Главой Федерации является Председатель ФС, избираемый ФС. Его полномочия длятся 1,5 года.

5. 9   ГС или ФС назначают (не обязательно из своего состава) главу исполнительной власти (правительства) — премьер-министра сроком на 5 лет и верховного судью сроком на 11 лет.

5.10   Премьер-министр составляет кабинет министров по своему усмотрению из любых компетентных граждан и представляет его на обсуждение ГС или ФС, соответственно, с последующем утверждением окончательного списка.

Срок полномочий министров 5 лет. Однако, премьер-министр может произвести замену любого или любых министров после обсуждения и утверждения замены ГС или ФС, соответственно. Министры и премьер-министр, если они не члены ГС или ФС, соответственно, участвовать в голосовании не имеют права.

5.11 Верховный судья составляет список членов Верховного Суда из достаточно авторитетных и компетентных граждан, обладающих юридическим образованием, и представляет его на обсуждение ГС или ФС, соответственно, и на последующее утверждение списка.

5.12 Срок полномочий членов Верховного Суда 11 лет. Число членов — 9. Решения Верховного суда выносятся тайным голосованием при согласии не менее 6 членов.

5.13 Решения ГС или ФС выносятся тайным голосованием при согласии не менее двух третей списочного состава членов Собрания.

5.14 При несогласии ГС или ФС с деятельностью ранее утвержденных премьер-министра или его кабинета, их замена может произойти досрочно в соответствии с п. 5.13.

5.15 В том случае, когда премьер-министр или члены его кабинета своими действиями нарушают Конституцию или существующие законы, обязанностью Верховного Суда является рассмотрение фактов и принятие соответствующего решения на представление вопроса в ГС или ФС, соответственно.

5.16 Замена членов или председателя Верховного Суда может произойти досрочно по решению ГС или ФС, соответственно, вынесенному не менее, чем 80% голосов списочного состава.

5.17 ФС и ГС собираются на сессии ежегодно по расписанию, составленному на 5 лет вперед, в заранее определенных местах без специальных вызовов.

5.18 Подготовка сессий и работа между сессиями производится избранными соответствующими председателями с секретарями, а также избранными, постоянными или временными, рабочими комиссиями, предназначенными для подготовки вопроса законодательства или для решения таких вопросов, как цензура, борьба с преступностью и т. п.

5.19 В неотложных случаях председатель имеет право собрать экстренную сессию.

5.20 ФС из числа авторитетных и компетентных военачальников на случай войны назначает заранее на срок в 11 лет главнокомандующего и состав Высшего Военного Совета при нем, в который должен войти и премьер-министр в качестве первого заместителя главнокомандующего. При ведении ограниченных действий, т.е. действий, не требующих мобилизации, достаточно компетенции премьер-министра.

5.21 При внезапном нападении на Федерацию, требующем мобилизации, премьер-министр предпринимает необходимые экстренные меры, немедленно созывает Высший Военный Совет и передает председательство на нем главнокомандующему.

5.22 При известии о внезапном нападении на страну, члены ФС и ГС обязаны самостоятельно и немедленно собраться в место проведения обычных сессий для обсуждения положения и принятия решений.

5.23 На период войны высшая исполнительная власть в Федерации принадлежит главнокомандующему.

5.24 В случае разногласий главнокомандующего с Высшим Военным Советом, премьер-министром или членами ФС главнокомандующий действует по своему усмотрению до соответствующего решения ФС, после чего обязан действовать в соответствии с решением ФС.

5.25 Весь состав вооруженных сил приносит присягу на верность стране и Федеральному Собранию.

5.26 В пределах Федерации действуют:

5.26.1 Национальный язык на территории Автономного Государства.

5.26.2 Общефедеративный язык для общефедеративных сношений.

5.26.3 Международный язык. До установления единого мирового языка им может быть наиболее употребляемый английский язык.

5.26.4 Любые другие языки могут изучаться, использоваться и распространяться на всей территории Федерации.

5.27 Гражданство на всей территории Федерации общее. Передвижение граждан по всей территории Федерации беспрепятственное. Передвижение товаров, имущества, денег, печатных и письменных документов и т. п. беспрепятственное.

5.28 Денежная система на всей территории Федерации общая.

5.29 Главной ячейкой власти и управления является Местная Управа (МУ) с ее органами, действующая на территории Самоуправляющейся Общины (СО).

5.30 Местная Управа законодательной властью не располагает и действует в согласии с Конституцией и законами Автономного государства и Федерации.

5.31 Действия МУ координируются органами Автономного Государства.

5.32 Действия МУ могут быть опротестованы через Верховный Суд Автономного Государства или Верховный Суд Федерации и отменены решением ГС.

5.33 Наблюдение за соблюдением Конституции и законов на территории Автономных Государств осуществляется Верховными Судами соответствующих Автономных Государств.

Наблюдение за соблюдением Конституции и законов Федеральными органами осуществляется Верховным Судом Федерации.

6. ОБЩИЕ ПОЛОЖЕНИЯ

6. 1 Под общим термином «государство» подразумевается тот или иной «этаж» управления: ФС, ГС или МУ.

6. 2   Под «гражданином» во всех случаях имеются в виду граждане обоего пола.

6. 3   Результаты любого голосования рассчитываются только по отношению ко всему списочному составу имеющих право голосовать, а не к составу, принявшему участие в голосовании.

6. 4   Данная Конституция может быть изменена следующим образом:

6. 4.1   Предлагаемое изменение, изъятие или дополнение голосуется по каждому отдельному пункту раздельно путем тайного голосования.

6. 4.2   При двух третях или более голосов списочного состава ФС, поданных за поправку, назначается всенародное голосование-референдум.

6. 4.3   Поправка голосуется в референдуме по каждому отдельному изменению раздельно.

6. 4.4   В каждом бюллетене, выдаваемом для участия в референдуме, должны быть напечатаны и и старая формулировка и новая.

6. 4.5   Вопрос в бюллетене ставится так: ответьте «за», если Вы за изменение этого пункта, и «нет» — если против.

6. 4.6   Каждая отдельная поправка проходит, если она в отдельности собрала две трети голосов «за» от списочного состава имеющих право голоса, а не от числа принявших участие в голосовании.

6. 5   Автономное Государство имеет право выйти из состава Федерации в результате следующей процедуры:

6. 5.1   Две трети голосов списочного состава ГС Автономного государства поданы при тайном голосовании за выход из Федерации.

6. 5.2   Две трети списочного состава имеющих право голоса, проголосовало в референдуме тайным голосованием за выход из Федерации.

6. 6 Любое государство может быть принято в члены Федерации, если за прием проголосовало не менее двух третей списочного состава ФС.

7. ФУНКЦИИ ТРЕХ «ЭТАЖЕЙ» ГОСУДАРСТВА

7. 1 Функции всех трех «этажей» власти должны быть строго разделены и не перекрывать одна другую.

7. 2 Функции и компетенция ФС и Федерального правительства:

7. 2. 1 Оборона Федерации и все, что с ней связано.

7. 2. 2 Иностранные дела.

7. 2. 3 Охрана границ Федерации.

7. 2. 4 Денежная система и выпуск денег.

7. 2. 5 Правила внешней торговли и ее контроль. Таможня.

7. 2. 6 Иммиграционные и эмиграционные правила и их контроль.

7. 2. 7 Правила почтового, денежного и товарного обмена с внешним миром.

7. 2. 8 Система Федеральной связи и транспорта.

7. 2. 9 Работа центральных правительственных радио и телевизионных станций и прессы, имеющих целью информацию населения Федерации о действиях и мотивах ФС и правительства Федерации.

7. 2.10 Содержание Академии Наук Федерации, Главной Палаты Мер и Весов, Управления Стандартов Федерации, Центрального Статистического Управления Федерации, Центрального Архива.

7. 2.11 Координация (на уровне совещательного голоса) работы полиции, суда, образования, здравоохранения, санитарии, стандартов и т. п. между Автономными Государствами.

7. 3 Функции и компетенции ГС и правительств Автономных Государств:

7. 3.1 Все вопросы законов, порядка и правил общежития на территории самих Автономных Государств. Организация и содержание центрального аппарата Автономных Государств, содержание судебной системы и центральных органов полиции.

7. 3.2 Арбитраж споров между общинами.

7. 3.3 Координация действий МУ.

7. 3.4 Регулирование экономики Автономного Государства.

7. 4 Функции и компетенция Местных Управ:

7. 4.1 Сбор всех прямых и косвенных налогов на территории Местной Общины.

7. 4.2 Выплата всех государственных пенсий и пособий на территории МО.

7. 4.3 Организация и финансирование образования и здравоохранения на территории МО.

7. 4.4 Организация и финансирование полиции и тюрем на территории МО.

7. 4.5 Организация и финасирование всех остальных нужд МО.

7. 4.6 Организация и финансирование всего аппарата самоуправления МО.

7. 4.7 Организация и финансирование санитарной инспекции и товарной инспекции (соответствия товаров их описанию и рекламе, и защита интересов потребителя).

7. 4.8 Планировка и распределение земли и вод.

8. ИЗБИРАТЕЛЬНАЯ СИСТЕМА

8. 1 Выборы в ГС и МУ являются прямыми, равными, пропорциональными, тайными и обязательными для избирателей.

8. 2 Каждый гражданин, достигший 21 года, имеет право выбирать и быть избранным.

8. 3 Кандидаты могут быть выдвинуты любым гражданином или любой ассоциацией граждан при условии:

8. 3.1 наличия у кандидата сформулированной и подписанной им личной программы деятельности после избрания.

8. 3.2 петиции от имени не менее 200 граждан, удостоверяющей их знакомство с программой кандидата и их согласие с ней. Петиция должна быть подписана всеми 200 гражданами и снабжена их домашними адресами. Программа должна быть приложена к петиции.

8. 4 Представление кандидатов списками не разрешается. Каждый кандидат представляется отдельно.

8. 5 Кандидаты регистрируются избирательной комиссией в порядке поступления петиций. Регистрация прекращается, когда число кандидатов достигает 10 на одно место.

8. 6 Голосование по кандидатам на каждое место происходит с помощью раздельных избирательных бюллетеней на каждое место.

8. 7 Избрание на одно место состоялось, если за одного из 10 (или меньше) кандидатов проголосовало 60% списочного состава избирателей.

При необпределенных результатах проводится следующий тур с двумя кандидатами, получившими максимальное число голосов в первом туре.

8. 8 Для выборов в ГС Автономное Государство делится на избирательные районы так, чтобы каждый район выбирал одного члена ГС.

8. 9 При выборах в Местную Управу голосуют все избиратели Местной Общины. Избиратель выбирает одного кандидата на каждое место, т.е. выбирает столько

кандидатов, сколько мест, получая отдельный бюллетень на каждое место.

8.10 Программы кандидатов с их автобиографиями публикуются за государственный счет в основных газетах соответствующего района и в расклеиваемых на улицах листовках. Там же сообщается адрес и телефон кандидата для обращения к нему избирателей за разъяснением программы или с советом.

8.11 Избиратели могут организовать за собственный счет собрание или митинг для обсуждения программы и пригласить на них кандидата.

8.12 Любые другие формы избирательной кампании не разрешаются.

8.13 Выборы председателей МУ и ГС проводятся под председательством старейшего депутата нового созыва, который приступает к своим обязанностям после истечения полномочий предыдущего председателя.

9. ПОСТОЯННЫЕ КОМИССИИ ГС И ФС

9. 1 ГС и ФС выбирают из своего состава постоянно (на срок действия полномочий) действующие комиссии и, в том числе, следующие:

9. 1.1 По наблюдению и контролю за соответствующими министерствами и органами правительства. Они получают право доступа в соответствующие министерства и органы.

9. 1.2 По наблюдению и контролю действий Военных Трибуналов.

9. 1.3 По общественной цензуре.

9. 1.4 По борьбе с порнографией.

9. 1.5 По борьбе против призывов к насилию и против возвеличения насилия.

9. 1.6 По борьбе с наркоманией.

9. 1.7 По борьбе с преступностью.

9. 2 Разглашение полученной членами комиссии секретной информации является государственным преступлением и, на основании решения ГС или ФС, влечет за собой судебное разбирательство.

9. 3 Деятельность органов разведки и контрразведки является полной компетенцией главнокомандующего и контролируется ГС или ФС через его посредство.

9. 4 Действия комиссий ГС и ФС не должны накладываться друг на друга, а только координироваться.

10. ОСНОВЫ ЗАКОНОДАТЕЛЬНОЙ ДЕЯТЕЛЬНОСТИ ГС И ФС

10. 1 Каждый проект закона должен содержать широко публикуемую объяснительную записку, в которой недвусмысленно:

10. 1.1 объясняется цель нового закона и предусматриваемые им положительные для общества следствия его введения.

10. 1.2 обсуждаются возможные отрицательные следствия его введения и показывается, что выгоды превышают невыгоды существенно.

10. 1.3 оценивается стоимость введения и обеспечения действия нового закона для налогоплательщика (государства), как в виде денежных сумм, так и добавочного штата государственных служащих. Оценивается стоимость введения нового закона для граждан, промышленности и для сельского хозяйства, для экспортно-импортного баланса.

10. 1.4 Закон должен быть изложен обычным языком, доступным для понимания гражданами со школьным образованием.

10. 2   Каждый новый закон должен проходить две стадии:

10. 2.1   Стадию государственной (федеральной) рекомендации, когда применение нового закона не обязательно, и аппарат и средства реализации проектируемого закона еще не введены в действие.

Для принятия рекомендации требуется 67⁰/₀ списочного состава. Эта стадия (рекомендации) может длиться любой период времени и используется для получения экспериментальных данных для выяснения необходимости и выгод от введения закона.

При неблагоприятных данных за этот период Рекомендация отменяется 67⁰/₀ голосов.

10. 2.2   Стадию Действующего Закона. Если материалы, собранные в течение действия Рекомендации, подкрепляют Проект Закона, то Рекомендация в качестве Действующего Закона принимается 67⁰/₀ голосов. Полный текст Закона должен точно соответствовать тексту Рекомендации. Все изменения и поправки должны быть сделаны в период действия Рекомендации 67⁰/₀ голосов. Минимальное время действия последнего текста Рекомендации перед принятием ее в качестве Закона должно быть не менее года.

10. 3   Результаты применения всех Рекомендаций и Законов подлежат периодическому рассмотрению ГС или ФС. Если эти результаты показывают, что предположение о пользе для общества определенного Закона или Рекомендации не оправдалось, то они 67⁰/₀ голосов отменяются.

10. 4   Число действующих Законов, определяющих нормы бытового поведения любого отдельного гражданина, не должно превышать 50, как предел того, что отдельный человек может помнить и учитывать, а также принимать к руководству.

10. 5   Число действующих Законов, определяющих нормы профессионального поведения, не должно превышать 50 для каждой отдельной профессии.

10. 6   Таким образом, весь кодекс уголовных или гражданских законов не должен превышать для отдельного человека 100.

10. 7   Сборники уголовных и гражданских законов для каждой отдельной профессии должны быть изданы и доступны за символическую плату любому гражданину.

10. 8   Сборники законов должны также содержать текст действующей Конституции.

10. 9   Содержание указанных сборников должно составлять главное содержание курса «Основы законодательства» в средней школе.

11. ФИНАНСИРОВАНИЕ ГОСУДАРСТВА

11. 1   Предусматриваются следующие источники финансирования:

11. 1.1   Пропорциональный налог на личный доход, не превышающий 15%. Любые другие прямые налоги не разрешаются.

11. 1.2   Косвенный налог, не превышающий в совокупности 20% стоимости всех товаров и услуг и включаемый во всех случаях в объявленную цену товаров или услуг.

Товары и услуги насущной необходимости налогами не облагаются. Список таких товаров и услуг определяется решением ФС.

Любые другие косвенные налоги не разрешаются.

11. 1.3   Лотереи, предназначенные на заранее определенные цели, в заранее определенной сум-

ме и распространяемые в порядке полной добровольности.

11. 1.3 Займы у населения, предназначенные на определенные заранее цели, в заранее определенной сумме, на заранее определенный срок и распространяемые в порядке полной добровольности.

11. 1.4 Коммерческие, но не монопольные услуги, предлагаемые населению в порядке полной добровольности.

11. 1.5 Плата (символического характера) за пользование музеями, библиотеками, парками и т. п.

11. 1.6 Таможенные сборы.

11. 2 Сбор средств по п.п. 11.1.1 до 11.1.5 включительно осуществляется только МУ.

11. 3. Решением ФС на срок в 5 лет определяется распределение собранных средств в соответствии с распределением функций «этажей» государства.

11. 4 Совокупная сумма сборов не должна превышать 35⁰/₀ полного Национального Дохода, как Федерации, так и Автономных Государств.

11. 5 Дефицит бюджета Федерации, Автономного Государства и МУ не разрешается.

11. 6 Выпуск денег и их распределение по Автономным Государствам определяется специальным решением ФС.

11. 7 Совокупная численность государственного аппарата всех трех «этажей» не должна превышать 0,8⁰/₀ от численности населения Федерации или Автономных государств. Разпределение численности между аппаратом Федерации и аппаратами Автономных Государств производится решением ФС. Распределение численности по МУ производится решением ГС. Распределение должно строго соответствовать распределению функций между тремя «этажами».

Численность вооруженных сил и полиции в указанную численность не входит.

11. 8   Таможенные и другие пограничные сборы поступают в распоряжение Федерации, но учитываются при распределении средств.

11. 9   Все государственные пенсии и пособия налогами не облагаются и в расчете (35%) не учитываются. В сумму Национального Дохода государственные пенсии и пособия не входят потому, что они уже вошли в совокупную сумму налогов с населения.

12. ОБЕСПЕЧЕНИЕ ЕДИНСТВА УПРАВЛЕНИЯ И ПРЕДОТВРАЩЕНИЕ НАСИЛЬСТВЕННОГО ЗАХВАТА ВЛАСТИ

12. 1   Главнокомандующий с помощью Генерального Штаба и других органов вооруженных сил ведает всеми вопросами обороны, включая распределение бюджетных средств, отпущенных ФС на оборону Федерации.

12. 2   К главнокомандующему в качестве наблюдателя прикомандировывается член ФС, сменяемый каждые 2,5 года.

12. 3   Главнокомандующий регулярно отчитывается перед военной комиссией ФС, в которую входит в качестве ее члена указанный выше наблюдатель. Председатель ФС может поставить обсуждение деятельности главнокомандующего на ФС.

12. 4   ФС и военная комиссия действуют во всех вопросах обороны через главнокомандующего.

12. 5   Полиция со всеми ее органами, действующими на территории Автономного Государства, подчинены через соответствующего министра ГС.

Подразделения полиции, обслуживающие территорию МУ, находятся в ведении МУ, оплачиваются МУ, но координируются Министерством Внутренних Дел Автономного Государства.

Действия полиции на всей территории Федерации координируются Министерством Внутренних Дел Федерации.

12. 6   Охрана всех трех «этажей» государственного аппарата и ключевых объектов (правительственные радиостанции, телефонные узлы, электростанции и т. п.) обеспечивается специальными подразделениями полиции, находящимися в ведении МУ, на территории которых объекты охраны находятся.

12. 7   К министрам внутренних дел ФС и ГС, соответственно, ФС и ГС прикомандировывают наблюдателей, сменяемых каждые 2,5 года. Министры отчитываются перед соответственной комиссией ФС или ГС, в которую в качестве ее члена входит наблюдатель. Председатели ФС или ГС могут потребовать обсуждения деятельности министров внутренних дел на ФС или ГС, соответственно.

12. 8   Органы разведки и контрразведки Министерства Обороны Федерации имеют отделения или группы при Советах Министров Автономных Государств и при МУ. Эти отделения или группы подчиняются только Министерству Обороны Федерации, но действуют в контакте с соответствующими властями.

12. 9   Весь состав Вооруженных Сил, всей Полиции и всего аппарата всех трех «этажей» государства не имеют права заниматься политической деятельностью, быть членами профсоюзов, партий. Нарушение этого условия является государственным преступлением ведет к увольнению и запрещению государственной службы пожизненно.

Все лица, зачисленные в ряды Вооруженных Сил, автоматически выбывают из членства в профсоюзах или партиях на время военной службы.

13. ГОСУДАРСТВЕННОЕ РЕГУЛИРОВАНИЕ ЭКОНОМИКИ

13. 1   Государство в лице ГС имеет право рекомендовать на ближайшие 5 лет определенные соотношения суммы прибыли к сумме зарплаты для различных отраслей хозяйства. (Увеличение доли прибыли служит ускорению развития страны, а уменьшение — к его замедлению, воздействуя на такие явления, как инфляция и безработица.)

13. 2   Государство в лице ГС имеет право рекомендовать для различных отраслей хозяйства и различных размеров предприятий на ближайшие 5 лет предельные проценты прибыли по отношению к обороту (выручке от продажи товаров или реализации услуг).

13. 3   Государство в лице ГС имеет право на ближайшие 5 лет рекомендовать максимальный процент на ссуды.

13. 4   Государство в лице ГС имеет право обязать все банки, кредитные организации, страховые компании иметь постоянную денежную наличность не менее 15% от суммы всех чеков и ценных бумаг. Имеет право в случае нужды увеличить указанную цифру.

13. 5   Государство в лице специальных инспекторов, при условии соблюдения строжайшей секретности, имеет право доступа к любой документации и к осмотру места действия любых фирм и учреждений. Инспектор, нарушивший секретность, увольняется без права занятия государственных должностей и отдается под суд.

13. 6   Соответствующие суды при разборе конфликтов и дел обязаны руководиться п.п. 13.1 по 13.5 включительно.

13. 7   Административное воздействие на цены и зарплату со стороны государства запрещено.

13. 8   Государственные субсидии с целью покрытия

убытков любым предприятиям и учреждениям страны, включая государственные, запрещены.

13. 9   Государство принимает все меры для обеспечения свободной конкуренции и свободного рынка во всех отраслях хозяйства.

14. МЕРЫ ПРОТИВ ЧРЕЗМЕРНОЙ КОНЦЕНТРАЦИИ ВЛАСТИ НАД ЛЮДЬМИ

14. 1   Численность ассоциаций (профсоюзов, партий, профессиональных обществ, клубов и т. п.) ограничивается 10 000 членов.

14. 2   Штат промышленной, сельскохозяйственной или любой другой фирмы, включая государственные, ограничивается 10 000 работников.

14. 3   Оборот любой фирмы ограничивается 0,01% Полного Национального Продукта Федерации.

14. 4   Имущество любой фирмы, включая банки, сберегательные кассы, страховые компании и кредитные учреждения, ограничивается 0,01% имущества всей Федерации.

14. 5   Доля рынка или кредита страны, приходящаяся на одну фирму, не должна превышать в данной отрасли 15%. Для совершенно новых в стране товаров или услуг, выпущенных какой-то фирмой впервые, допускается превышение этого предела на срок в 5 лет. Срок действия любых патентов на территории Федерации ограничен 5 годами.

14. 6   Соглашения о ценах (картели) или о совместных действиях организаций по п.п. 14.1 или 14.2 являются преступлением.

14. 7   Наблюдение за обеспечением раздела 14 производят инспекторы, указанные в разделе 13. Оконча-

тельное решение выносится соответствующим судом. Нарушители, до суда или после, имеют право употребить излишек на благотворительность или произвести расщепление фирмы.

14. 8   В случае государственной необходимости ГС или ФС имеет право разрешить или организовать на определенное время и для определенных целей объединение фирм за пределы п.п. 14.2, 14.3, 14.4, 14.5.

14. 9   В случае недостаточности вышеуказанных мер для обеспечения конкуренции, государство имеет право ввести дополнительные.

14.10   Все ассоциации и фирмы равны перед законом и не могут пользоваться привилегиями.

14.11   Религиозные организации, если они не занимаются политической или коммерческой деятельностью, освобождаются от действия п.п. 14.1 по 14.9.

14.12   Личный доход любого гражданина ограничивается некоторой максимальной цифрой в год. Излишек или конфискуется государством или используется самим гражданином на благотворительность. Подоходный налог взыскивается с остальной суммы.

Размер максимального дохода устанавливается решением ГС и должен предусматривать достаточно большое число различий (дифференциалов) в доходах в зависимости от количества и качества труда.

Размер максимального дохода не должен уменьшаться при его пересмотрах. Личным доходом является то, что находится в распоряжении гражданина для потребностей его и его семьи.

15. ОБЕСПЕЧЕНИЕ БАЛАНСА МЕЖДУ СИЛАМИ ПРОИЗВОДИТЕЛЬНЫМИ И ПОТРЕБЛЕНИЕМ

15. 1   Каждый гражданин или группа граждан имеют право начать любую профессиональную или лю-

бительскую деятельность (не преступную). При этом:

15. 1.1   Им не требуется получение разрешений на эту деятельность от каких бы то ни было организаций или от государства, и не требуется уплата каких бы то ни было денег.

15. 1.2   Они обязаны лишь зарегистрировать свою профессию или фирму в органах местного самоуправления (МУ).

15. 1.3   Они обязаны вести запись производимых товаров, работ или услуг и получаемого за них вознаграждения.

15. 1.4   Они обязаны ежегодно отвечать на вопросы органов самоуправления, имеющие целью сбор статистических данных. Ответы на вопросы не должны требовать специальных исследований или трудоемкой работы.

15. 1.5   Они, по требованию органов самоуправления, должны допускать раз в год инспекцию их документации и места деятельности.

15. 2   Гражданин или группа граждан несут полную ответственность за свою деятельность и соблюдение договоров с потребителями, с поставщиками и с наемными работниками.

15. 3   Наниматель и работник находятся в индивидуальных договорных отношениях, фиксируемых в письменном договоре.

15. 4   В таких же договорных отношениях находятся продавец и покупатель, обслуживающий и обслуживаемый, пассажир и транспортный администратор и т. д. В этом случае договором являются правила и законы страны и такие обязательные документы, как прейскурант, описание товара или услуг и их цены, реклама товаров или услуг, расписание поездов, автобусов и т. д.

15. 5   Невыполнение договоров по п.п. 15.3 и 15.4 может быть обжаловано по суду с возмещением потерь пострадавшей стороне.

15. 6   Договор между нанимателем и работниками

может быть и коллективным, т.е. между представителями администрации и профсоюзом, или представителем работников, или Советом, представляющим работников.

15. 7   При заключении трудовых договоров должны соблюдаться следующие правила:

15. 7.1   Наниматель имеет полную свободу приема или отказа в приеме на работу любого гражданина.

15. 7.2   Оплата труда работника является предметом соглашения работника и нанимателя. Государство не имеет права вмешиваться в этот вопрос.

15. 7.3   Подбор и расстановка работников по рабочим местам и система зарплаты являются неотъемлемой компетенцией нанимателя в пределах действующих в стране законов.

Право работника — отказаться от предложения труда и заключения договора. Право работника — ознакомиться до заключения договора с местом, условиями работы и ее оплатой.

15. 7.4   Требования улучшений условий труда и повышения зарплаты могут предъявляться (при перезаключении договоров) лишь в пределах средств, обеспечиваемых достигнутым повышением производительности труда на данном предприятии или превышением установленной государством нормы прибыли по отношению к зарплате.

15. 7.5   Наниматель имеет право не возобновлять договора с любым или со всеми работниками. Об этом он обязан предупредить письменно за три месяца до истечения срока действия договора. При этом он обязан выдать выходное пособие в размере трехмесячной зарплаты работникам, проработавшим у него не менее 5 лет, двухмесячной — проработавшим не менее 3 лет и месячное всем остальным.

15. 7.6 Работник или профсоюз, или представитель работников или их Совет имеют право не возобновлять договора. Об этом они обязаны письменно предупредить нанимателя за три месяца до истечения срока действия договора. По требованию нанимателя каждый работник обязан способствовать передаче своих функций заменяющему работнику.

При невозобновлении договора по инициативе работника выходное пособие не выдается.

15. 8 Каждый гражданин имеет право претендовать на выполнение любой работы или услуг (скажем, медицинских, преподавательских, инженерных и т. п.) без наличия у него каких-либо дипломов или образовательского ценза, при условии, что это ясно и точно доведено до сведения нанимателя или лица, пользующегося услугами претендента.

15. 9 Интересы работников в фирмах и учреждениях защищаются:

15. 9.1 При численности штата в 200 человек и меньше — избранным представителем работников или профсоюзом.

При численности штата более 200 человек — избранным Советом, представляющим работников или профсоюзом. Совет должен иметь не менее 3 и не более 9 членов в зависимости от численности штата предприятия.

15. 9.2 Представители работников или профсоюз имеют право обсуждения соответствующих вопросов с нанимателем и право доступа к документации нанимателя. Эта деятельность должна совершаться в нерабочее время.

15. 9.3 Представители работников или профсоюза для переговоров с нанимателем выбираются большинством голосов списочного состава (а не только тех, кто присутствовал на выборах) тайным голосованием на срок в 5 лет.

15. 9.4 Представители работников или профсоюза, уличенные в разглашении секретов нанимателя, привлекаются к суду. По решению суда эти представители увольняются без компенсации и могут быть привлечены к возмещению потерь нанимателя.

15. 9.5 Представители работников имеют право запрещения чрезмерных по их мнению расходов фирмы, не относящихся прямо к деятельности фирмы нанимателя (рекламу, оплаченные фирмой услуги в пользу администрации и т. п.).

15. 9.6 На одном предприятии или учреждении не разрешается более одного профсоюза, а также более одного представителя работников, или одного Совета работников.

15.10 Трудовые конфликты, возникающие в процессе выполнения или перезаключения договоров, которые не могли быть разрешены на месте, рассматриваются специальным судом, решения которого являются обязательными для сторон и обжалованию не подлежат. Применение в качестве аргументов забастовок или пикетирования не разрешается.

15.11 Судья, рассматривающий конфликт, имеет право доступа к любой документации сторон (бухгалтерские книги, счета и т. п., как нанимателя, так и представителей работников и профсоюза). Как судья, так и стороны, обязаны обеспечить сохранение тайны документации и любой другой информации от посторонних. Виновные в нарушении этого условия по суду же несут отвественность и наказываются путем возмещения убытков пострадавшей стороне.

15.12 Рассмотрение трудовых конфликтов происходит без привлечения сторонами юристов или лиц с юридической любой из сторон судья имеет право наложить на виконсультации любых незаинтересованных специалистов.

15.13 При несоблюдении решения суда (по п. 15.10)

любой из сторон судья имеет право наложить на виновного или виновных достаточно чувствительный штраф.

15.14　Забастовки являются незаконными. Подстрекательство к забастовке или организация забастовки является преступлением и влечет за собой по суду заключение в тюрьму подстрекателя или организаторов забастовки на срок 1 год в первый раз и 2, 3, 4 года, соответственно, при последующих нарушениях тем же лицом.

15.15　Каждый гражданин (за исключением случаев, оговоренных в соответствующих разделах Конституции) имеет право вступать или выходить из профсоюза без специального объяснения причин.

15.16　Все договоры и документы, определяющие взаимоотношения между гражданами, между гражданами и организациями или фирмами, должны быть составлены на общепринятом языке, так чтобы текст был гражданам понятен (в том числе и описания товаров и услуг, расписания и т. п.) и не требовал для расшифровки услуг юристов.

15.17　Все имущественные и деловые споры и иски, касающиеся отдельных граждан, решаются судом без привлечения сторонами адвокатов, юристов или лиц с юридическим образованием или профессией.

Услуги юристов могут быть и могут не быть использованы сторонами только при судебных процессах между предприятиями и фирмами со штатом более чем в 200 человек.

Судья, однако, может использовать для консультации любого незаинтересованного специалиста.

15.18　Безработные имеют право регистрации на государственной Бирже Труда или искать работу через частные агенства.

15.19　Безработный, получивший работу в другой местности, по письменному заявлению может получить долгосрочный заем под минимальные проценты на переезд и обзаведение жилищем в районе нового места работы.

15.20   Неквалифицированные безработные и безработные неходовых профессий могут быть направлены Биржей Труда:

15.20.1 на общественные, по контракту с определенными фирмами, работы на основе самоокупаемости.

15.20.2 по контракту с определенными фирмами, на обучение ходовой профессии на основе самоокупаемости.

15.21   Пособие по временной безработице выдается в размере 50% от последней зарплаты. Пособие выдается не более, чем 4 месяца в одном году.

16. ОРГАНИЗАЦИЯ СУДЕБНОЙ ВЛАСТИ

16. 1   Судьи назначаются из числа граждан, имеющих необходимое юридическое и специальное образование, после успешного прохождения ими трехлетней стажировки в качестве помощников судей. Назначение осуществляется Верховным Судом Автономного Государства.

16. 2   Судья назначается пожизненно и может быть смещен лишь по решению сессии ГС.

16. 3   Судьи оплачиваются государством и не имеют права на занятие других постов или членства в других организациях или фирмах.

16. 4   Судьи не имеют права на какую-либо политическую деятельность или на членство в партии или профсоюзе. Нарушение этого правила является основанием для смещения судьи.

16. 5   Дела, связанные с возможным лишением подсудимого жизни или всего имущества, решаются судами присяжных заседателей (по типу, существовавшему в России до 1917 года). Подсудимый имеет право однократного отвода 6 из 9 присяжных заседателей до начала суда и право последующей за приговором апелляции в Верховный Суд.

16. 6   Все остальные дела решаются судьей единолично.

16. 7   Дела по п. 16.6 между гражданами, гражданами и государством, гражданами и любыми другими организациями, ведутся без привлечения сторонами адвокатов или юристов (в том числе, состоявших в штате организаций).

Судья имеет право на привлечение и опрос любых свидетелей и на консультацию незаинтересованных специалистов.

Организации со штатом не более 200 человек приравниваются в этом отношении к гражданам. Организации со штатом более 200 человек могут привлекать юристов при конфликтах между собой.

16. 8   Суды по п. 16.6 разделяются по специальностям:

16. 8.1   трудовые и деловые иски и конфликты.

16. 8.2   иски потребителей товаров и услуг.

16. 8.3   дела, связанные со слишком большим имуществом, доходом, земельной арендой или с обвинением в монополии.

16. 8.4   остальные дела.

16. 9   Дела, связанные с нарушением государственной или военной тайны, а также с преступлениями кадровых или призванных военнослужащих или служащих полиции, решаются специальными трибуналами без доступа публики или представителей прессы.

Контроль этих процессов осуществляется представителями Комиссии ГС.

Подсудимый имеет право на однократный отвод до начала суда двух третей состава трибунала и апелляции в Верховный Суд после вынесения приговора.

16.10   Издержки суда по п. 16.6 оплачиваются виновной стороной в размере, устанавливаемом судьей в зависимости от платежеспособности виновного. В соответствующих случаях судья может отнести издержки целиком на счет государства.

16.11   Осужденные по п. 16.6 права апелляции не имеют.

16.12   Судьи приносят индивидуальную письменную присягу на верность народу страны, представляемому ГС.

17. ОХРАНА ПОРЯДКА И БЕЗОПАСНОСТИ ГРАЖДАН

17. 1   Каждый гражданин, достигший 16 лет, обязан получить в местной полиции карточку — удостоверение личности с указанием имени, отчества, фамилии, места и даты рождения и зафиксировать на ней собственноручную подпись.

17. 2   Ношение или хранение любого вида оружия или припасов к нему гражданами страны, за исключением военнослужащих и полицейских, находящихся при исполнении служебных обязанностей, запрещено и карается конфискацией личного имущества и заключением в тюрьму в первый раз на 1 год, а в последующие — на 2, 3, 4, 5 лет.

17. 3   Граждане, занимающиеся охотой с применением оружия, регистрируются в полиции и получают там разрешение на приобретение охотничьего оружия и припасов к нему в специальных государственных магазинах. Передача оружия или припасов любым другим

лицам ведет к лишению права на охоту и употребление охотничьего оружия.

17. 4   Продажа любого оружия и припасов к нему без разрешения полиции запрещена и наказывается по п. 17.2.

17. 5   Лица или фирмы, производящие, ремонтирующие, обслуживающие или использующие любое оружие и припасы к нему, должны зарегистрироваться, получить разрешение в полиции и действовать в соответствии с инструкциями полиции. Нарушения наказываются по п. 17.2.

«Утечка» оружия или припасов в руки посторонних наказывается в первый раз достаточно чувствительным штрафом, а во второй — лишением права иметь дело с оружием или припасами к нему.

17. 6   Ввоз и вывоз оружия или боеприпасов через границы Федерации производится только по специальным разрешениям и инструкциям органов Федерального правительства.

17. 7   Намеренные убийство или покушение на убийство, независимо от мотивов преступления и возраста преступника, наказываются смертью.

17. 8   Убийство или покушение на убийство, совершенные в результате временного или постоянного психического расстройства, независимо от мотивов преступления и возраста преступника, ведут к изоляции и принудительному лечению в соответствующих больницах на срок до полного и безусловного выздоровления.

17. 9   Борьба с преступлениями должна основываться на положении, что виноват в преступлении преступник, а не общество, и он должен нести за преступление полную меру ответственности.

17.10   Наказание по любым видам преступлений должно иметь целью:

17.10.1   возможно более полное возмещение ущерба, нанесенного преступником.

17.10.2 такое противодействие мотивам и способу преступления, которое сводит к возможному минимуму желание или возможность повторения преступления. Мерой соответствия наказания преступлению является сведение к минимуму числа и тяжести рецидивов.

17.10.3 Следует добиться положения, когда совершение преступления было бы невыгодно. Позором системы охраны порядка является возможность получения преступниками-профессионалами высоких доходов от преступлений.

17.10.4 Формы наказания должны включать в себя все возможные средства, отвращающие потенциального преступника от совершения преступления: достаточно чувствительные (по доходам) штрафы, конфискация части или всего имущества, принудительные общественные или другие работы, порка, общественное порицание, то или иное поражение в правах, тюремное заключение и т. п.

17.11 Максимальный срок тюремного заключения устанавливается в 5 лет. Однако, тюремное заключение должно характеризоваться следующими условиями:

17.11.1 Места заключения должны быть суровой, но целесообразной школой труда и дисциплины.

17.11.2 Каждый заключенный должен работать на принудительных работах 10 часов в день с целью получения привычки к достаточно тяжелому труду и дисциплине, обучения профессии (ходовой), возмещения расходов на содержание, возмещения вреда, нанесенного его преступлением.

17.11.3 Нарушения заключенным режима и дисциплины наказываются увеличением строгости режима решением тюремной администрации.

17.12. Попытка избежать наказания (например, бегство из-под суда или из мест наказания) должна на-

306

казываться значительным увеличением строгости наказания. Трехкратное бегство наказывается смертью.

17.13   Досрочное освобождение или облегчение строгости наказания допустимо только в следующих случаях:

17.13.1   Исправление судебной ошибки.

17.13.2   Преступление по своему типу перестало быть существенной угрозой порядку и безопасности граждан, а преступник ведет себя примерно.

17.13.3   Преступник в результате болезни или других обстоятельств физически более не способен повторить преступление сам или с помощью других лиц.

Во всех остальных случаях наказание должно быть применено к преступнику полностью.

17.14   Малолетние преступники, если они совершили преступление намеренно, зная, что совершают преступление, судятся на тех же основаниях, что и взрослые, но отбывают наказание в специально для них предусмотренных местах, рассчитанных также на соответствующие воспитательные меры.

17.15   Освобождение человека после отбытия наказания или по п. 17.13 сопровождается полным восстановлением в правах и сохранением факта преступления в тайне от публики. Освобожденный имеет право умолчать о преступлении и наказании при поступлении на работу, а наниматель не имеет права спрашивать.

При освобождении дирекция места отбывания тюремного заключения обязана по письменной просьбе заключенного:

17.15.1   обеспечить его двумя сменами одежды.

17.15.2   обеспечить суммой денег в размере, установленном ГС.

17.15.3   зарегистрировать на Бирже Труда.

17.15.4   помочь с подысканием первоначального жилища.

17.16　Опыт показывает, что при всех возможностях полиции преступники превосходят ее в ловкости, особенно когда они организованы. Это приводит к невозможности собрать все необходимые улики и привести к осуждению заведомых преступников и их банды. В таких случаях полиция имеет право представить доклад в соответствующую комиссию ГС и просить о специальной помощи. Комиссия имеет право, в частности, организовать в районе действия преступников плебисцит о высылке подозреваемых из данного района. Плебисцит производится с помощью тайного голосования по каждому подозреваемому в отдельности. Высылка осуществляется, если за высылку проголосовало не менее 67⁰/₀ списочного состава избирателей данного района. Трехкратная высылка одного и того же лица является основанием для его тюремного заключения.

17.17　Все конституционные права граждан одновременно отнимают у них право помехи осуществлению этих прав другими гражданами. Поэтому действия, направленные на организацию беспорядка или срыва собраний, демонстраций, публикаций и т. п., являются преступлением и наказываются по п. 17.10.

17.18　В том случае, когда реализация гражданами их прав переходит в совершение ими насилия, беспорядков, разрушений, к нанесению оскорблений другим гражданам или к нанесению им телесного или имущественного ущерба, эти действия также являются преступлением и наказываются по п. 17.10.

Если оказалось невозможным (как это бывает зачастую в таких случаях) установить конкретных виновников преступления, то полную ответственность за указанные выше действия несут в соответствии с п. 17.10 организаторы указанных выше собраний, демонстраций и т. п., а также лица, их финансирующие.

17.19　Намеренное разглашение или продажа военной или государственной тайны влечет за собой конфискацию всего имущества и заключение в тюрьму на срок до 5 лет. Если совершенное преступление влечет за собой опасность для жизни граждан, то наказывается смертью.

17.20 Лица, находящиеся на любого вида государственной службе, включая военную службу и службу в полиции, уличенные во взяточничестве или в использовании служебного положения для личных целей, наказываются конфискацией всего имущества, заключением в тюрьму на 1 год и пожизненным запрещением нести любую государственную службу.

17.21 В борьбе полиции и местных управ с преступлениями первостепенное значение имеет отсутствие бездомности и бродяжничества и теснейший контакт и взаимопонимание между полицией, местными управами и населением. Для реализации этого:

17.21.1 Местные управы и полиция принимают все необходимые меры для ликвидации бездомности и бродяжничества.

17.21.2 Полиция должна стремиться к личному знакомству со всеми жителями района и к немедленному знакомству с вновь прибывающими в район. Для этого на 1 полицейского должно приходиться не более 250-300 жителей района.

17.21.3 Работа полицейских, за исключением необходимых «производственных» секретов, должна регулярно разъясняться и быть на виду. Важно, чтобы жители района знали своих полицейских.

17.21.4 Полиции важно иметь среди населения добровольных помощников.

17.21.5 Для работы в полиции должны приниматься не только просто хорошие профессионалы, а также и общительные, располагающие к себе, уравновешенные люди.

17.21.6 Зарплата полицейских не должна быть меньше средней по району.

18. ВНЕШНЯЯ ПОЛИТИКА

18. 1   Основой внешней политики Федерации должны быть интересы населения Федерации, а не модные идеологии.

18. 2   Федерация должна осуществлять союз и взаимопонимание с дружественными демократическими государствами, выступая вместе с ними общим фронтом в защиту демократии. В то же время Федерация должна для своевременной защиты позаботиться о получении необходимой информации о враждебных силах и их перемещении.

18. 3   Федерация имеет право отказа во въезде любому иностранцу или иностранцам без специального объяснения. Выезд из Федерации должен быть беспрепятственным.

18. 4   Федерация имеет право высылки любого иностранца за пределы Федерации без специального объяснения причин.

18. 5   Иностранец, проживающий в Федерации 5 лет или более, получает право просить о предоставлении права гражданства Федерации. Предоставление или непредоставление этого права находится в полной компетенции Федерации.

18. 6   Иммиграция в Федерацию ограничивается уровнем безболезненной ассимиляции, т.е. в год не более 0,01% от населения Федерации. При необходимости правительство Федерации имеет право еще более ограничить иммиграцию.

Правила иммиграции являются неразделимой компетенцией ФС и не требуют публичных объяснений.

Федерация имеет право предоставить политическое убежище иностранцам.

ПРОЕКТ ПЕРЕХОДА ОТ СОЦИАЛИЗМА К НОВОЙ РОССИИ

Трудно представить себе, как произойдет начало переворота в СССР. Во всяком случае, автор себе этого не представляет. Пожалуй, наиболее удобной формой было бы нечто, вроде дворцового переворота, когда, скажем, группа молодых, активных и демократически (антимарксистки и антисоциалистически) мыслящих людей пробивается к власти и захватывает ее. Конечно, в условиях советского отбора кадров в высший аппарат, это маловероятно, однако, возможно. Из известных — Дубчек является тому примером. Можно предвидеть тысячу возражений, но не будем спорить. Другой, тоже подходящий способ — нечто, вроде военного переворота. Для этого нужны, пожалуй, тоже не очень вероятные, но возможные условия: удобный момент, скажем, вся верхушка заседает во Дворце Съездов, и приход к власти в командовании Московского Военного Округа соответствующих людей. Тоже тысяча возражений. Но не будем спорить. Третий способ — переворот производит КГБ по тем же линиям, что и военный. Миллион возражений. И тем не менее, автор убежден, что и это возможно. Вспомните разложение революционными идеями царской Охранки, жандармерии и т. п. Процессы те же. Возможна любая комбинация этих трех способов. Тем более, что при любом из них будет происходить лихорадочный поиск союзников.

Социализм, как экономически абсурдная система, неустанно сам себя подрывает, вызывая недовольство широких масс населения и, в первую очередь, самих его оперативных работников, вплоть до самого верха. Их положение (я имею в виду активных, инициативных, мыслящих работников, на которых все, в сущности, и держится) чрезвычайно неприятно: они все время стараются улучшить социализм и либо получают «по морде» от более осторожных коллег, либо получают то же самое от самой жизни, которая проваливает все их попытки повышения жизнеспособности социализма, как такового. Совершенно неизбежно, что именно они и будут первые, которые восстанут против этого идиотского социализма и при этом — во всем всеоружии фактов и досконального знания системы.

Вполне возможен и вариант, когда социализм зайдет в такой непроходимый экономический и духовный тупик, что и без переворота придется вступить на путь организованного разрушения социализма, чтобы хотя бы таким способом удержаться у власти. Удержаться, зная даже, что разрушение социализма все равно отнимет у них эту власть рано или поздно. Однако, отсрочка этой потери власти может оказаться более желанной, чем ее быстрая потеря в результате переворота.

Безусловно, очень важным признаком такой возможности является абсолютно вынужденная развалом экономики социализма попытка кормить население с помощью ничтожных по размерам приусадебных участков. Вожди социализма великолепно знают, что недостаток пищи и голод в нынешних условиях объединит самых разъединенных людей в общий фронт против социализма и тогда вождям не сдобровать. Вождям СССР уже приходится терпеть в недрах социализма весьма нынче развитую подпольную экономику свободного рынка. Эта экономика составляет нынче по грубой оценке около 10% Национального Продукта. Если эта подпольная экономика, что вполне возможно в ближайшее время, достигнет уровня 25-30% Национального Продукта, вся плановая экономика и система единой воли социализма перестанет действовать. Разгромить же эту частную систему, как в свое время сделал Сталин, сейчас не выйдет. Во-первых потому, что она кормит и одевает население, чего социализм сделать не в состоянии. Во-вторых, разгромить ее можно только с помощью массового террора. Экономическое воздействие на нее с помощью социалистического хозяйства исключено в силу полной экономической импотентности социализма. Однако, для осуществления массового террора сейчас невозможно найти необходимое число преданых и активных исполнителей. Можно предвидеть, что лучшим выходом окажется легализация этой подпольной экономики, что и будет поворотным пунктом в крушении социализма. Эта легализация, конечно, будет вынужденной, так как иначе дело выйдет из-под контроля вообще, и это неизбежно.

Почему я не вывожу на первый план переворот снизу? Причины:

Трудность объединения многочисленных единомышленников внизу из-за страха соседа и из-за отсутствия внизу программы цели и программы действий. Конечно, это касается и работников наверху, но там, у этих работников, есть очень важное знание действительной обстановки в стране и знание секретных слабостей системы.

Отсутствие в распоряжении низа силы, власти, оружия (я имею в виду, средств переворота). Огромная сила масс может проявиться при наличии умелых руководителей, обладающих программой цели и действий, системы хорошо налаженной связи для передачи команд (это опять доступно только работникам верха). В противном случае, эта огромная сила масс проявится, в основном, в бессмысленном разрушении и насилиях. Таким образом, в основе переворота или просто краха социализма, на мой взгляд, лежат следующие обстоятельства:

Существующая структура общества социализма (как впрочем, и любая другая структура социализма с обобществленным и разумно (без кавычек) управляемым хозяйством) показала себя для подавляющего большинства населения совершенно не способной обеспечить развитие материальной и духовной жизни. Показала себя, как система, приводящая к необходимости (следует подчеркнуть) подавления любой жизненно-оправданной активности населения, во избежание подрыва и разрушения социализма. Директивы власти, по необходимости, опять-таки вытекающей из идеи социализма (национально планируемого хозяйства), противоречат здравому смыслу в местных, конкретных условиях жизни.

Эта ситуация особенно остро ощущается интеллигентными (думающими, интеллектуальными) людьми во всех слоях общества и в еще большей степени в его верхнем, определяющем слое: инженеров, ученых, администраторов, работников партийного, профсоюзного, правительственного аппарата, работников аппарата вооруженных сил, работников аппарата КГБ, МВД и т. д.

Все они, каждый по-своему, как и члены Политбюро, ищут выхода из положения и остро ощущают непрерывные провалы все новых и новых экономических мероприятий. Успехи вооружения и международного престижа (одно из преимуществ социализма), конечно, несколько смягчают эти чувства («а вдруг захватим богатый и жирный Запад, станем хозяевами всего мира»), но не могут ни в какой степени компенсировать внутренних провалов. Важно отметить радикальное отличие провалов на Западе от провалов в СССР. В СССР, буквально, нельзя ложку поднести ко рту без команды сверху. Поэтому неудачи и провалы социализма всепроникающи, они идут до самых корней существования населения и не могут быть скомпенсированы самодеятельностью населения.

В таких условиях неизбежно появление в любых частях общества, и особенно, на его верхних уровнях, групп единомышленников, ощущающих в себе больше способностей к правильным действиям, чем у Брежнева.

Если бы не беспрограммность, СССР уже сейчас прекратил бы свое существование. Однако, можно не сомневаться в развитии процесса (ибо он питается все сильнее и сильнее самим социализмом) и преодоления им беспрограммности. Признаком этого является появление множества различных программ, с которыми соглашаются и не соглашаются, и о которых спорят. Моя программа — одна из многих.

ВРЕМЯ НАЧАЛА ПЕРЕВОРОТА

Автор очень не хочет резни и хаоса в проектируемом ходе переворота. Поэтому время начала переворота имеет существенное значение. Хотелось бы начать в феврале-марте, так как впереди будет довольно длинный период лета и осени, в течение которого население может легче переносить неожиданные и вероятные осложнения.

ПЕРВЫЙ ЭТАП (сразу после захвата власти)

1. По радио, телевидению, в газетах публикуется следующее воззвание:

ВОЗЗВАНИЕ

Дорогие граждане!

Новый состав Политбюро пришел к выводу, что настала пора реальных реформ, целью которых является следующее:

1.1 Постепенное возвращение каждому гражданину свободы жить и устраивать свою жизнь так, как он хочет сам, а не по указке сверху. Конечно, не во вред другим гражданам!

1.2 Постепенно ликвидировать централизованное планирование, развить самостоятельность всех граждан и придти к обществу, в котором право гражданина «весит» не меньше, чем право государства, партии, профсоюза, а в определенных вопросах — значительно больше. К обществу, в котором государство является слугой, а не хозяином и, к тому же, плохим.

Новый состав Политбюро опубликует в период 2-4 лет проект новой Конституции, за или против которой может свободно и тайно голосовать каждый гражданин СССР в будущем референдуме.

Новый состав Политбюро опубликует в период 2-4 должать выполнять свои прежние обязанности впредь до соответствующего указания. Это необходимо для того, чтобы произвести необходимые преобразования постепенно, не нарушая порядка.

Конечно, не может быть коренных преобразований, которые бы не потребовали определенных жертв и лишений от населения или от определенных групп населения. Однако, хаос может все это чрезвычайно усугубить. Новый состав Политбюро поэтому просит всех граждан СССР содействовать всеми силами проведению давно необходимых преобразований организованно, в порядке, к пользе каждого и нашей великой страны в целом.

2. Декрет № 1 (февраль-март)

2.1 Всем колхозам СССР дается право решить на общем собрании: продолжать работать совместно в колхозе или разделиться.

2.2 Если собрание решит (более 50% голосов списочного состава колхозников) работать совместно, то колхоз становится кооперативом, а колхозники пайщиками. Пай является свидетельством владения пайщиком доли в имуществе кооператива. Пай является правом на получение доли в прибыли кооператива. Пай может продаваться и покупаться.

Кооператив имеет право выработать свой собственный устав, т.е. порядок работы и порядок распределения доходов.

Партийным, профсоюзным, советским органам запрещается какое бы то ни было вмешательство в дела кооператива и его членов. Отныне вся судьба кооператива определяется волей его членов.

2.3 Та часть колхозников, которая не захочет оставаться членами кооператива, имеет право выделиться, получив каждый до 3 га земли на семью и, по соглашению, часть имущества колхоза.

2.4 В том случае, когда на долю каждого члена кооператива приходится более 3 га, кооператив выделяет

318

излишек земли в отдельный участок и сообщает о нем в Райсовет.

2.5 Все совхозы СССР превращаются в кооперативы, правлениями которых является на срок в 1 год прежняя администрация, а все работники становятся пайщиками. Высшим органом власти в этих кооперативах является собрание пайщиков.

Пай является свидетельством владения долей имущества кооператива. Пай является правом на долю прибыли. Пай может продаваться или покупаться.

Администрация совхоза обязана представить на рассмотрение собрания кооператива устав кооператива.

По истечении года собранием пайщиков выбирается новое правление кооператива. Выборы тайные и в соответствии со списочным составом.

Партийным, профсоюзным, советским органам запрещается какое бы то ни было вмешательство в дела кооператива или его членов.

Разделение имущества совхозов не разрешается. Работники, не желающие работать в кооперативе, наделяются по желанию землей до 3 га на семью и увольняются.

2.6 Все образовавшиеся кооперативы имеют право полной самостоятельности, как в порядке работы, так и в распоряжении урожаем.

2.7 На всей территории СССР разрешается свободная торговля и перевозка товаров без обложения какими бы то ни было налогами, кроме подоходного.

2.8 Государственные торговые организации сохраняются и могут закупать для последующей продажи продукцию кооперативов и частных граждан по цене, не превышающей полуторной, существовавшей в предыдущем сезоне.

2.9 Каждый гражданин (за временным исключением на 2 года работников школ, транспорта, связи, обеспечения населения электроэнергией, топливом, водой, канализацией) имеет право получить для себя или своей семьи в свое пользование участок земли до 3 га. через Райсовет.

2.10 Каждый гражданин имеет право на любую (не преступную) деятельность и, в том числе, на любое домашнее ремесло или частную работу, организацию любых артелей, фирм, кооперативов, артистических трупп и т.д. и т.п. без обложения какими бы то ни было налогами, кроме подоходного.

2.11 Все граждане, желающие заниматься в дальнейшем частной деятельностью, включая детельность в сельскохозяйственных и других артелях и кооперативах, обязаны вносить подоходный налог в местное отделение сберкасс по ставкам, существовавшим ранее, и получать квитанцию об уплате.

Уклонение от уплаты подоходного налога или преуменьшение размера дохода является преступлением и будет строго наказываться, вплоть до тюремного заключения.

Все госсберкассы обязаны организовать прием вышеуказанных платежей подоходного налога и соответствующую отчетность.

2.12 Граждане, имеющие садовые или сельскохозяйственные участки, имеют право пользоваться ими без ограничений, в том числе для постройки жилища и для торговли урожаем.

2.13 Действие паспортов, системы прописки и ограничений в передвижении граждан, существовавшие до сих пор, сохраняются в силе до соответствующего указания.

2.14 Сохраняются в силе все остальные, не упомянутые в данном декрете, правила, распорядки и законы.

3. *Другие первоочередные мероприятия новой власти*

3.1 Распоряжение КГБ и МВД:

В течение текущего года рассмотреть все дела заключенных в лагерях и тюрьмах любого вида, в психиатрических больницах и освободить, снабдив «чистым» паспортом всех заключенных по:

3.1.1 политическим делам,

3.1.2 по делам о растратах и хищениях государственного и колхозного имущества,

3.1.3 по делам, связанным с валютой,

3.1.4 по делам, связанным с религией,

3.1.5 по другим делам, не связанным с преступлениями против имущества, здоровья или жизни граждан.

Помочь освобождающимся в приискании места работы и жилища. При желании освобождающихся снабдить их участком земли по п. 2.9.

Выдать каждому освобожденному по 100 рублей наличными. Госбанку выделить необходимые средства.

3.2 Отменить цензуру на произведения литературы, живописи, скульптуры, кино, музыки, на переписку, на любые публикации и т. п.

Однако, органы цензуры должны позаботиться о запрете порнографии, призывов к бунту и насилию, а так же к нарушению порядка, и возвеличения и прославления насилия.

3.3 Разрешить выезд за границу лиц, желающих перейти в гражданство другого государства. Прекратить какое бы то ни было запугивание этих лиц или воздействие с целью их удержания в стране.

3.4 Министерству Обороны разработать 3х летний план приведения Вооруженных Сил страны в соответствие с истинными потребностями обороны:

3.4.1 Отозвать все войска, находящиеся за пределами территории СССР.

3.4.2 Принять в планах обороны территории СССР положение, что все наши соседи на Западе не представляют для нас опасности нападения. Граница с Китаем остается для нас опасной.

3.4.3 Военный бюджет должен быть, в конечном

итоге, сведен к цифре, не превышающей 6% Полного Национального Продукта.

3.4.4 Начать постепенную демобилизацию с начала следующего года.

3.4.5 Составить перечень объектов военной промышленности и объектов научно-исследовательской системы, подлежащих переводу на гражданскую продукцию и исследования. Составить календарный план этого перевода, начиная с начала следующего года.

3.4.6 Сохранить кадровый состав военнослужащих, поощряя, однако, демобилизацию по личному желанию, с сохранением права на пенсию в соответствии с существующими до сих пор правилами и законами.

3.4.7 Предусмотреть совместно с Комитетом по труду и зарплате и Госбанком меры для предотвращения перегрузки определенных местностей страны демобилизованными, путем предоставления демобилизованным работы или земельных участков в соответствующих районах страны.

3.5 Совету Министров СССР предусмотреть в течение года прекращение односторонних обязательств помощи любым другим странам, не окупаемой взаимными поставками.

3.6 КГБ прекратить финансирование агитации и пропаганды за рубежом и отозвать соответствующих работников. Не препятствовать желающим остаться на свой страх и риск.

3.7 Министерству Внешней Торговли принять меры к максимальному развитию экспорта с целью получения валюты и предусмотреть закупку и импорт (постепенный, в соответствии с нуждами) пищевых продуктов за счет имеющихся запасов золота и валюты.

3.8 Совету Министров СССР:

3.8.1 Подготовить в течение года перевод всех гражданских предприятий на прямые связи и договоры с поставщиками и потребителями, а также с торговлей.

3.8.2 Не допускать увольнения работников государственных предприятий и учреждений против их воли.

3.9 Комитету по труду и зарплате организовать во всех крупных городах СССР Биржи Труда для регистрации ищущих работы и для направления их на имеющиеся места работы.

3.10 Государственному Банку СССР составить в месячный срок план обеспечения финасирования вышеуказанных мероприятий и подготовить, при необходимости, решение о выпуске дополнительных денежных знаков.

3.11 КГБ и МВД уволить всех оплачиваемых и неоплачиваемых осведомителей и уничтожить все материалы об их деятельности, исключив возможность раскрытия их тайны.

3.12 КГБ и МВД принять все необходимые меры по поддержанию порядка и законности в стране.

Пояснения

1. Задача первого этапа состоит в том, чтобы обеспечить страну, в первую очередь, пищей, так как любые перевороты, как правило, вызывают недостаток пищи, часто голод. Свободные колхозы и совхозы, свобода сельскохозяйственного производства, свобода торговли, возможность получить землю для обеспечения себе средств существования, закупка пищи за границей имеют в виду именно это обстоятельство и рассчитаны на предотвращение голода.

2. Инфляция при переворотах неизбежна, так как часть населения окажется первое время непроизводящей, и ей нужно сохранить зарплату, без которой она не сможет покупать на рынке пропитание. Поэтому при-

дется выпускать денежные знаки, не обеспеченные производством товаров.

3. Важная задача состоит в необходимости поддержания порядка. И это нельзя сделать только мерами устрашения. Нужно, чтобы каждый гражданин был, как говорится, при деле. Поэтому увольнения не разрешаются. Поэтому принимаются меры по обеспечению жильем и работой (даже вымышленной, если нет ничего другого) освобождаемых из заключения и постепенно демобилизуемых военнослужащих. Поэтому создаются Биржи Труда для регистрации безработных и помощи им. Во многих случаях, сам факт, что человек не оставлен без внимания, помогает легче переносить временные лишения.

4. Сохранению порядка способствует и сохранение на первое время большей части прежних правил и законов (включая прописку и ограничения прав передвижения граждан), а также и сохранения прежней структуры общества.

5. Очень важно иметь в виду, что процесс переворота, сам по себе, не может и не должен преследовать цели немедленного восстановления попиравшейся справедливости. Больше того, в процессе переворота неизбежно вазникнут, хотя и временно, новые несправедливости. Та справедливость, которая предусмотрена в проекте Конституции, начнет проявляться только после полного завершения переворота и то не сразу. Население должно быть об этом предупреждено. В противном случае, немедленное сведение счетов под лозунгом восстановления справедливости приведет к кровопролитным насилиям и к хаосу.

6. Число платных и бесплатных осведомителей в СССР можно оценить, скажем, как один на сто человек населения. Это значит, что их число может достигать нескольких миллионов. Все они, как правило, были вынуждены к осведомительству угрозами, прямым насилием или совокупностью несчастных обстоятельств.

Число их в СССР никак не больше их числа в Германии при Гитлере или в любых других странах при аналогичных обстоятельствах. Я даже уверен, относительно меньше.

Однако, переворот не должен превратить их в яростных противников и врагов переворота. Тем более, что после переворота они превратятся в совершенно нормальных граждан. Поэтому в проекте переворота они сразу же амнистируются и их прошлое вычеркивается, обеспечивая им, пусть не очень устойчивым людям, нормальное гражданское будущее.

7. Следует подчеркнуть, что успех переворота и построения Новой России, нас устраивающей, в громадной степени зависит от того, сумеют ли руководители и участники переворота и построения нового государства встать выше чувства мести и не насаждать новую справедливость с помощью насилия и новой несправедливости. Мне кажется, для успеха переворота очень важно отложить все, даже справедливые возмездия, лет на пять-десять. Больше того, нужно заранее объявить, что даже провинившиеся, скажем, за исключением тех, кто сам своими руками калечил и убивал или был инициатором, приказывавшим это делать, найдут свое место в будущем обществе, если, конечно, не будут совершать новых преступлений.

ВТОРОЙ ЭТАП (примерно, через год)

Декрет № 2

1. Все государственные торговые и предприятия бытового обслуживания преобразуются в Товарищества на Паях (смотрите Декрет № 1), а их дирекции на ближайший год — в правления товариществ. По прошествии года члены Товарищества имеют право переизбрать Правление с помощью тайного голосования.

2. Каждый работник получает число паев, пропорциональное его прежней зарплате. Значение паев то же, что указано в Декрете № 1.

3. Распределение и выдача паев производится дирекцией предприятия, преобразуемого в Товарищество.

4. Действие центрального плана, центрального учета и управления прекращается. Каждое Товарищество становится совершенно самостоятельным и вольно производить любые закупки услуг или товаров у любых лиц или организаций и продажу любых услуг или товаров любым лицам или организациям.

5. На ближайшие 3 месяца за всеми работниками сохраняется их прежняя государственная зарплата. По истечении 3 месяцев выплата государственной зарплаты прекращается и вступает в силу распределение реальных доходов.

6. Госбанку: организовать по письменным просьбам Товариществ годичный кредит под проценты на закупку товаров для продажи населению или для покупки инструментов и материалов для обслуживания Товариществами населения.

7. Всё имущество предприятий передается Товариществам в их полное распоряжение.

8. Сотрудники, не желающие работать в Товариществе, имеют право получить расчет без права на какую-либо долю в имуществе Товарищества. Однако, они имеют право продать свои паи.

9. По истечении года Правление Товарищества предъявляет на рассмотрение собрания пайщиков устав Товарищества и организует перевыборы Правления с помощью тайного голосования в соответствии с числом паев каждого.

10. Товарищество имеет право приема на работу любых граждан.

11. Считать главной задачей соответствующих ми-

нистерств обеспечение преобразования самым эффективным способом.

Декрет № 3 (еще, примерно, через полгода)

Все государственные предприятия легкой промышленности, производящие товары потребления, преобразуются в Товарищества на Паях тем же порядком, который указан в Декрете № 2.

Декрет № 4

1. Весь государственный жилой фонд, за исключением принадлежащего государственным предприятиям и учреждениям, передается в собственность квартиросъемщиков.

2. Управхозы домоуправлений организуют на своей прежней территории общество домохозяев (бывших квартиросъемщиков), и вместе со своим прежним штатом в течение года действуют от имени своего Общества Домохозяев.

3. По истечении года управхозы обязаны представить на рассмотрение собрания Общества Домохозяев устав общества и организовать выборы Правления с помощью тайного голосования. Каждый домохозяин имеет один голос.

4. По истечении трех лет действия Общества общее собрание домохозяев имеет право предпринять, если в этом есть нужда, либо разделение на более мелкие общества домохозяев либо, наоборот, объединиться с другим Обществом.

5. По истечении 3 лет действия Общества любой домохозяин имеет право продать или передать свое жилище любому другому гражданину. До истечения 3 лет он имеет право сдавать все или часть своего жилища в наем, неся полную материальную и юридическую ответственность перед Обществом Домохозяев за все происходящее в его жилище.

6. Штаты домоуправлений в течение одного года остаются на государственной зарплате. По истечении года их оплачивает по своему усмотрению правление Общества Домохозяев.

7. Правления Общества имеют право отключения любого домохозяина от обеспечения его теми услугами, которые он не оплатил.

8. Распорядок пользования общей территорией Домохозяйства является компетенцией Правления и должен быть указан в Уставе Общества.

9. Госбанк может предоставлять кредит Обществу, если найдет его кредитоспособным.

Декрет № 5

Строительные и ремонтные государственные конторы и предприятия преобразуются в Товарищества на Паях по принципу Декрета № 2.

Пояснения

1. При переходе от одного строя к другому, как уже указывалось, нельзя иметь критерием только справедливость на данный момент. Скажем, работник аппарата ЦК или КГБ получит в собственность свое шикарное жилище. Является ли это справедливым? Нет. Однако, во избежания этого следовало бы это жилище у него отнять и передать — кому? А его — в «расход»? Кто и как может «справедливо» решить и сделать это? Без взрывов взаимного насилия тут не обойтись. Но именно этого и нужно избежать. Нужно, чтобы переход к новому строю не привел к простой замене одних насильников другими.

Справедливость восстановится после завершения перехода силой самого по себе нового строя. Если этот работник КГБ окажется по суду присяжных виновным в истязаниях и убийствах, он будет лишен по суду не только квартиры, но самой жизни. Если же он не является закоренелым преступником, а просто человеком, который выполнял лишь свой служебный долг, то может быть два случая. Если он успешно работает при новом строе и, следовательно, получает соответственное вознаграждение, то он, по-видимому, сохранит свою шикарную квартиру, но теперь — справедливо. Если он лодырь и не хочет работать, теперь ему, наверняка, придется продать свою квартиру и, когда и эти деньги будут проедены, опять справедливость нового строя восторжествует.

Не мешает учесть, что такое положение увеличивает шансы на успех переворота и торжество Новой России.

То же самое рассуждение относится и к тем, вполне вероятным, случаям, когда кто-то, волею судеб, оказался обладателем выгодных паев, временно, не в соответствии со своими достоинствами.

Чем больше людей волею «Сверхсудей» будет выброшено из жизни, тем меньше шансов на успех создания Новой России.

2. Главная задача состоит в том, чтобы каждый гражданин бывшего СССР имел возможность найти свое место в Новой России и знал бы это заранее. Нельзя, чтобы ликвидация ограничений полезной самодеятельности граждан привела бы к другим, новым ограничениям других лиц или слоев общества.

Если полезная самодеятельность всех граждан будет полностью использована, время, когда приходится печатать денежные знаки, быстро пройдет, инфляция сменится естественным снижением или стабильностью цен, повышением уровня и материальной, и духовной жизни населения.

3. Сохранение в первое время административного и начальствующего состава способствует естественной преемственности и сохранению порядка.

ТРЕТИЙ ЭТАП (*через 2-3 года*)

1. Преобразование остальной промышленности и хозяйства в Товарищества на Паях.

2. Сокращение части государственного аппарата с сохранением наиболее способных профессиональных работников (включая работников КГБ и МВД) в этом аппарате, который будет нужен и при новом строе.

3. Перестройка таких старых и заслуженных организаций, необходимых так же и при новом строе, как Академии Наук, Палаты Мер и Весов, санитарные службы, службы Государственных Стандартов и т. д. и т. п., для выполнения их задач в новом строе.

4. Предложение, обращенное к иностранным фирмам, о продаже в концессию ряда предприятий, включая наиболее крупные.

Пояснения

1. Социализм был вынужден полностью разрушить аппарат управления предыдущего строя и уничтожить подавляющую часть его работников. Это пришлось сделать, так как сама основа социализма противоречит человеческой природе и может осуществляться только через систему подавления этой природы. Действие социализма осуществляется не через совокупность конкретных обстоятельств жизни, а через лиц, глубоко верящих в социализм или вынужденных действовать, в соответствии с требованиями социализма, страхом и насилием.

Строй Новой России основан на соответствии его человеческой природе и конкретным обстоятельствам. Поэтому в нем все могут жить и действовать «правильно», в пользу общества, так как это будет означать действовать в соответствии с обстоятельствами конкретной жизни. Поэтому для действия строя Новой России нет необходимости в уничтожении каких-то людей или в подавлении их полезной деятельности. Поэтому в него

330

могут быть «приняты» любые нормальные люди, включая работников КГБ или МВД и даже Брежнев с компанией. Их сопротивление в какой-то период придется преодолевать лишь в течение самого переворота, до его завершения. Конечно, это обстоятельство (сопротивление) нужно учитывать. Однако, важно заранее разъяснить всем защитникам социализма на самом высоком их уровне, что Новая Россия не имеет никакой необходимости их ликвидировать или как-то выбросить из жизни, а, наоборот, заинтересована в наилучшем их использовании наравне со всеми остальными гражданами.

2. Имеются все основания использовать в процессе перестройки и иностранную капиталистическую помощь ,как валютой, так и опытом. В противоположность строю социализма, и в этом вопросе нет никаких противопоказаний к использованию этой, немаловажной для нас силы.

ЧЕТВЁРТЫЙ ЭТАП *(через 3-4 года)*

1. Обнародуется проект Конституции и организуется референдум.

2. Происходят выборы в ГС и МУ, а затем выборы делегаций в ФС, т.е. создание ФС. Образуются новые правительства, в которых вполне может найтись место для способностей и деятельности членов Нового Политбюро, проводившего переворот.

3. Вводится новая Конституция.

4. КПСС, советские, профсоюзные и прежние «добровольные» организации распускаются.

5. Новый состав Политбюро передает власть организованным правительствам Автономных Государств и Федерации.

6. Начинает действовать новая судебная власть и полиция.

7. По декрету ФС выпускаются новые денежные знаки и происходит обмен старых.

Пояснения

1. Читатель, вероятно, уже заметил, что одна из важнейших мыслей проекта переворота — использовать для его осуществления 100% населения СССР. Это очень важно.

2. В результате переворота основные формы хозяйства представлены в виде кооперативов и товариществ, что, в сущности, неизбежно. Останется, естественно, существенная государственная часть, и, надеюсь, весьма солидная часть появится в виде частных организаций, по преимуществу — мелких. Однако, в самой структуре кооперативов и товариществ нет ничего замороженного, не зависящего от их работников. Поэтому, несомненно, эти формы, по мере их приспособления к условиям жизни в Новой России, претерпят соответствующие изменения, которые отметут нежизнеспособное и утвердят жизнеспособное. Проект предусматривает минимум ограничений полезной деятельности людей и, следовательно, создает максимум соответствия человеческой природе и человеческому благу.

—————oОo—————

ОГЛАВЛЕНИЕ

Стр.

ОТ АВТОРА 5

ВВЕДЕНИЕ 21

СОЦИАЛИЗМ И ТОТАЛИТАРИЗМ 27

   1. Социализм и Сатана 30

   2. Идея социализма и ленины и сталины . . . 31

БОРЬБА СОЦИАЛИЗМА С ИНФЛЯЦИЕЙ,
БЕЗРАБОТИЦЕЙ И Т. П. 33

СМЕШАННАЯ ЭКОНОМИКА 35

ДЕЦЕНТРАЛИЗАЦИЯ УПРАВЛЕНИЯ 36

СВОБОДНЫЙ РЫНОК 36

СЕЛЬСКОЕ ХОЗЯЙСТВО. КОЛЛЕКТИВИЗАЦИЯ 37

МОНОПОЛИЯ ВНЕШНЕЙ ТОРГОВЛИ. «ГРАНИЦА
НА ЗАМКЕ». НЕКОНВЕРТИРУЕМАЯ
ВАЛЮТА 38

ПРОФСОЮЗЫ И ЗАБАСТОВКИ 39

ДЕМОКРАТИЯ, ЛИБЕРАЛИЗАЦИЯ И
СОЦИАЛИЗМ 39

КОДЕКС СОЦИАЛИЗМА 41

ЧИСТОТА И ПОРЯДОК ПРИ СОЦИАЛИЗМЕ . . 43

ГОСУДАРСТВЕННОЕ ОЧКОВТИРАТЕЛЬСТВО
СОЦИАЛИЗМА 44

   1. Расчет Национального Продукта 44

   2. «Приписки» 46

   3. Записи сельскохозяйственной продукции . . 47

ОФИЦИАЛЬНАЯ СРЕДНЯЯ ЗАРПЛАТА 48

ЧТО ВАЖНЕЕ: ВООРУЖЕНИЕ ИЛИ ГРАЖДАНЕ? 49

СОВЕТСКИЙ УРОВЕНЬ ЖИЗНИ ПОСЛЕ
ПОЛУВЕКА СОЦИАЛИЗМА 51

ИЗДЕВАТЕЛЬСТВА НАД ГРАЖДАНАМИ
СОЦИАЛИЗМА И ЕГО КОРНИ 56

СИЛА СОЦИАЛИСТИЧЕСКОЙ ДЕМАГОГИИ . . 60

КИБЕРНЕТИЧЕСКИЙ СОЦИАЛИЗМ 64

К МИРОВОМУ ГОСУДАРСТВУ 68

МОЩЬ И БЕССИЛИЕ ЧЕЛОВЕЧЕСКОГО РАЗУМА 75

НАУКА, ТЕХНИКА, ОБЩЕСТВО 94

ДУХОВНАЯ ЖИЗНЬ И МОНОПОЛИИ 104

ГОСУДАРСТВО — АППАРАТ КЛАССОВОГО
НАСИЛИЯ 114

КЛАССОВАЯ БОРЬБА 116

ЭКСПЛУАТАЦИЯ ЧЕЛОВЕКА 118

ГЕГЕМОНИЯ ПРОЛЕТАРИАТА. РУКИ ИЛИ
ГОЛОВА? КТО ЖЕ СОЗДАЕТ ОБЩЕСТВЕН-
НОЕ БОГАТСТВО? 126

НАЦИОНАЛИЗАЦИЯ, *ВАША* СВОБОДА И *ВАШ*
КАРМАН 129

СОЦИАЛИЗАЦИЯ ВМЕСТО НАЦИОНАЛИЗАЦИИ 146

КОНКУРЕНЦИЯ 149

ИНФЛЯЦИЯ 151

БЕЗРАБОТИЦА 157

НИЩЕТА 167

ПРЕСТУПНОСТЬ 172

ПРОФСОЮЗЫ 181

ЗАБАСТОВКИ 188

ПРОИЗВОДИТЕЛЬ И ПОТРЕБИТЕЛЬ 194

МЯГКОЕ РЕГУЛИРОВАНИЕ 198

НАЛОГИ 204

ПОСУЛЫ И РЕАЛЬНОСТЬ 212

ОБРАЗОВАНИЕ 224

Стр.

ЗДРАВООХРАНЕНИЕ 228
О ЗЕМЛЕ 235
О СОБСТВЕННОСТИ 237
ОДНОПАРТИЙНАЯ ИЛИ МНОГОПАРТИЙНАЯ
    СИСТЕМА? 240
ИЗБИРАТЕЛЬНОЕ ПРАВО 245
О ЗАКОНОДАТЕЛЬСТВЕ 248
НАЦИОНАЛЬНЫЙ ВОПРОС 251
ГРАНИЦЫ И ИММИГРАЦИЯ 252
ОХРАНА ДУХОВНОГО ЗДОРОВЬЯ 255
БУДУЩИЕ ГОРОДА НОВОЙ РОССИИ 256
ЖИЛИЩНАЯ ПРОБЛЕМА 260
ЧЕМ ЖЕ ПЛОХ СТАЛ ЧЕЛОВЕК? 261
ФАЛЬСИФИКАЦИЯ ИСТОРИИ И ЖИЗНИ . . 264
ПРОЕКТ КОНСТИТУЦИИ НОВОЙ РОССИИ   267
ПРОЕКТ ПЕРЕХОДА ОТ СОЦИАЛИЗМА
    К НОВОЙ РОССИИ 311